# Führe uns zur Unsterblichkeit

## Spirituelle Werte für den Alltag

### Teil 1

# Führe uns zur Unsterblichkeit

## Spirituelle Werte für den Alltag

### Teil 1

Sri Mata Amritanandamayi

Mata Amritanandamayi Center, San Ramon
Kalifornien, Vereinigte Staaten

**Führe uns zur Unsterblichkeit**

Spirituelle Werte für den Alltag

Teil 1

**Sri Mata Amritanandamayi**

Originaltitel: Amritam Gamaya - Part 1

Herausgegeben von:
Mata Amritanandamayi Center
P.O. Box 613
San Ramon, CA 94583-0613
Vereinigte Staaten



International: www.ammma.org

In Deutschland: www.amma.de

In der Schweiz: www.amma-schweiz.ch

Aus Gründen der besseren Lesbarkeit wird bei Personenbezeichnungen und personenbezogenen Hauptwörtern in diesem Buch die männliche Form verwendet. Entsprechende Begriffe gelten im Sinne der Gleichbehandlung grundsätzlich für alle Geschlechter. Die verkürzte Sprachform hat nur redaktionelle Gründe und beinhaltet keine Wertung.

# Inhalt

Vorwort 11
1. Dharma 13
2. Hingabe und Demut 15
3. Praktische Anwendung der Hingabe 17
4. Bhaya-Bhakti 20
5. Rituale und Traditionen 22
6. Iṣhṭa-Dēvatā 24
7. Demut 26
8. Das Ego, unser schlimmster Feind 28
9. Das Ego 31
10. Schwächen überwinden 33
11. Reue 35
12. Weg zum Frieden 37
13. Die Sorgen des Lebens 39
14. Zeit – das kostbarste Gut 41
15. Befreiung vom Leid 43
16. Selbstloser Dienst 45
17. Ein stiller Mind 47
18. Reife 49
19. Wahre Freundschaft 51
20. Sri Rāma 53
21. Vorgefasste Meinungen 65
22. Überwinde Vorurteile 67
23. Kindliches Herz 69
24. Der Wert der Zeit 71
25. Früchte der Vergangenheit 73
26. Lernen zu geben 75

27. Liebe – mein wahres Selbst 78
28. Effizientes Handeln 80
29. Lerne aus deinen Fehlern 82
30. Miteinander teilen 84
31. Geben und Nehmen 86
32. Tue Gutes 88
33. Das Geben 90
34. Kopf und Herz 92
35. Rache 94
36. Wut und Rache 96
37. Temperament 98
38. Krieg und Konflikt 100
39. Kritik 102
40. Spiritualität und Armut 104
41. Veränderung 106
42. Meditation 108
43. Vorstellungen des Göttlichen 110
44. Japa-Praxis 112
45. Darbringung 115
46. Gebet und Glaube 118
47. Lächeln 121
48. Sri Kṛiṣhṇa 123
49. Bhagavad-Gītā 134
50. Gewaltlosigkeit 139
51. Rechtschaffenheit und Spiritualität 141
52. Die Essenz der Religionen 144
53. Unsere Einstellung 146
54. Das Ewige und das Vergängliche 148
55. Prārabdha 150
56. Liebe als Medizin 152
57. Zielstrebigkeit 154
58. Hingabe und Zufriedenheit 156
59. Unvoreingenommenheit 158
60. Tempel-Darśhan 160

61. Gewohnheiten 162
62. Liebe deinen Nächsten 164
63. Ist Ärger gut oder schlecht? 166
64. Mahātmās 168
65. Nichts ist unbedeutend 171
66. Wissen und Beobachtung 173
67. Religiöse Intoleranz 176
68. Wahres Gebet 178
69. Gebet ein Zwiegespräch 180
70. Mentale Verehrung 182
71. Im gegenwärtigen Moment leben 184
72. Das Leben ist ein Übungsplatz 186
73. Die Notwendigkeit eines Gurus 188
74. Immer lächeln, auch in Krisenzeiten 196
75. Spiritualität 198
76. Die Verantwortung der Medien 200
77. Alles als göttliches Geschenk akzeptieren 202
78. Angst 204
79. Angst und Liebe 206
80. Karma-Yōga 208
81. Jugendliche und Rauschmittel 211
82. Korruption 213
83. Jugend 215
84. Dankbar sein 217
85. Wissenschaft und Spiritualität 219
86. Gott in Allem sehen 221
87. Vasudhaiva Kuṭumbakam – Die Welt ist eine Familie 224
88. Universeller Frieden 226
89. Hingabe und Leben 233
90. Wahre Erkenntnis 235
91. Śhraddhā 237
92. Moralisches Bewusstsein 239
93. Die Kraft der Jugend 241
94. Erfahrung Gottes 243

95. Ein Zeuge sein 245
96. Unzufriedenheit 247
97. Internationaler Frauentag 249
98. Lieben 257
99. Bindung zwischen Mann und Frau 259
100. Empathie und Mitgefühl 261
101. Kompromissbereitschaft 263
102. Sich den Umständen anpassen 265
103. Wort und Tat 267
104. Auf der Suche nach Vergnügungen 269
105. Sehnsucht 272
106. Innere Stärke 274
107. Liebe dich selbst 276
108. Den Mind kontrollieren 278
Glossar 280
Hinweise zur Aussprache 288

# Vorwort

So wie Gold in Schmuckstücken, das Wasser in Wellen und der Ton in Töpferware, ist Spiritualität die Grundlage des Lebens in all seinen Erscheinungsformen. Das ist Ammas Perspektive. Für sie ist Spiritualität nicht nur der Hauptstrom des Lebens, sondern auch das Flussbett, in dem der Strom des Daseins fließt, wirbelt und sich dreht.

Ammas allumfassende Perspektive wird in diesem Buch wiedergegeben, einer Zusammenstellung von 108 Botschaften zu einer weiten Bandbreite an Themen. Sie beinhalten ethisches und moralisches Verständnis, das in Einklang bringen von Spiritualität und materiellem Fortschritt, die Bedeutung von Ritualen und Traditionen, Meditation und Mind-Management, Aufmerksamkeit und effizientes Handeln, die Balance von Kopf und Herz, Konfliktlösung, Liebe und Mitgefühl, die Wichtigkeit im jetzigen Augenblick zu leben, die Notwendigkeit eines Gurus, die Beziehung zwischen Eheleuten, die Rolle von Spiritualität in der Wissenschaft und vieles mehr.

Der weitreichende Blick Ammas ist nicht nur wie ein Panorama, sondern offenbart auch die immerwährende Bedeutung von Spiritualität. In ihren eigenen Worten: „Spiritualität ist Lebensmanagement". Sie lehrt uns, wie wir in dieser Welt leben und Herausforderungen bewältigen können.

Die Schönheit von Ammas Lehren liegt in ihrer Einfachheit und Klarheit, gestützt durch die Autorität von Einsicht und Erfahrung. Dadurch werden zeitlose Weisheiten für alle zugänglich gemacht. Wenn wir ihren Rat beherzigen, können wir unser Selbstverständnis vertiefen und unser Leben sinnvoll gestalten. Amma betont, dass Spiritualität uns ein Verständnis dafür vermittelt, wer und was wir wirklich sind. "Durch dieses Verständnis werden wir uns unserer Verantwortung bewusst und in einer Weise leben, die sowohl uns selbst als auch der Welt zugutekommt".

Wir beten, dass dieses Buch das Licht des Verständnisses in das Leben unserer lieben Leserinnen und Leser bringt und den Weg zu einer glücklicheren Zukunft für sie ebnen möge.

Der Herausgeber

# 1. Dharma

Kinder, Dharma ist das, was die innewohnende Natur eines Objekts bewahrt. Das Dharma einer Lampe ist es, Licht zu spenden, das der Augen zu sehen und das des Herzens, Blut durch den Körper zu pumpen. Nur wenn jedes Organ im Körper in Übereinstimmung mit seinem Dharma agiert, können wir ein gesundes Leben führen. Ebenso kann das Universum nur dann seine Harmonie aufrechterhalten, wenn alle Lebewesen ihr Dharma ordnungsgemäß befolgen. Die Weisen von Bharat (Indien) nannten das Prinzip, das die Harmonie des Universums erhält, ‚Dharma'.

Man kann nur dann sicher reisen, wenn die Fahrzeuge auf der Straße sich an die Verkehrsregeln halten. Ähnlich kann eine Gesellschaft nur dann bestehen und sich fortentwickeln, wenn alle Individuen ihr Dharma aufrichtig erfüllen. Ein Land kann nur dann vorankommen, wenn alle Einwohner ein Leben führen, das im Dharma verankert ist. Dies gilt auch für Familien. Frieden und Wohlstand werden nur dann vorherrschen, wenn jedes Familienmitglied sich ehrlich und rücksichtsvoll verhält.

Ein Lehrer muss in der Schule seine Verpflichtungen erfüllen. Jedoch ist sein Dharma ein anderes, wenn er zu Hause ist. Dort muss er Vater für seine Kinder und Bruder für seine Geschwister sein. So verändert sich das Dharma nach Ort und Situation. Dharma bedeutet, das Richtige zur richtigen Zeit in der richtigen Weise zu tun.

Nichtsdestoweniger haben wir alle ein Dharma, das höher ist als alle anderen Dharmas, unser Parama-Dharma (höchstes

Dharma): die Verwirklichung unserer Vollkommenheit. Angenommen, ein Schmetterling legt seine Eier auf ein Blatt. Wenn ein Ei zerstört wird, kann sich der Zweck seines Lebens nicht erfüllen; dasselbe gilt, wenn er während dem Larven- oder Puppenstadium stirbt. Er erreicht das höchste Ziel seines Lebens und erfüllt seine Bestimmung nur, wenn er sich in einen Schmetterling verwandelt und so seine Schönheit und innewohnenden Talente vollständig manifestiert.

Göttlichkeit ist in jedem von uns. Dies ist unsere wahre Natur. Dies zu erkennen ist das Parama- Dharma eines jeden Menschen. Diese Erkenntnis führt nicht nur zur eigenen Befreiung, sondern zu einem Stadium, in dem man sich selbst in jedem sieht. Jedoch sind wir heutzutage nicht in der Lage, den wahren Wert unseres Lebens zu erkennen. Wir vergeuden unser Leben mit unbedeutenden, belanglosen Vergnügungen.

Diese Neigung sollten wir überwinden. Wir sollten mit Unterscheidungsvermögen und richtigem Wissen leben. Wir sollten Gott sowohl in uns Selbst als auch in jedem lebendigen sowie unbelebten Wesen in diesem Universum sehen und so unser Leben erfüllen.

## 2. Hingabe und Demut

Kinder, wo Hingabe ist, finden wir auch Demut, Geduld und Mitgefühl. Ein wahrer Devotee sieht sich selbst als Diener von allen, nicht als jemand Großartiges. Er ist bereit, anderen zu helfen, ohne seine eigenen Probleme zu beachten.

König Ambarīṣha, ein treuer Devotee von Lord Viṣhṇu, hielt die Ēkādaśhī- Fastenzeit[1] ohne Tadel ein. Erfreut über seine Hingabe, gab Lord Viṣhṇu ihm den Sudarśhana Cakra [2]. Als Indra sah, wie aufrichtig Ambarīṣha das Gelübde einhielt, fürchtete er seine Position als Oberhaupt der Götter, an den König zu verlieren. Er stiftete den Weisen Durvāsa dazu an, seinen Palast an einem Ēkādaśhī- Tag aufzusuchen, um das Fasten des Königs zu brechen. Der König grüßte den Weisen mit größter Ehrerbietung. Durvāsa sagte, er werde zuerst ein Bad nehmen und ging hinunter zum Fluss, kehrte jedoch nicht zurück, auch als die Zeit des Fastenbrechens näherkam. So brachte Ambarīṣha den Göttern Opfergaben dar und legte einige zur Seite für Durvāsa. Dann nahm er einen Schluck Wasser und brach damit das Fasten.

Als Durvāsa von seinem Bad zurückkehrte und erfuhr, dass der König die Fastenzeit beendet hatte, ohne auf ihn zu warten, wurde er ärgerlich. Er begann Ambarīṣha zu beschimpfen, der jedoch unbeirrt blieb. Obwohl seiner eigenen Macht bewusst, sagte er wieder und wieder reumütig: „Bitte vergib mir jeden Fehler, den ich begangen habe". Aber Durvāsa vergab ihm nicht.

---

[1] Fasten, das am 11. Mondtag jeder der beiden Mondphasen eines hinduistischen Monats abgehalten wird.

Er beschwor einen Dämon herauf, der Ambarīṣha töten sollte. Als der Dämon vorstürmte, um den König zu töten, materialisierte sich der Sudarśhana Cakra[2] und beseitigte den Dämon. Danach schoss er weiter auf den Hals vom Weisen Durvāsa zu. Der Weise rannte um sein Leben. Er suchte Zuflucht bei Lord Brahma und Śhiva, aber er war nicht fähig, den furchterregenden Sudarśhana Chakra abzuschütteln. Schließlich rannte er nach Vaikuṇṭha, dem Wohnsitz von Lord Viṣhṇu, wo Lord Viṣhṇu ihm mitteilte, dass seine einzige Rettung Ambarīṣhas Schutz war. Da er keinen anderen Ausweg sah, rannte Durvāsa zu Ambarīṣha und bat ihn um Vergebung. Die Demut des Königs war selbst in dieser Situation derart groß, dass er die Füße des Weisen waschen und anschließend das Wasser trinken wollte.

Gott wird immer mit Menschen wie Ambarīṣha sein. Er wird die Demütigen immer beschützen und über sie wachen. Im Gegensatz dazu, wie kann jemand, der denkt: „Ich bin großartig; jeder muss mir dienen", jemals Gott erkennen?

Es gibt welche, die sogar beim Beten Rachepläne gegen andere schmieden. Ein rostiges Gefäß kann nicht mit Blei beschichtet werden. Zuerst muss der Rost abgeschrubbt werden. Genauso kann Hingabe nur in einem reinen Herzen Wurzeln schlagen. Nur dann können wir die Gegenwart Gottes in uns wahrnehmen.

---

2 Wörtlich „Scheibe des segensreichen Blicks," eine rotierende Scheibe mit gezackten Rändern; die Waffe von Gott Viṣhṇu.

## 3. Praktische Anwendung der Hingabe

Kinder, manche Menschen kritisieren Hingabe und Spiritualität als blinden Glauben, als mentale Schwäche und als Mittel der Ausbeutung. Hingabe ist kein blinder Glaube. Im Gegenteil, es ist ein Glaube, der die Blindheit beseitigt. Hingabe ist eine praktische Wissenschaft. Sie fördert die Rechtschaffenheit in der Gesellschaft und bietet Linderung von den Leiden des Lebens. Das Vertrauen in Gott gibt die Kraft, inmitten der harten Schicksalsschläge standhaft zu bleiben. Wenn wir Gott verehren, nehmen wir seine göttlichen Eigenschaften an. Wie viele Menschen sind durch ihren Glauben an Gott aufgestiegen!

Wir gehorchen den Worten eines Menschen, den wir sehr lieben. Angenommen, das Mädchen, das wir lieben, sagt: „Wenn du mich liebst, hörst du auf zu rauchen." Wenn ihr Freund sie aufrichtig liebt, hört er sofort mit dem Rauchen auf. Das ist wahre Liebe. Die Liebe hat schon viele dazu gebracht, ihre schlechten Gewohnheiten aufzugeben. „Ich habe aufgehört, weil sie nicht will, dass ich trinke." Man könnte fragen, ob dies nicht eine Schwäche ist. Angesichts der Vorteile ist es sicherlich keine Schwäche, sondern eine Stärke.

Glaube und Hingabe halten uns davon ab, etwas Falsches zu tun und inspirieren uns, Gutes zu tun. Die Existenz von Verkehrsregeln minimiert die Zahl der Verkehrsunfälle. Die Anwesenheit von Polizei und Gerichten verringert die Zahl der Verbrechen. Ebenso sind Hingabe und Spiritualität praktische

Mittel, um Harmonie in der Gesellschaft zu schaffen und aufrechtzuerhalten. Durch sie werden moralische und ethische Werte in den Menschen verankert.

Der Pfad der Hingabe betont die Verantwortung des Einzelnen gegenüber der Gesellschaft. Hingabe an Gott und Mitgefühl mit den Mitmenschen und Armen sind wie die zwei Seiten einer Münze: Wenn es das eine gibt, ist auch das andere da. Das Mitgefühl, das wir den Armen entgegenbringen, ist die wahre Verehrung Gottes. Wahre Hingabe inspiriert uns, den Wunsch nach unermesslichem Reichtum aufzugeben und den Armen mit dem Reichtum zu dienen, der über unsere Bedürfnisse hinausgeht. Pilger, die nach Śhabarimala pilgern, vollziehen ein Ritual, bei der sie das Irumuḍi Keṭṭu[3] auf ihrem Kopf tragen. Während dieses Rituals ist es üblich, den Kindern Münzen zu verteilen. Nach der Durchführung der Hōma (Feuerritual) und anderer Pūjās (Formen ritueller Verehrung) ist es auch üblich, den Armen Nahrung, Kleidung und Geld zu geben. So fördert Hingabe das soziale Bewusstsein und Mitgefühl. Ebenso schützen und bewahren Schlangenverehrung und Pūjās zum Schutz heiliger Wälder die Umwelt.

Was wir brauchen, ist praktische Logik, keine intellektuelle Gymnastik. Wir sagen Kindern, dass sie blind werden, wenn sie lügen. Obwohl es nicht wahr ist, leitet sie diese harmlose Lüge dennoch auf den richtigen Weg. Möglicherweise können wir die Logik hinter bestimmten Bräuchen nicht sehen, die dennoch vielen Menschen viele Vorteile bringen, aber solche Bräuche helfen den Menschen.

Es mag Menschen geben, die Hingabe und Spiritualität nutzen, um andere auszubeuten. Gibt es nicht auch gefälschte Münzen, weil echte Münzen einen Wert haben? Nur weil es in

---

[3] Ein kleines Bündel mit zwei Beuteln, dessen Inhalt dem Herrn dargebracht werden soll.

einer Bibliothek zwei vulgäre Bücher gibt, heißt das nicht, dass die gesamte Bibliothek mit solchen Büchern bestückt ist, oder?

Liebe und Glaube sind die größten Gaben, die der Mensch erhalten hat. Ein Leben ohne sie ist wie eine bemalte Leiche, d.h. leblos. Dies bedeutet nicht, dass Logik und Intelligenz nicht gebraucht werden; sie haben ihren eigenen Platz. Genauso wie sowohl die Schere, die ein Tuch in Stücke schneidet, als auch die Nadel, die sie zusammennäht, ihre eigenen Verwendungen haben. Die Frage ist nicht, ob Gott existiert oder nicht, sondern ob der Mensch leidet. Wir müssen praktische Wege finden, um das Leiden zu lindern. Hingabe ist das Mittel, um die Lösung für seine eigenen Leiden zu finden. Ihre Relevanz und Nützlichkeit werden immer bestehen bleiben.

# 4. Bhaya-Bhakti

Kinder, manche Leute fragen, ob Angst auf dem Weg der Hingabe einen Platz hat und ob Bhaya-Bhakti (Hingabe begleitet von Angst) ungesund ist. Amma würde nicht sagen, dass Bhaya-Bhakti ungesund ist. Obwohl es in der vollkommenen Hingabe keinen Platz für Angst gibt, hilft Bhaya-Bhakti einem Anfänger sicherlich, auf dem Pfad der Hingabe voranzukommen. Der Herr des Universums verteilt die Früchte jeder Handlung an jedes Wesen. Er beschützt die Tugendhaften und bestraft jene, die schlimme Handlungen begehen. Die Hingabe eines Menschen, der weiß, dass Gott böse Taten bestraft, wird sowohl Ehrfurcht als auch einen leichten Anflug von Angst enthalten. Die Angst wird in ihm Unterscheidungsvermögen entfachen und ihn so befähigen, sich von falschen Taten fernzuhalten und ihm die Kraft geben, auf dem rechten Weg zu bleiben.

Bhaya-Bhakti ist nicht wie die Angst, die ein Sklave vor seinem Herrn hat; sie umfasst nicht nur Angst, sondern auch den Respekt eines Schülers vor seinem Lehrer und die unschuldige Liebe eines Kindes zu seiner Mutter. So sollte auch unsere Haltung Gott gegenüber sein.

Ein Kind liebt seine Mutter und weiß, dass sie es beschützt. Gleichzeitig weiß es aber auch, dass seine Mutter nicht zögern wird, es zu bestrafen, wenn es Unfug treibt. Daher ist seine Liebe zur Mutter mit Furcht gemischt. Es ist diese Angst, die das Kind vor vielen Gefahren und Vergehen bewahrt. Die Launen und Fantasien eines Kindes könnten es dazu verleiten, Unrecht zu tun. Doch aus Furcht vor Schelte und Bestrafung von seiner Mutter hält es sich von Schwierigkeiten fern. So weckt die Furcht vor seiner Mutter sein Unterscheidungsvermögen und spornt es an, den richtigen Weg zu gehen. Gleichzeitig hindert diese Furcht seine Liebe zu seiner Mutter keineswegs. Im Gegenteil, sie fördert eine gesunde spirituelle Entwicklung.

Kinder bemühen sich in der Schule zu lernen, weil sie eine gewisse Angst vor dem Lehrer haben. Diese Angst hilft ihnen, Faulheit zu überwinden und Wissen zu erlangen. Wenn sie die höheren Klassenstufen erreichen, werden sie nicht mehr von dieser Angst geplagt, da sie bis dahin das notwendige Unterscheidungsvermögen haben. Sie haben nur noch Ehrfurcht und Gehorsam gegenüber dem Lehrer. Die meisten Devotees haben eine solche Haltung gegenüber Gott.

Wenn der Devotee auf dem Pfad der Hingabe voranschreitet, entwickelt sich Bhaya-Bhakti zu Prēma-Bhakti (höchste Hingabe). In Prēma-Bhakti gibt es nicht einmal die geringste Spur von Angst. Aus Liebe zum Herrn nimmt der Devotee sogar Bestrafungen von Gott freudig entgegen. Alle latenten Neigungen, die ihn dazu verleiten, Unrecht zu tun, werden durch die Glut seiner Hingabe verbrannt. Ein wahrer Devotee vergisst alles andere und wird wie ein Baby, das im Schoß seiner liebenden Mutter ruht.

# 5. Rituale und Traditionen

Kinder, die Anzahl der Menschen, die an Gott glauben, nimmt in unserem Land zu. Immer mehr Menschen gehen an Orte, an dem Verehrung durchgeführt wird. Jedoch scheint sich keine entsprechende Zunahme des spirituellen Bewusstseins in ihrem täglichen Leben widerzuspiegeln. Stattdessen gibt es einen Werteverfall, sowie zunehmende Korruption und erhöhte Bindung an sinnliche Vergnügungen.

Unser religiöses Bewusstsein scheint weitgehend mit Ritualen und Traditionen verbunden zu sein. Im Allgemeinen scheinen die meisten Menschen weder die spirituellen Prinzipien nicht richtig verstanden und verinnerlicht zu haben, noch zeigen sie viel Bewusstsein für Werte. Selbst das Wissen, das an religiösen Plätzen weitergegeben wird, scheint sich mehr darauf zu konzentrieren, sich von anderen Glaubensrichtungen abzusondern, als das Bewusstsein für Werte zu stärken. Tausende sind bereit für ihre Religion zu sterben, aber wenige sind bereit nach ihren spirituellen Prinzipien und Werten zu leben. Dies ist der Hauptgrund für den Werteverfall in der Gesellschaft.

Den meisten Devotees fehlt es an wahrem Wissen über die grundlegenden Prinzipien ihrer Religion. Viele folgen einfach blind den religiösen Praktiken ihrer Vorfahren. Einmal gab der Aufseher eines Gartens vier seiner Arbeiter jeweils eine Aufgabe: Der erste sollte Löcher graben, der zweite Samen hinein säen, der dritte sollte sie bewässern und der vierte sollte die Löcher mit Erde bedecken. Sie begannen mit der Arbeit. Der erste

Arbeiter grub Löcher. Der zweite Arbeiter kam später. Ohne dies zu beachten, bewässerte der dritte Arbeiter die Löcher und der vierte Arbeiter schaufelte sie wieder zu. All ihre Bemühungen waren vergeblich. Das Ziel war, Samen zu säen und Setzlinge heranzuzüchten, aber der zweite Arbeiter hatte die Samen gar nicht gesät! Viele religiöse Menschen sind genauso. Sie führen langatmige Rituale durch, aber versuchen nicht, spirituelle Prinzipien zu verinnerlichen und umzusetzen. Obwohl die Anzahl religiöser Menschen gestiegen ist, so scheint die Gesellschaft nicht von den Vorteilen der ansteigenden Hingabe zu profitieren.

Das Hauptziel von Traditionen und Ritualen ist, die Erinnerung an Gott zu kultivieren und gute Werte zu vermitteln. Bräuche helfen dabei, gute Gewohnheiten zu pflegen. Das Befolgen von Bräuchen führt zu Disziplin und Ordnung im Leben. Dennoch müssen wir zuerst danach streben, die spirituellen Prinzipien hinter den Bräuchen zu verstehen.

Solange wir uns mit dem Körper identifizieren, benötigen wir Traditionen und Rituale. Es reicht nicht aus zu sagen, alles ist Gott oder Brahman, das Höchste. Wir haben diese Wahrheit noch nicht erfahren. Genauso, wie Bilder und das Zählen von Perlen als Hilfsmittel genutzt werden, um Kindern das Zählen beizubringen, sind Traditionen und Rituale notwendig, um den Mind [4]zu formen und entwickeln.

Für Gott macht es keinen Unterschied, ob wir die Traditionen und Rituale einhalten. Jedoch brauchen wir sie für unser inneres Wachstum. Traditionen und Rituale erhalten die edlen Werte und schützen das Wohlergehen der Gesellschaft. Ohne sie würde Dharma (Rechtschaffenheit) an sich verschwinden.

---

[4] Der Fluss, all unserer Gedanken, Gefühle, Konzepte, innewohnenden Neigungen und Überzeugungen und Angewohnheiten, der mit dem Pendel einer Uhr verglichen werden kann. Wie das Pendel einer Uhr schwingt der Mind ununterbrochen von Glück zu Leid und wieder zurück.

# 6. Iṣhṭa-Dēvatā

Kinder, in den verschiedenen Religionen gibt es unterschiedliche Vorstellungen von Gott. In Wahrheit hat Gott weder Name noch Form. Er ist frei von Form oder Eigenschaften. Jedoch ist es nicht einfach, den form- und eigenschaftslosen Gott zu verehren. Um Hingabe und Konzentration zu entwickeln, müssen wir uns einer Form Gottes zuwenden. Jeder Devotee hat das Recht, eine Form des Göttlichen zu verehren, die er mag. Dies wird Iṣhṭa-Dēvatā Upāsanā genannt, die Verehrung der Form Gottes, die einem gefällt.

So wie die Gezeiten des Ozeans durch die Anziehungskraft des Mondes ansteigen, nimmt Gott viele Formen als Antwort auf das innige Verlangen des Devotees an. Wenn Gott als Śhiva betrachtet wird, wird Er in dieser Form erscheinen. Wenn Gott als Dēvī verehrt wird, manifestiert er sich als Göttin. Wir können uns jede Form vorstellen, aber wir müssen Vertrauen in diese Form haben. Wenn wir unsere Iṣhṭa-Dēvatā mit der Einstellung verehren, dass sie das höchste Selbst ist, wird unsere Verehrung in einer Vision des höchsten Selbst gipfeln. Die Form ist wie eine Leiter. So wie der Schatten um die Mittagszeit verschwindet, geht die Form im Formlosen auf, wenn die Konzentration in der Meditation reift.

Anstatt verschiedene Gottheiten zu verehren, sollten wir unsere Iṣhṭa-Dēvatā verehren und sie als das Höchste betrachten. Andere Formen Gottes sollten wir als Aspekte unserer Iṣhṭa-Dēvatā betrachten. Wenn wir verschiedene Gottheiten zu verschiedenen Zeiten verehren, werden wir die Früchte unserer Verehrung nicht so bald ernten. Unser Mind sollte sich fest mit der Form und dem Mantra unserer Iṣhṭa-Dēvatā verbinden. Wenn wir einen Brunnen graben wollen, hat es keinen Sinn, kleine Löcher an vielen verschiedenen Stellen zu graben. Wir werden nur dann auf Wasser stoßen, wenn wir an einer Stelle tief graben. Genauso müssen wir unsere Iṣhṭa-Dēvatā ausschließlich verehren und sie als das Höchste betrachten. Dieses spirituelle Prinzip spiegelt sich in der Praxis der Śhabarimala-Pilger wider, die *Swāmiyē Śharaṇam Ayyappa!* (Gewähre uns Zuflucht, oh Lord Ayyappa!) ausrufen, egal, welchen Tempel sie besuchen.

Nur wenn wir unsere Iṣhṭa-Dēvatā lieben, wird diese Form in unserem Herzen klar erscheinen. Wir sollten ständig um eine Vision unserer geliebten Gottheit beten. Die Einstellung eines Devotees zu Gott sollte die gleiche sein wie die eines Liebenden zu seiner Geliebten. Wenn er seine Geliebte in einem blauen Sari gesehen hat, wird er jedes Mal, wenn er blaue Farbe sieht, an sie erinnert. Egal, ob er schläft oder wach ist, er denkt nur an sie. Von dem Moment des Aufwachens an werden seine Gedanken nur noch bei ihr verweilen. Während er sich die Zähne putzt oder an seinem Kaffee nippt, wird er darüber nachdenken, was sie wohl in diesem Moment tut. Wir sollten diese gleiche absorbierende und alles verzehrende Liebe für unsere Iṣhṭa-Dēvatā entwickeln. Wir müssen unfähig werden, an irgendjemanden oder irgendetwas anderes als an unsere Iṣhṭa-Dēvatā zu denken.

Selbst Bittermelone verliert seine natürliche Bitterkeit und wird süß, wenn sie längere Zeit in Zuckersirup eingelegt wird. Ähnlich wird der Devotee durch ständige Erinnerung und Meditation seiner Iṣhṭa-Dēvatā eins mit Gott.

# 7. Demut

Kinder, Demut ist die allererste Eigenschaft, die wir entwickeln sollten. Nur ein demütiger Mensch kann Gottes Gnade empfangen. Wir sollten demütig in Blick, Wort und Tat sein. In Indien können wir sehen, wie der Schreiner ehrfürchtig seinen Meißel berührt, bevor er mit der Arbeit beginnt, oder wie sich Musiker vor ihren Musikinstrumenten verbeugen, bevor sie zu spielen beginnen. Die alten Weisen hinterließen uns eine Kultur, die uns lehrt, alles zu verehren und so das Ego in uns zu zerstören.

Während wir eine Handlung ausführen, sollten wir nicht zulassen, dass der Gedanke „Ich tue es" aufkommt. Wir sollten das Bewusstsein entwickeln, dass wir nur durch die Kraft, die Gott uns verliehen hat, handeln können. Wir sollten lernen, Arbeit als Verehrung zu betrachten. Demut und Einfachheit ziehen Gottes Gnade an.

Einst lebte ein Mahātmā (spirituell erleuchtetes Wesen), der äußerst demütig war. Was auch immer geschah, er blieb demütig und akzeptierte sowohl Lob als auch Tadel mit Demut. Eines Tages erschien ein Dēvatā (himmlisches Wesen) vor ihm und sagte: „Ich bin erfreut über deine Demut. Ich werde dir einen Wunsch erfüllen. Was wünschst du dir?"

Der Mahātmā lehnte das Angebot ab, doch als die Dēvatā darauf bestand, sagte er: „Möge jede meiner Handlungen ohne meine Kenntnis ein Segen für die Welt sein."

„So soll es sein", sagte die Dēvatā und verschwand.

Seit diesem Tag wurde alles, worauf sein Schatten fiel - einschließlich der Erde und all seiner Lebewesen, beweglich oder unbeweglich – durch ihn gesegnet. Das verdorrte Land, das er durchschritt, wurde grün. Verwelkte Bäume und Pflanzen erwachten zu neuem Leben und trugen viele Blüten und Früchte. Die Bäche am Wegesrand füllten sich mit reinem, frischem Wasser. Seine Anwesenheit gab den Müden neue Kraft und Mut. Sie spendete trauernden Müttern Trost und brachte Freude in die Herzen kleiner Kinder. Der Mahātmā, der sich dessen nicht bewusst war, lebte sein Leben weiterhin als gewöhnlicher Mensch.

Demut ist in uns. Es ist unsere wahre Natur. Jedoch haben wir bisher noch nie versucht, sie bewusst zu erwecken. Wenn wir immer noch zögern, demütig zu sein, wird die Natur uns zwingen, es zu tun. Durch bittere Erfahrungen im Leben werden wir natürlich lernen, uns demütig zu verhalten.

Ganz gleich, wie viele edle Eigenschaften ein Mensch besitzt, keine kann durchscheinen, wenn es ihm an Demut mangelt. Im Gegensatz wird ein demütiger Mensch von allen gemocht, selbst wenn er viele Unzulänglichkeiten hat. Wie Wasser, das ins Tal fließt, wird Gottes Gnade ihm zufließen.

# 8. Das Ego, unser schlimmster Feind

Kinder, unser schlimmster Feind ist das Ego. Es macht uns unmenschlich. Die meisten Menschen glauben, dass Erfolge auf der Basis des Egos entstehen. Menschen in der Arbeitswelt haben vielleicht das Gefühl, dass man das Ego nicht völlig auslöschen kann. Dennoch sollten wir darauf achten, das Ego unter Kontrolle zu halten. Egal, wo man arbeitet, man muss lernen, das egoistische „Ich“ mit Reife zu handhaben. Anderenfalls wird es sowohl einem selbst als auch der Gesellschaft schaden.

Betrachte eine Familie. Wenn das Familienoberhaupt nicht in der Lage ist, seine Bedürfnisse hinter die der anderen Familienmitglieder zu stellen oder die Ansichten seiner Frau und Kinder zu respektieren, wird es dann Frieden und Fröhlichkeit im Haus geben? Nein, es wird nur Konflikte, Streit und Unstimmigkeiten in dieser kleinen Welt von drei oder vier Menschen geben.

Ob in der Wirtschaft, in der Politik oder in einem anderen Bereich, das größte Problem ist feindlicher Wettbewerb zwischen denjenigen, die in diesem Bereich arbeiten. Die Hauptursache für dieses Problem ist das unkontrollierte Ego. Solche Feindseligkeiten sind unter Mitgliedern der gleichen politischen Partei, zwischen rivalisierenden Parteien und unter Geschäftspartnern üblich. Einzelne Personen oder ein paar Menschen liefern sich ein Kräftemessen, um die Kontrolle über andere zu erlangen. In solchen Situationen können wir beobachten, wie einige Menschen rücksichtslos ihre Gegner taktisch, psychologisch oder sogar physisch quälen, um zu zeigen, wie mächtig sie sind. Um dies zu beweisen, ist ihnen jedes Mittel recht. Sie werden unempfindlich für den Schmerz und das Leid der Anderen. Wenn wir nur aus der winzigen Perspektive von „Ich und Meins“ sehen und denken können, verlieren wir unsere Fähigkeit, nachsichtig sein, zu vergeben und mitfühlend zu sein. Sobald wir uns darauf fixieren, etwas um jeden Preis zu bekommen, haben wir keine Bedenken, andere zu verletzen, um persönlichen Gewinn zu erlangen.

Amma erinnert sich an eine Geschichte. Ein Mann besuchte seinen Anwalt, um einen Fall zu besprechen. Er hatte Bedenken, wie sich der Fall entwickeln würde. Er sagte zu seinem Anwalt: „Ich glaube nicht, dass ich diesen Fall gewinnen werde. Sie müssen einen Weg finden, ihn zu gewinnen.“ Nach einer Pause sagte er: „Ich habe gehört, dass der Vorsitzende Richter verrückt nach Kricket ist. Ich habe mir überlegt, was wäre, wenn wir ihm ein Business-Class-Ticket kaufen würden, um das Indien-Australien-Spiel in Australien anzuschauen?“

Als der Anwalt dies hörte, sagte er: „Der Richter ist stolz auf seine Ehrlichkeit und Unparteilichkeit. Er kann niemals bestochen werden. Wenn sie so etwas versuchen, würde er wütend und gegen Sie eingestellt sein. Sie können sich vorstellen, wie der Fall ausgehen würde“.

Der Richter entschied zugunsten des Mannes. Um den Sieg zu feiern, lud der Mann seinen Anwalt zu einem Essen ein. Der Anwalt fragte: „Wie fühlen Sie sich jetzt? Was wäre, wenn Sie ihm eine Karte für das Kricketspiel in Australien geschickt hätten? Können Sie sich vorstellen, wie das Urteil ausgefallen wäre?“

Der Mann sagte: „Oh, das wollte ich Ihnen gerade erzählen. Ich bin Ihnen unendlich dankbar für Ihren wertvollen Rat. Tatsächlich habe ich dem Richter ein kostenloses Ticket geschickt, jedoch im Namen meines Gegners!“

Kinder, solche gemeinen Handlungen stoßen uns tiefer in die dunklen Höhlen des Egos. Sie schaden sowohl uns als auch der Gesellschaft. Vor allem aber verlieren wir unsere Integrität.

Das Ego ist wie ein Gefängnis. Wer keine Kontrolle über das Ego hat, kann nie die Freude und den Frieden der Freiheit genießen. Eine solche Person mag materiellen Reichtum und Wohlstand haben, aber er hat keinen friedvollen Mind und ist nicht zufrieden, denn er wird nur an sich selber denken und daran, was er bekommen kann. Der Mind eines solchen Menschen ist wie eine Gefängniszelle. Wahre Freiheit ist die Befreiung vom Ego. Nur Spiritualität kann uns diese Freiheit bescheren.

Das Nachsinnen über spirituelle Prinzipien steht nicht im Widerspruch zu materiellem Wohlstand. Jemand, der wirklich den spirituellen Pfad geht, wird seine Pflicht gegenüber der Gesellschaft und anderen Menschen unfehlbar erfüllen, auch wenn er nach materiellem Gewinn strebt. Mehr als nur Gedanken über „mich und meins" werden solche Menschen versuchen, die Schmerzen und Leiden anderer zu verstehen und Liebe und Mitgefühl für sie zu empfinden. Ihre Verantwortung, denen zu helfen, die in Not sind, werden sie erfüllen. Solche Menschen sind nicht vom Ego versklavt. Sie versuchen aufrichtig, die Begrenzungen des Egos zu überwinden.

Kinder, das Ego ist in Wirklichkeit eine Last. Sobald wir das einmal erkennen, ist es nicht mehr schwer, es abzulegen. Die meisten Menschen können nicht sehen oder verstehen, dass sie ein Ego haben. Wir hören Menschen, die sagen: „Was für ein Ego er hat!" Wenn wir stattdessen wirklich erkennen: „Was für ein Ego ich habe!", wird es aufhören zu existieren. Danach werden wir wahre Freiheit erleben.

# 9. Das Ego

Kinder, viele Menschen sagen zu Amma: „Ich kann nicht von Herzen lachen. Ich kann mein Herz nicht öffnen, egal, mit wem ich spreche. Ich bin immer traurig".

Wenn wir uns umschauen, sehen wir, wie alle Lebewesen in der Natur außer dem Menschen freudig leben. Bäume und Pflanzen wiegen sich glückselig im Wind. Vögel zwitschern unbekümmert. Flüsse plätschern, während sie fließen. Überall um uns herum herrscht Glückseligkeit. Warum ist der Mensch so unglücklich, obwohl er von so viel Freude umgeben ist?

Die Natur trägt nicht die Last des Egos. Sie hat kein „Ich-Gefühl". Nur Menschen haben ein Ego. Solange wir am Ego festhalten, werden wir unglücklich bleiben. Jedoch lassen wir es los, sind auch wir in der Lage, ein unbeschwertes und freudiges Leben zu führen.

Solange wir das egoistische „Ich-Gefühl" behalten, werden wir die wahre Stärke in uns nicht finden können. Wenn die Vorhänge geschlossen sind, können wir den Himmel draußen nicht sehen. Aber wenn wir die Vorhänge öffnen, wird der Himmel sichtbar. Genauso werden wir unser wahres Selbst nur erkennen, wenn wir unser Ego aufgeben.

Es war einmal ein Bildhauer, der eine Todesangst vor dem Sterben hatte. Er überlegte, wie er dem Tode entkommen könne. Schließlich hatte er eine Idee. Er schuf zwölf lebensgroße und lebensechte Statuen von sich selbst. Als der Tod nahte, stellte er sich zwischen die Statuen. Als der Gott des Todes kam, um das Leben des Bildhauers zu beenden, stellte sich der Bildhauer zwischen die Statuen. Der Todesgott sah dreizehn gleich aussehende Statuen vor sich. Da er den Bildhauer nicht finden konnte, stand der Gott des Todes eine Weile nachdenklich da. Dann sagte er zu sich selbst: „Diese Statuen sind hervorragend, aber jede Einzelne hat einen Fehler."

Als der Bildhauer dies hörte, sprang er auf und rief: „Meine Statuen? Fehlerhaft? Welcher Fehler?".

Der Gott des Todes sagte: „Das ist der Fehler" und nahm sofort das Leben des Bildhauers.

Wenn wir denken: „Ich bin der Handelnde", entsteht Leid. Genau dieser Gedanke ist reine Knechtschaft. Ob wir Pūjā (rituelle Verehrung) durchführen oder den Abfluss reinigen, der Gedanke „ich tue es" verunreinigt den Mind und es wird schwierig sein, einen solchen Mind zu reinigen. Wir sollten versuchen, alles als eine Darbringung für Gott zu tun. Nur dann wird unser Mind rein. Wenn wir einmal in den Bus eingestiegen sind, brauchen wir unser Gepäck nicht mehr mitzuschleppen. Wir können es ablegen. Ähnlich können wir, wenn wir einmal in Gott Zuflucht suchen, ihm das Gepäck unseres Egos geben und frei vom Leid werden.

# 10. Schwächen überwinden

Kinder, es ist ganz natürlich, Fehler zu machen. Manchmal passieren uns Dinge, die nicht perfekt sind, und wir verhalten uns nicht immer so, wie wir sollten. Es kann sein, dass wir Eigenschaften haben, die nicht so gut sind. Aber die meisten Menschen finden oft Gründe, warum ihre Fehler okay sind, sie rechtfertigen ihr Verhalten, wenn sie etwas falsch machen, stolpern oder scheitern. Sie tun ihr Bestes, um ihre Schwächen zu verstecken. Manchmal sagen sie sogar, dass der Fehler nicht bei ihnen lag, sondern bei jemand anderem. Wenn wir jedoch jemand anderen beschuldigen, können wir unsere Schwächen niemals überwinden. Manchmal hinterlassen schlechte Erfahrungen aus der Kindheit dauerhafte Narben in unserem Mind und verändern sogar unseren Charakter. Wenn wir unsere Eltern oder andere beschuldigen, löst sich das Problem nicht. Tatsächlich könnten unsere Schwächen sogar noch deutlicher hervortreten und sich negativ auf unsere guten Beziehungen zu anderen auswirken.

Ein Arzt untersuchte einen Patienten und sagte: „Es wird schwierig sein, diese Krankheit vollständig zu heilen, denn es ist eine Erb-Krankheit."

Der Patient unterbrach den Arzt sofort: „Wenn das so ist, schicken Sie die Rechnung für die medizinische Behandlung bitte an meine Eltern!".

Der Mann dachte nicht darüber nach, was er selber tun könne, um die Krankheit zu überwinden. Stattdessen machte er seine Eltern dafür verantwortlich. Dabei vergaß er vor lauter Bequemlichkeit, dass er die Krankheit durch die Einnahme von Medikamenten, regelmäßigen Sport und eine kontrollierte Ernährung eindämmen könnte. Viele von uns reagieren wie dieser Patient, sobald wir mit unseren Unzulänglichkeiten und Schwächen konfrontiert werden.

Unser Ego und unser falscher Stolz sind der Grund dafür, dass wir unsere eigenen Fehler vertuschen und anderen die Schuld geben. Deshalb muss das Ego besiegt werden. Andernfalls werden wir sowohl im spirituellen Leben als auch in weltlichen Angelegenheiten Niederlagen erleiden. Wenn wir scheitern, müssen wir uns nach innen wenden und versuchen, unsere Schwächen und Unzulänglichkeiten zu verstehen. Dann müssen wir uns ihnen mutig stellen. Es ist wichtig, dass wir uns bemühen, unsere Schwächen zu überwinden. Das bedeutet, dass wir unsere Schwächen anerkennen, uns ihnen stellen und sie überwinden - das ist der Weg.

Wir sollten uns nicht vor unseren eigenen Schwächen verstecken oder versuchen ihnen zu entkommen, indem wir anderen die Schuld geben. Wenn wir einen offenen Mind haben, Verantwortung für unsere Fehler übernehmen, und uns ernsthaft bemühen, können wir jede Schwäche überwinden.

# 11. Reue

Kinder, Irren ist menschlich. Es gibt niemanden, der im Leben keinen Fehler gemacht hat. Zu tun, was man nicht tun sollte und nicht zu tun, was man tun sollte - beides ist falsch. Manche begehen unbewusst Fehler. Andere machen Fehler unter dem Druck der Umstände. In jedem Fall ist der erste Schritt zur Bereinigung von Fehlern, sich ihrer bewusst zu werden.

Sobald wir unseren Fehler erkennen, sollten wir ihn bereuen. Reue ist eine Form der Wiedergutmachung. Es gibt keine Sünde, die nicht durch die Tränen der Reue weggewaschen werden kann. Doch sobald wir wissen, was richtig ist, sollten wir unsere Fehler nicht wiederholen. Wir sollten aufrichtig bereuen. Manche Menschen tun nur vor anderen so, als ob sie reumütig sind.

Ein Junge wurde zu einem Taschendieb. Seine schlechte Angewohnheit brachte seine Mutter in arge Bedrängnisse. Sie bat ihren Sohn, seine Sünde dem Priester in einer nahen gelegenen Kirche zu beichten und um Vergebung zu bitten. Am Tag, nachdem er einem Geschäftsmann das Portemonnaie gestohlen hatte, ging der Junge zum Priester und sagte: „Oh Priester, ich habe gestern gesündigt. Ich habe die Brieftasche eines Geschäftsmannes gestohlen."

Als der Priester dies hörte, sagte er: „Du hast ein schreckliches Verbrechen begangen. Finde sofort den Geschäftsmann und gib ihm seine Brieftasche zurück!"

Der Junge fand den Geschäftsmann, gab die Brieftasche zurück und ging nach Hause. In dieser Nacht sah die Mutter ihren Sohn einen dicken Stapel Banknoten zählen. Als sie fragte, wie er so viel Geld bekommen hatte, sagte der Sohn: „Ich habe es aus der Kasse in der Nähe des Priesters gestohlen, als ich mein Verbrechen gestanden habe.

Unsere Reue sollte nicht so sein. Sie muss aufrichtig sein.

Sobald wir unseren Fehler erkennen, müssen wir uns fest vornehmen, ihn wiedergutzumachen und ihn niemals zu wiederholen. Immer wenn wir etwas Falsches tun, flüstert unser Gewissen sanft: „Tu das nicht! Lass es sein!" Wenn wir auf unser Gewissen hören, werden wir kein Unrecht tun.

Manchmal tun wir aus Unwissenheit Unrecht. Gott wird uns solche Fehler verzeihen. Wenn wir jedoch immer wieder dieselben Fehler machen, wird Er uns nicht vergeben. Daher dürfen wir unsere Fehler nicht wiederholen.

Das menschliche Leben ist eine Reise vom Irrtum zur Wahrheit. Obwohl Fehler passieren können, sollten wir danach streben, uns selbst zu korrigieren. Wir sollten versuchen, jeden unserer Gedanken, jedes Wort und jede Tat in bester, tugendhafter Weise zu tun. Selbst wenn wir einen kleinen Fehler machen, müssen wir ihn bereuen und korrigieren. Dies ist der einzige Weg zu unserem endgültigen Sieg, zu ewiger Freude und Frieden.

## 12. Weg zum Frieden

Kinder, wir alle wünschen uns Frieden und Glück. Dennoch erleben wir oft Sorge, Frustration und Enttäuschung. Warum haben wir keinen Frieden und können nicht glücklich sein?

Wenn wir Frieden erfahren und glücklich sein wollen, müssen wir zuerst das Leben richtig verstehen. Egal, wie viel Geld ein wohlhabender Mann hat, wenn er nichts von seinem Reichtum weiß, kann er ihn nicht nutzen. Ebenso werden wir nicht in der Lage sein, in Harmonie mit der Welt zu leben und unser Dharma (unsere Pflichten im Leben) richtig zu erfüllen, solange wir uns unserer wahren Natur nicht bewusst sind.

Eine Reisegruppe war auf dem Weg zu einem weit entfernten Dorf. Nach einiger Zeit kamen sie zu einem Wald. In der Nähe befand sich ein Teich. Sie legten ihre Sachen am Ufer ab und gingen schwimmen. Als sie zurückkamen, war alles weg. Die Diebe hatten alles gestohlen! Die Reisenden machten sich sofort auf den Weg und verfolgten die Diebe. Unterwegs sahen sie einen Mann, der sich im Schatten eines Baumes ausruhte; er war ein Mahātmā (ein spirituell verwirklichtes Wesen). Die Reisenden fragten ihn, ob die Diebe dort vorbeigegangen wären. Der Mahātmā sagte: „Ihr seid verärgert, weil euer Hab und Gut gestohlen wurde. Überlegt einen Moment. Sind die Diebe, die dazu beigetragen haben, euer Glück zu stehlen, in euch oder außerhalb von euch? Beabsichtigt ihr zurückzugewinnen, was ihr verloren habt, oder wollt ihr den Wohlstand erlangen, den ihr niemals wieder verlieren könnt? Überlegt mal!“

Als die Reisenden die Weisheit in den Worten des Mahātmā erkannten, wurden sie seine Schüler.

In jedem von uns ist grenzenloser Reichtum vorhanden. Da wir uns dessen jedoch nicht bewusst sind, streifen wir umher, um Glück in den Dingen der Welt zu suchen. Einige kämpfen darum, Reichtum und Macht zu erlangen, während andere nach Namen und Ruhm streben. Beide glauben fälschlicherweise, dass sie Frieden und Zufriedenheit erlangen, sobald sie ihre Ziele erreichen. Glücklich-Sein kann jedoch nicht durch Objekte erlangt werden. Tatsächlich stehen die Wünsche dem wahren Glück im Weg. Dieses Glück wird sich erst dann offenbaren, wenn der Mind aufhört, nach der einen oder anderen Sache zu hecheln. Dieses Verständnis muss in unserem Herzen klarwerden. Dies ist der erste Schritt zu Frieden und Glücklich-Sein.

Das Selbst ist die Quelle ewiger Glückseligkeit und Frieden. Ohne dies zu verstehen, suchen manche Menschen Trost in Alkohol und Drogen. Dabei ruinieren sie nicht nur ihr eigenes Leben, sondern schaden auch ihren Familien und der Gesellschaft. Spiritualität vermittelt uns ein Verständnis davon, wer und was wir wirklich sind. Durch dieses Verständnis werden wir uns unserer Verantwortung bewusst und folglich leben wir in einer Weise, die sowohl uns selber als auch der Welt zugutekommt.

# 13. Die Sorgen des Lebens

Manche Menschen sagen: „Seit Jahren besuche ich unermüdlich Tempel, trotzdem bin ich immer noch arm und habe immer noch Sorgen und Leid. Manchmal frage ich mich sogar, warum ich zu Gott beten soll!"

Verlassen wir uns wirklich auf Gott? Wenn wir das täten, würde es uns sowohl materiell als auch spirituell gut gehen. Kein Mahātmā (spirituell erleuchtete Seele) ist jemals vor Hunger gestorben. Das Leben eines Menschen, der sich Gott hingegeben hat, wird niemals von Sorgen geplagt sein. Man könnte sagen, Kuchēla[5] hat unter Armut gelitten. Das ist jedoch nicht ganz richtig. Er hatte keine Zeit zu klagen, da er immer in Gedanken an Gott vertieft war! Seine unschuldige Liebe für Gott gab ihm die Kraft, selbst inmitten der drückenden Armut fröhlich zu bleiben. Seine Hingabe befreite ihn von seinem Schicksal der Armut und brachte Wohlstand in sein Leben.

Keiner von uns geht in den Tempel, nur um den Herrn zu sehen. Selbst wenn wir vor Gott stehen, erzählen wir ihm nur weltliche Dinge. Unsere Hingabe ist nicht rein und selbstlos; wir beten nur für die Erfüllung unserer Wünsche. Es ist nicht so, dass wir keine Wünsche haben sollten, aber unsere Liebe zu Gott sollte unser Interesse an der Erfüllung dieser Wünsche übersteigen.

---

[5] Ein armer *Devotee* von Lord Krishna. Aufgrund der Segnungen durch den Herrn wurde er sagenhaft reich.

Einmal saß Sri Kṛiṣhṇa am Ufer der Yamunā mit den Gōpīs (Kuhhirtenmädchen), die verzückt seinen süßen Worten lauschten. Er fragte sie: „Was tut ihr, wenn ihr Kummer und Schwierigkeiten habt?"

Eine Gōpī sagte: „Ich werde zu dir beten, oh Herr, um meine Sorgen loszuwerden."

Eine andere Gōpī sagte: „Ich werde zu dir, oh Herr, beten, dass du immer an meiner Seite bist. Selbst die größte Sommerhitze spürt man nicht so arg, wenn eine kühle Brise weht. Ebenso werden mich die Härten des Lebens nicht beeinträchtigen, wenn der Herr bei mir ist."

Eine andere Gōpī sagte: „Wenn Leiden kommen, werde ich zum Herrn um Kraft beten, um sie zu überwinden."

Rādhā hörte diesen Antworten schweigend zu. Der Herr fragte sie: „Oh Rādhā, warum bist du still? Wie wirst du dem Leid begegnen?"

„Ich werde über den Herrn im Inneren meditieren. Ich werde mich in meinem Herzen an ihn erinnern."

„Bittest du um nichts?"

„Wenn Deine Gestalt hell in meinem Herzen leuchtet, wo ist dann noch Platz für Kummer und Leid? Wenn das Morgenlicht dämmert, schwindet die Dunkelheit ganz natürlich. Ich habe es nie für nötig befunden, um irgendetwas zu beten."

Ein wahrer Devotee sorgt sich nie um die Schwierigkeiten im Leben. Völlig Gott ergeben, bleibt er ohne Sorgen, wie ein Kind, das im Schoß seiner Mutter ruht.

# 14. Zeit – das kostbarste Gut

Kinder, unser wertvollster Besitz ist die Zeit. Selbst wenn wir eine Million Dollar verlieren, können wir sie vielleicht noch wiedererlangen, aber verlorene Zeit können wir niemals zurückbekommen. Viele erkennen den Wert der Zeit erst in den letzten Momenten ihres Lebens.

Alexander der Große, der die ganze Welt eroberte, begriff den Wert der Zeit erst auf dem Sterbebett. Da ihm bewusst wurde, dass der Tod ihn jederzeit ereilen könnte, sagte er denen um sich herum: „Wenn es jemanden gibt, der mir auch nur einen einzigen Atemzug leihen kann, bin ich bereit, ihm die Hälfte meines Königreichs als Ausgleich zu geben. In dem Bestreben, Völker zu erobern und Reichtümer anzuhäufen, habe ich wertvolle Zeit und Gesundheit vergeudet. Jetzt erkenne ich, dass ich den Tod auch mit all meinem Reichtum nicht einen einzigen Augenblick lang aufhalten kann."

Nur die Erfahrung kann uns den Wert der Zeit lehren. Würden wir den Wert der Zeit wirklich verstehen, würden wir jeden Augenblick wie einen unbezahlbaren Schatz schätzen.

Einst erhielt ein Mann einen Brief, in dem er aufgefordert wurde, zu einem Vorstellungsgespräch zu kommen, für eine Stelle, die er sich schon sehr lange gewünscht hatte. Um die Stadt zu erreichen, in der das Vorstellungsgespräch stattfinden sollte, musste er zwei Anschlussflüge nehmen. Zwischen den beiden Flügen gab es eine halbe Stunde Pause. Er ging in ein Flughafenrestaurant und aß einen Imbiss, für den ihm 500 Rupien berechnet wurden. Als der Mann die Rechnung sah, sagte er: „Das ist viel zu viel! Ich habe nicht so viel gegessen." Als der Kassierer sah, wie verärgert er war, reduzierte er den Betrag um hundert Rupien. Aber der Mann bestand darauf, dass er nicht mehr als 300 Rupien zahlen würde. Da er keine andere Wahl hatte, gab der Kassierer schließlich nach. Triumphierend über seinen Erfolg schlenderte der Mann zum Gate und grinste den ganzen Weg über. Als er das Gate erreichte, erfuhr er, dass sein Anschlussflug fünf Minuten zuvor abgeflogen war. Vor lauter Feilschen hatte er sein Ziel vergessen und damit die Chance verpasst, den Job zu bekommen, von dem er jahrelang geträumt hatte.

Einige Menschen beschweren sich, dass die Zeit für sie nicht günstig ist. Die Zeit ist immer wohlwollend, aber wir schließen keine Freundschaft mit der Zeit. Wir sind es, die entscheiden, ob die Zeit für oder gegen uns arbeitet. Ohne dies zu erkennen, werden wir zu Sklaven der Umstände. Sitzen wir einfach nur da und warten auf gute Zeiten, werden uns viele gute Dinge entgehen. Warte nicht auf einen günstigen Zeitpunkt, um eine gute Tat zu vollbringen. Wenn etwas gut ist, tu es sofort.

# 15. Befreiung vom Leid

Kinder, wissentlich oder unwissentlich streben wir durch jede Handlung danach, glücklich zu sein. Wir sehnen uns danach, frei von jeglichem Kummer zu sein. Doch unsere Suche ist vielleicht nicht bewusst oder achtsam.

Jede Erfahrung von Leid enthält eine Botschaft in sich. Angenommen, wir berühren versehentlich einen eingeschalteten Herd und verbrennen uns die Hand. Stell dir nun mal vor, du würdest keinen Schmerz empfinden. Wie wäre das? Nur weil wir Schmerz empfinden, können wir die Hand sofort vom Herd zurückziehen. Ebenso sind der Schmerz und das Leiden, die wir im täglichen Leben erfahren, eine Erinnerung daran, dass „es Zeit für eine Veränderung ist!“ Gewöhnlich versuchen wir, äußere Veränderungen vorzunehmen und das mag uns vorübergehend von unseren Leiden befreien. Aber wenn wir uns ein für alle Mal von Leid und Sorgen befreien wollen, müssen wir unsere Ansichten und Einstellungen radikal verändern.

Ein Devotee pflegte regelmäßig einen Mahātmā (spirituell verwirklichter Mensch) aufzusuchen und über die Probleme in seinem Leben zu klagen. Eines Tages, als er mit dem Klagen anfing, sagte der Mahātmā: „Bring mir ein Glas Wasser und eine Handvoll Salz.“ Als der Mann diese Dinge brachte, sagte der Mahātmā: „Gib die Hälfte des Salzes in das Wasser und rühre gründlich um. Dann trinke das Wasser und sage mir, wie es schmeckt.“

Der Devotee tat, wie ihm gesagt wurde und sagte: „Es ist zu salzig zum Trinken!“

Daraufhin führte der Mahātmā ihn zu einem Süßwassersee und sagte: „Gib das restliche Salz in diesen See und trinke dann einen Schluck Wasser."

Der Devotee nahm einen Schluck und das Wasser war frisch und rein. Der Mahātmā fragte ihn: „Ist das Wasser nicht salzig?"

Der Devotee antwortete: „Überhaupt nicht!"

Daraufhin sagte der Mahātmā: „Sieh, Salz ist wie die Leiden des Lebens und frisches Wasser ist wie unsere angeborene Glückseligkeit. Das Wasser im Glas wurde untrinkbar, nachdem du ihm ein wenig Salz hinzugefügt hast. Aber die gleiche Menge an Salz hat keinen Einfluss auf die Frische des Seewassers. Zurzeit ist dein Mind so eng wie das Glas. Wenn du ihn weitest so wie einen See und deine innere Glückseligkeit erweckst, dann kann dich kein Leid jemals berühren."

Glücklich-Sein ist unser natürlicher Zustand. Aber wenn wir Dingen, die Leid verursachen, übermäßige Bedeutung beimessen, fixiert sich unser Mind auf sie und wir sind dem Leid hilflos ausgeliefert.

Lass die Vögel des Kummers über deinen Kopf fliegen, aber erlaube ihnen niemals, ein Nest auf ihm zu bauen. Anstatt die ganze Zeit über Probleme zu grübeln, beschäftige dich mit kreativer Arbeit. Hilf anderen auf jede erdenkliche Weise. Dadurch weitet sich dein Mind aus. Die schwere Last von Leid und Sorgen wird von dir weichen und du wirst die Glückseligkeit des Selbst erfahren.

# 16. Selbstloser Dienst

Kinder, alle Religionen legen großen Wert auf selbstloses Dienen. Dies reinigt den Mind und macht uns empfänglich für die göttliche Gnade. Der Dienst, den wir leisten, sollte jedoch ohne jede Erwartung erfolgen. Wir sollten nicht einmal ein Wort des Dankes oder der Anerkennung erwarten. Erwarten wir etwas, ist es so, als würden wir für Lohn arbeiten; eine solche Arbeit trägt nicht dazu bei, den Mind zu reinigen.

Handeln wir ohne den Wunsch nach persönlichem Nutzen, verlässt zumindest so lange wir arbeiten, Selbstsucht unser Herz. Solche Arbeit reinigt den Mind. Wenn wir jedoch selbstlosen Dienst mit dem Ziel ausführen, Puṇya (spirituellen Verdienst), Anerkennung oder Entlohnung zu erlangen, wird der eigentliche Zweck des Dienstes vereitelt.

Viele spenden an Tempel oder Kirchen in der Erwartung gelobt oder genannt zu werden, Anerkennung zu erhalten. Es gibt Menschen, die Leuchtstoffröhren an Tempel spenden und sie dann mit Botschaften wie „Gespendet von so-und-so" bedrucken und so die Strahlkraft wieder verringert wird. Solche Menschen wollen, dass andere von ihrer Spende erfahren und sind verärgert, wenn ihnen nicht gedankt wird.

Einmal ging ein wohlhabender Mann zum Beten in einen Tempel. Er gab dem Priester eine große Summe Geld, woraufhin dieser ihm weder dankte noch lobte. Der wohlhabende Mann sagte: „Ich bin sicher, dass noch nie jemand eine so große Geldsumme diesem Tempel gespendet hat."

Der Priester duldete sein Eigenlob eine Weile. Doch als der Spender nicht aufhörte, sagte der Priester: „Warum prahlst du so? Erwartest du, dass ich dir für die Spende danke?“

„Was ist falsch daran, wenigstens ein Wort der Anerkennung für die Summe, die ich gespendet habe, zu erwarten?“, fragte der vermögende Mann.

Der Priester sagte: „Du solltest dankbar sein, dass der Tempel deine Spende angenommen hat. Es ist nur ein winziger Bruchteil des Reichtums Gottes, den du hortest. Du wirst nur dann göttliche Gnade erhalten, wenn du ohne Stolz spenden kannst. Du solltest dankbar sein, dass du die Gelegenheit erhalten hast, Gott und seinen Devotees zu dienen. Wenn du das nicht tust, ist es am besten, du nimmst das Geld zurück.“

Es ist der Mind, den wir Gott überlassen sollten. Ihm das anzubieten, woran der Mind verhaftet ist, ist gleichbedeutend mit der Hingabe des Minds selbst. In Wahrheit gehört uns nichts, alles gehört Gott. Wir müssten dankbar dafür sein, dass er uns die Fähigkeit und die Möglichkeit zum Dienen gibt. Wenn wir verstehen, dass sogar Körper, Mind und Intellekt Geschenke Gottes sind, werden wir frei von Stolz und Selbstsucht. Sind wir frei von Stolz, ziehen wir Gottes Gnade an.

# 17. Ein stiller Mind

Kinder, der Mind ist ein Fluss von Gedanken. Es gibt keinen einzigen Moment, in dem der Mind aufhört zu denken. Manchmal ist der Straßenverkehr schnell und rasant, manchmal langsam und gemächlich. Aber mit den Gedanken ist es nicht so. Oft hört der Gedankenfluss nicht einmal im Schlaf auf. Es liegt in der Natur des Minds, über die Vergangenheit zu grübeln und sich um die Zukunft zu sorgen.

Einmal reiste ein Mann mittleren Alters in einem Zug. Ein junger Mann, der neben ihm saß, fragte: „Wie viel Uhr ist es?"

Als der Mann dies hörte, sagte er: „Halt den Mund!"

Ein anderer Passagier, der dieses Gespräch mitbekam, fragte: „Er hat nur nach der Uhrzeit gefragt. Warum musstest du dich über eine einfache Bitte so aufregen?"

Der Mann antwortet: „Ja, er hat nur nach der Uhrzeit gefragt. Angenommen, ich sage ihm die Uhrzeit. Dann wird er über das Wetter reden. Danach wird er über die Schlagzeilen in der Tageszeitung sprechen. Als Nächstes wird er über Politik sprechen. Dann wird er nach meiner Familie fragen. Ich könnte mich dann auch nach seiner Familie erkundigen. Nachdem wir uns so kennengelernt haben, könnte ich ihn nach dem Aussteigen nach Hause einladen. Vielleicht würde er sogar der Einladung Folge leisten und eine Nacht dort verbringen. Ich habe eine wunderschöne Tochter, die sich in ihn verlieben könnte. Oder er könnte sich in sie verlieben. Ich werde niemals zustimmen, dass meine Tochter einen Mann heiratet, der nicht einmal eine Uhr besitzt. Deshalb habe ich ihn gleich zu Beginn zum Schweigen gebracht, um weitere Gespräche zu vermeiden."

Wenn jemand nach der Uhrzeit fragt, können wir ihm entweder die Uhrzeit sagen oder schweigen. Musste sich dieser Mann so viel in der Zukunft ausmalen? Wegen des Konflikts in seinem Mind haben auch die anderen Fahrgäste ihre Ruhe verloren.

Wenn der Mind „halt" sagt, während wir gehen, werden unsere Beine sofort stehen bleiben. Wenn der Mind „halt" sagt, während wir klatschen, hören die Hände sofort auf sich zu bewegen. Aber wenn wir dem Mind sagen, er soll aufhören und still sein, wird er es tun? Nein. Das heißt, wir sollten in der Lage sein, den Mind zu stoppen. Deshalb meditieren wir. So wie wir eine Fernbedienung benutzen, um den Fernseher und andere elektrische Geräte ein- und auszuschalten, kann uns Meditation helfen, den Mind unter unsere Kontrolle zu bringen.

Vor allem brauchen wir einen stillen Mind, um unsere wahre Natur zu erkennen. Nur in dieser Stille können wir höchste Glückseligkeit und Frieden genießen. Mögen meine Kinder in der Lage sein, zu einem solchen Zustand zu erwachen.

# 18. Reife

Kinder, werden wir mit schwierigen Situationen im Leben konfrontiert, versuchen wir selten, die wahre Ursache der Schwierigkeiten herauszufinden. Aber wenn wir das nicht tun, werden wir nicht in der Lage sein, eine dauerhafte Lösung für diese Probleme zu finden. Wenn zum Beispiel ein Kind wegen Hunger weint, wird die Mutter versuchen, es mit Spielzeug zu besänftigen. Das Kind lässt sich vielleicht eine Zeit lang ablenken. Aber wenn sein Hunger zunimmt, wird es noch lauter weinen. Es wird erst aufhören, wenn sein Hunger gestillt ist.

Manche Menschen greifen zu Drogen und Alkohol, um ihre Probleme zu vergessen. Diese Rauschmittel lösen nicht nur keine Probleme, sondern sie ruinieren auch die Gesundheit sowie den Wohlstand und zerstören Familienbande.

Einmal unterhielten sich zwei Freunde miteinander. Der eine fragte den anderen: „Ich habe gehört, dass du angefangen hast zu trinken. Warum?"

Sein Freund antwortete: „Ich habe viele Probleme und versuche, mein Leid im Alkohol zu ertränken."

„Und, ist es dir gelungen, dein Leid zu ertränken?"

„Nein, mein Freund. Meine Probleme haben gelernt, im Alkohol zu schwimmen!"

Die Wurzel all unserer Probleme ist unser eigensinniger Wunsch, alles so zu haben, wie wir es wollen, nach unseren Vorlieben und Abneigungen. Dieser Eigensinn ist die Quelle all unserer Negativität, einschließlich Ärger, Hass und Eifersucht.

was geschah? Das Blatt wurde weggeblasen und der Schlammball aufgelöst und weggeschwemmt.

So ist es auch in unserem Leben. Wenn wir von anderen abhängig sind, können uns vielleicht kleine Erfolge und Siege erreichen. Aber niemand wird uns in einer großen Krise helfen. Unsere einzige Zuflucht und Rettungsanker wird dann die Hingabe an das Göttliche sein. Nur diese Selbsthingabe gewährleistet uns dauerhaften Frieden und Zufriedenheit im Leben.

Das bedeutet nicht, dass wir unseren Ehepartner oder unsere Kinder nicht lieben oder sie als Fremde betrachten sollen. Wir sollten sie lieben und schützen, dürfen aber nie vergessen, dass Gott unser einziger wahrer Freund ist. Jeder andere wird uns früher oder später verlassen. Deshalb sollten wir uns allein auf Gott verlassen und alle Schwierigkeiten, die wir im Leben haben, als Treibstoff für unser inneres Wachstum betrachten. Wenn wir das tun, können wir auch im Familienleben Frieden und Glück erfahren.

Sich auf Gott zu verlassen bedeutet nicht, dass wir im Leben kein Leid oder Schwierigkeiten erleben werden. Das werden wir, aber die Schwierigkeiten werden entscheidend reduziert. Nicht nur das, selbst inmitten von Schwierigkeiten werden wir in der Lage sein, unser Selbstvertrauen und unsere Zufriedenheit zu bewahren.

Es genügt, die Bienenkönigin zu fangen; die anderen Bienen werden ihr folgen. Ähnlich wird uns, wenn wir uns auf Gott verlassen, sowohl spiritueller als auch materieller Wohlstand zuteil.

# 20. Sri Rāma

Kinder, Gott inkarniert auf der Erde, wenn Adharma (Ungerechtigkeit) zunimmt, das Dharma (Rechtschaffenheit) abnimmt. Er inkarniert, um das Dharma wiederherzustellen. Śhrī Rāma, der vor Tausenden Jahren am neunten Tag des Monats Chaitra (März - April) geboren wurde, gilt als die reine Verkörperung von Dharma.

Avatare (Inkarnationen Gottes) lehren die Menschen durch ihr persönliches Beispiel. Sie spiegeln die Begrenzungen der Zeit wider, in der sie leben. Wie jeder andere müssen auch sie im Leben Prüfungen und Schwierigkeiten durchstehen. Sie lehren uns nicht, wie man Problemen ausweicht, sondern wie wir in ihrer Mitte leben können, ohne unsere Ideale und Werte zu kompromittieren. Sie zeigen uns, wie wir die Herausforderungen des Lebens mit unerschütterlicher Gelassenheit bewältigen können. So dient ihr Leben als Inspiration für uns, dem Pfade des Dharma zu folgen.

Viele Menschen mögen sich fragen, warum Sri Rāma, wenn er doch allwissend war, dem goldenen Hirsch nachjagte. Wusste er nicht, dass es der Dämon Mārīcha in Verkleidung war? Genau zu diesem Zeitpunkt wurde Sītā entführt. Sri Rāma nahm die menschliche Gestalt mit all ihren Eigenheiten und Fehlern an. Daher manifestierte auch er wie andere Menschen Wissen und Unwissenheit, Stärke und Schwäche. Wenn man einmal angefangen hat, ein Spiel zu spielen, kann man die Spielregeln nicht auf halbem Weg ändern, nicht wahr?

Amma erinnert sich an eine Geschichte. Ein Prinz spielte mit seinen Freunden im Garten des Palastes Verstecken. Er vergaß sich völlig in der Freude des Spiels. Als er an der Reihe war, seine Freunde zu suchen, rannte er umher und suchte lange Zeit an vielen Stellen, konnte aber keinen einzigen finden. Ein Diener, der das alles beobachtete, fragte ihn: „Oh Prinz, warum machst du dir so viel Mühe, deine Freunde zu finden? Befiehl ihnen einfach: ‚Kommt her zu mir!' und sie werden sofort zu dir kommen, nicht wahr? Alles, was du tun musst, ist, deine Autorität auszuüben und ihnen ein einziges Mal zu befehlen."

Als der junge Prinz dies hörte, schaute er den Diener mitleidig an und sagte: „Wenn ich das täte, wo wäre dann der Spaß am Spiel?"

Genau wie andere Menschen erfahren auch Mahātmās Freuden, Leiden, Herausforderungen, Probleme und Einschränkungen in ihrem Leben. Sie tun dies, um anderen zu ermöglichen, sich ihnen zu nähern und eine persönliche Bindung zu ihnen aufzubauen.

In Wahrheit kommen Avatare mit einem Ziel, das das Bewahren des Dharmas übersteigt: Sie wollen Hingabe in den Herzen der Menschen entfachen. Sie bezaubern die Menschen durch ihre Līlās (göttliche Spiele). Bereits von Kindheit an bauen wir Bindungen zu anderen auf. Unsere erste Bindung ist die zu unserer Mutter. Dann knüpfen wir Bindungen zu unserem Vater, unseren Geschwistern und weiteren Menschen. Danach fällt es uns leicht, eine Verbindung zu Gott in menschlicher Form herzustellen. Auf diese Weise haben sich Śhrī Rāma und Śhrī Kṛiṣhṇa einen Platz in den Herzen der Menschen erobert. So erblüht durch sie eine Kultur der Hingabe in der Welt.

Die Art und Weise, wie Sri Rāma jede einzelne Lebenssituation gemeistert hat, sind Lektionen für uns. Sein Leben lehrt uns, wie man sich seinen Eltern, Geschwistern und Freunden gegenüber verhalten sollte, das ideale Verhalten eines Königs gegenüber seinen Untertanen und wie man sich in einer Gewissenskrise verhalten sollte. Śhrī Rāma war nicht übermäßig erfreut, als er erfuhr, dass er zum König gekrönt werden sollte, auch war er entmutigt, als ihm die Aussicht auf das Königtum wieder genommen wurde. Er verhielt sich weiterhin liebevoll und respektvoll, sogar gegenüber Kaikēyī, die an dieser Veränderung des Schicksals maßgeblich beteiligt war. So war Sri Rāma in jeder Hinsicht ein ideales Vorbild für die edelsten Werte, denen wir im Leben folgen sollten.

## Rat an Lakṣhmaṇa

Die Geschichte von Śhrī Rāma hat die Herzen von Millionen von Menschen seit Jahrhunderten fasziniert und ermutigt. Mahātmās handeln mit außergewöhnlich, geistiger Präsenz, Mut und praktischer Intelligenz unter Umständen, die normale Menschen überfordern würden. Sie offenbaren auch grenzenloses Mitgefühl und unendliche Geduld. Lakṣhmaṇōpadēśha, der Rat, den Śhrī Rāma Lakṣhmaṇa gab, ist ein solches Beispiel.

Als Rāma erfuhr, dass er in den Wald verbannt werden sollte, um das Wort seines Vaters Daśharatha zu ehren, bereitete er sich mit äußerster Gelassenheit darauf vor. Er empfand weder Zorn noch Groll. Es gab nicht einmal die geringste Regung in seinen Gesichtsmuskeln. Aber Lakṣhmaṇa, der Rāma als Gott ansah und verehrte, begann vor unkontrollierbarer Wut zu schäumen und Hass gegenüber Daśharatha und Kaikēyī zu entwickeln, weil sie Rāma für 14 Jahre ins Exil schickten. Als Śhrī Rāma dies sah, streichelte er liebevoll seinen geliebten jüngeren Bruder. Allein seine Berührung beruhigte Lakṣhmaṇa schon. Jedes Wort, das Sri Rāma danach sprach, und jede seiner Gesten waren so geschickt, dass sie von einem Meisterpsychologen hätten stammen können.

Jede Emotion erzeugt einzigartige Schwingungen. Die Schwingungen von Zuneigung, die eine Mutter für ihr Kind empfindet, unterscheiden sich von denen, die von einem wütenden Mann oder einem Betrunkenen ausgehen. Die Schwingungen von Lust sind völlig unterschiedlich. Śhrī Rāma hatte einen besonnenen und friedvollen Charakter. Daher war es nicht wunderlich, dass seine Anwesenheit und Berührung eine Veränderung in Lakṣhmaṇas Mind bewirkte.

Anfangs gab Rāma Lakṣhmaṇa keine spirituellen Ratschläge; er wusste, dass kein Rat in den Mind eines wütenden Menschen vordringen kann. Zuerst muss er sich beruhigen. Nur ein ruhiger Mind kann hören und verstehen. Anstatt Lakṣhmaṇa „Daśharathātmaja" („Sohn von Daśharatha") zu nennen, sprach Rāma ihn als „Saumitra" („Sohn von Sumitrā") an. In seinem Zorn auf seinen Vater und Kaikēyī für das begangene Unrecht hatte Lakshmana bereits sein Schwert gezogen. Hätte Rāma damals auch nur den Namen Daśharathas erwähnt, hätte sich Lakṣhmaṇas Zorn verdoppelt! Rāma spürte, dass Lakṣhmaṇas Zorn nachlassen würde, wenn er ihn an seine Mutter erinnerte, die eine Quelle der Weisheit und der Reife war. Deshalb nannte er ihn in diesem Moment „Saumitra".

Mahātmās bieten nicht nur Lösungen für vorübergehende Probleme. Sie benutzen zeitbedingte, temporäre Schwierigkeiten als Vorwand, um das Wissen der ewigen Wahrheit zu vermitteln. Dieses Wissen hilft die letztendlichen Probleme des Lebens zu lösen. Rāma verfolgte diesen Ansatz in dem Rat, den er Lakṣhmaṇa gab.

Dies war der gleiche Ansatz, den Śhrī Kṛiṣhṇa bei Arjuna anwandte, der durch die Aussicht auf den Kurukṣhētra-Krieg wie gelähmt war. Durch Lakṣhmaṇa und Arjuna zeigten Sri Rāma und Sri Kṛiṣhṇa der Menschheit den wahren Weg zu Frieden und Sieg.

## Rāma-Rājya

Die Menschheit hat immer von einer Gesellschaft geträumt, in der Frieden und Wohlstand herrschen und in der der Herrscher seine Bürger wie seine eigenen Kinder schützt. Deshalb erinnern wir uns auch heute noch an Mahābalīs Herrschaft, in der er alle gleich behandelte und an Rāmas Regierungszeit (Rāma-Rājya), in der alle gerecht behandelt wurden.

Rāma-Rājya war geprägt von überwältigendem Wohlstand. Der König befolgte Dharma und seine Bürger taten es ihm gleich. Rāma-Rājya ist zum Synonym für ideale Führung geworden.

Einst gab es eine Versammlung von Dichtern am Hof von König Bhōja. Ein Dichter trug sein Gedicht vor, in dem er König Bhōja als gleichwertig mit Sri Rāma und seine Herrschaft als ebenso utopisch wie Rāma-Rājya lobte. Als er seinen Vortrag beendete, klatschten alle. In diesem Moment flog eine Krähe herbei und entleerte sich auf den Kopf des Dichters, der sich darüber sehr erregte. Der König befahl, die Krähe zu fangen. Die Krähe begann zu sprechen: „Oh König, ich habe mich auf den Kopf dieses Dichters entleert, weil er gelogen hat. Du bist weder Rāma ebenbürtig noch ist deine Herrschaft gleichzusetzen mit Rāma-Rājya. Ich werde dir das beweisen. Bitte folge mir."

Der König, seine Minister und der Dichter folgten der Krähe. Als sie eine Höhle erreichten, ging die Krähe hinein und forderte sie auf zu graben. Beim Graben entdeckten sie Tausende glitzernde Edelsteine. Die Krähe sagte: „Während des Rāma-Rājya gab es einen wohlhabenden Mann, der keine Kinder hatte. Er gelobte, dem König einen Topf voller Juwelen zu schenken, wenn er ein Kind bekäme. Durch Gottes Gnade wurde er bald Vater. Er ging mit einem Gefäß voller Juwelen zu Rāma, der das Geschenk ablehnte und ihn stattdessen bat, es unter den Armen des Königreichs zu verteilen. Doch während des Rāma-Rājya gab es nicht einen einzigen armen Menschen. Sri Rāma bat daraufhin den Mann, die Juwelen jenem zu geben, der sie haben wollte, aber niemand wollte Reichtum annehmen, den er nicht durch eigene Arbeit verdient hatte. Dies sind genau die Juwelen, die niemand wollte."

Die Krähe fuhr fort: „Oh König, befiehl deinen Ministern und dem Dichter, ihre Hände zu öffnen!" Als sie das taten, was ihnen gesagt wurde, sah der König Juwelen in ihren Händen. Die Krähe sagte: „Oh König, ich hoffe, du hast wenigstens jetzt verstanden, dass dein Königreich kein Rāma-Rājya ist!"

Obwohl diese Geschichte weit hergeholt klingen mag, ist sie doch ein schönes Bild für eine ideale Herrschaft. Ein Regierender hat keine Freunde oder Verwandte, nur Untertanen. Deren Wohlergehen ist sein einziges Interesse. Für einen idealen Regierenden ist das Regieren eine Form der Enthaltsamkeit, eine Anbetung des Göttlichen, eine Selbstaufopferung zum Wohle der Welt. So war Rāmas Herrschaft.

## Sītāyana

Wenn wir das Wort Rāmāyaṇa hören, kommt uns als erstes Rāma in den Sinn. Dennoch ist Sītā von gleichwertiger Bedeutung. Ihre unerschütterliche Loyalität zu Rāma, ihre Geduld, Nachsicht und Hingabe an Werte sind beispiellos. Das indische Ideal der Weiblichkeit findet in Sītā einen leuchtenden Ausdruck. Aufgrund ihrer Handlungen wurde die Heiligkeit familiärer Bindungen über Jahrhunderte hinweg aufrechterhalten.

Als Rāma versuchte, Sītā davon abzuhalten, ihm in den Wald zu folgen, erinnerte sie ihn daran, dass es das Recht und die Pflicht einer Ehefrau ist, ihrem Mann in Freud und Leid beizustehen. Ihre Worte sind ein Weckruf in unserer heutigen Gesellschaft, die Verantwortlichkeiten meidet und nur auf Gewinne aus ist.

Die Entführung von Sītā offenbart den Ruhm von Viraha-Bhakti, der Hingabe, die aus der Trennung von Gott geboren wird. Sītā sehnte sich nach dem goldenen Hirsch sogar als Rāma bei ihr war. Das bedeutet, dass ihr Mind durch Wunschvorstellungen versklavt war. Doch nachdem Rāvaṇa sie entführt hatte, sehnte sich Sītā ständig nach Rāma. Wie ein Pferd mit Scheuklappen, das nichts anderes als den Weg vor sich sieht, war ihr Mind ganz auf

Rāma ausgerichtet. Wenn der Mond (Candra) scheint, nehmen wir den Mond wahr und nicht die Dunkelheit der Nacht. Ebenso konzentrierte sich Sītā in ihrer Not nur auf Rāmacandra und nicht auf das Dunkel, das durch seine Abwesenheit entstand. Rāvaṇa versuchte alles sowohl persönlich als auch durch Boten, um Sītā zu verführen. Er versprach, sie zur Königin von Laṅkā zu machen und ihr seinen ganzen Reichtum zu übergeben, wenn sie ihn akzeptiere. Aber Sītā blieb unberührt. Tapfer ertrug sie die unerbittlichen Belästigungen und Beschimpfungen durch die bösartigen Dämoninnen. Selbst inmitten dieses Elends meditierte Sītā ausschließlich auf Rāma. In dem durch die Trennung verursachten Leid wurden alle ihre Vāsanās (latenten Neigungen) sublimiert. Schließlich wurde ihr Herz vollständig gereinigt und sie wurde wieder mit Rāma vereint.

Die Liebe wird noch intensiver, wenn man vom Geliebten getrennt ist. Eine solche Liebe hat die verzweifelte Intensität eines Fisches außerhalb des Wassers, der nach Luft schnappt und darum kämpft, ins Wasser zurückzukehren. Diese Haltung können wir bei Sītā und den Gōpīs (Milchmädchen) von Vṛindāvan sehen. Dies zeigt, dass ein Devotee, der ständig an Gott denkt, jede Situation mental überwinden kann, egal wie herausfordernd oder schmerzhaft sie auch sein mag.

Als Hanumān seinen Wunsch äußerte, Sītā aus der Gefangenschaft zu befreien und sie zu Sri Rāma zurückzubringen, war Sītās Antwort aufschlussreich: Wenn eine andere Person als Rāma sie rettet, würde dies seinem makellosen Ruf schaden. Dies zeigt deutlich, dass Sītā selbst inmitten der größten Gefahr weitsichtig und gelassen blieb.

Ihr Leben ist eine Quelle unsterblicher Inspiration für Devotees und ein Lichtblick für Familien, wie der heilige Ganges, der die Herzen der Menschen nährt und reinigt.

## Hingabe im Rāmāyaṇa

Kinder, selbst nach Tausenden von Jahren sind menschliche Herzen immer noch von der Rāmāyaṇa fasziniert. Was ist das Geheimnis seiner Anziehungskraft? Es ist der Wohlgeruch der Hingabe, der das Rāmāyaṇa durchdringt. Dieser Duft besänftigt und reinigt die menschlichen Herzen. Wenn ein Bitter-Kürbis viele Tage lang in Jaggery getaucht wird, verwandelt sich seine natürliche Bitterkeit in Süße. Genauso wird unser Mind von allen Unreinheiten gereinigt, sobald wir ihn auf Gott ausrichten und uns ihm hingeben.

Im Rāmāyaṇa können wir die verschiedenen Formen und Stimmungen der Hingabe sehen. Lakṣhmaṇas Hingabe war anders als die von Bharata. Sītās Hingabe war nicht die gleiche wie die von Śhabarī. Das Sehnen nach der Nähe und Gegenwart des Geliebten ist ein Merkmal der Hingabe. Wir können diese Eigenschaft bei Lakṣhmaṇa sehen. Er war immer damit beschäftigt, Rāma zu dienen, selbst wenn er Essen und Schlaf opferte. Bharatas Hingabe war anders, sie war gelassen. Für ihn war das Regieren des Königreichs ein Akt der Verehrung von Rāma. Jede Handlung wird zur Verehrung, wenn wir sie mit der Erinnerung an Gott und mit Hingabe ausführen. Wenn dies nicht der Fall ist, wird selbst Tempelverehrung zu einer bloßen Handlung.

Hanumāns Hingabe umfasste Unterscheidungsvermögen, Begeisterung, Glauben und Vertrauen. Als Minister von Sugrīva wurde Hanumān zu Rāmas Diener. Während seine Beziehung zu Sugrīva weltlich war, verkörperte Hanumāns Verbindung zu Rāma die Beziehung zwischen Jīvātmā (der individuellen Seele) und Paramātmā (dem höchsten Selbst). Hanumān zeigt auch, wie man durch Japa (wiederholtes Chanten eines Mantras) ständig an Gott denken kann.

Hingabe entsteht nicht durch eine hohe Abstammung oder Gelehrsamkeit. Nur ein reines Herz kann Hingabe erlangen. Das ist es, was wir von Śhabarī lernen können. Als ihr Guru ihr sagte, dass Rāma eines Tages zu ihr kommen wird, vertraute Śhabarī ihm vollkommen. Jeden Tag reinigte sie den Aśhram und hielt die Pūjā-Utensilien in Erwartung seiner Ankunft bereit. Täglich bereitete sie einen Sitz für ihn vor. Tage, Monate und Jahre vergingen. Ihr Warten war nicht vergeblich. Eines Tages erreichte Rāma Śhabarīs Aśhram und nahm ihre Gastfreundschaft an. Ihre Geschichte beweist, dass der Herr auf jeden Fall ein Herz aufsuchen wird, das treu auf ihn wartet.

Hingabe sollte nicht nur emotional sein. Eine solche Hingabe mag intensiv sein, ist aber flüchtig. Was wir brauchen, ist Hingabe, die in Wissen verwurzelt ist. Hingabe sollte nicht dazu dienen, einen bestimmten Wunsch zu erfüllen. Nachdem die Samen der Hingabe keimen, müssen sie auf die Felder des Wissens verpflanzt werden. Dann werden wir eine gute Ernte ernten und wahres Wissen erlangen.

Rāma konnte Hingabe in seinen Geschwistern, Freunden, Bürgern, Vögeln und Tieren entfachen. Unbewusst verehren wir den Altar der Größe, wo auch immer er gefunden wird, denn der Samen der Hingabe ist in jedem Herzen verborgen. Wir müssen ihn durch Gedanken, Worte und Taten pflegen. Er muss wachsen, bis wir erkennen, dass das ganze Universum von göttlichem Bewusstsein durchdrungen ist. Das Rāmāyaṇa zeigt uns den Weg zu dieser Erkenntnis.

## Die Rāmāyaṇa-Kultur

Kinder, die Werte, die für ein nobles Leben notwendig sind, müssen jedem Kind vermittelt werden und diese Werte sollten schon zu Hause vermittelt werden. Die ältere Generation muss zum Vorbild für die Jungen werden. Sie müssen ihnen moralische Lektionen, entweder durch liebevolle Ratschläge oder strenge Ermahnungen geben. In der Vergangenheit erzählten Großmütter und Mütter den Kindern die Purāṇa-Geschichten, aus denen sie sich Werte aneignen konnten. Das Rāmāyaṇa ist das am besten geeignete Mittel, um einer jungen Generation eine edle, ehrenhafte Kultur und Werte zu vermitteln.

Viele Charaktere im Rāmāyaṇa haben in ihrem Leben edle Ideale vorgelebt, die uns dazu inspirieren, ihnen nachzueifern. Lakṣhmaṇa war ein Musterbeispiel für brüderliche Liebe und Hingabe an seinen älteren Bruder. Bharata war die Verkörperung von selbstloser Liebe und Selbstaufopferung. Sītā bewies Nachsicht, Entschlossenheit und unerschütterliche Loyalität ihrem Ehemann gegenüber. Hanumān verkörperte Geschicklichkeit im Handeln und völlige Hingabe. Es gibt viele solcher Vorbilder, aus denen die Kinder wählen können.

Daśharatha hielt sein gegebenes Wort an Kaikēyī ein, auch wenn es ihm das Herz brach. Was ihn zu ihr hingezogen hatte, waren nicht ihre Schönheit und die Liebe, die sie ihm entgegenbrachte, sondern ihre Bereitschaft, auf dem Schlachtfeld ihr Leben für das seine zu opfern. Was Rāma betrifft, so gab er den Thron auf, als wäre er ein bedeutungsloser Grashalm, um das Versprechen seines Vaters einzuhalten. Was ist mit Sītā? Als Rāma beschloss, in den Wald zu gehen, hätte sie sagen können: „Geh nicht in den Wald. Dieses Königreich ist dein Geburtsrecht." Aber das tat sie nicht. Stattdessen folgte sie ihrem Mann schweigend in den Wald. Was hat Bharata demonstriert? Er dachte nicht: „Jetzt, wo mein Bruder aus dem Weg ist, kann ich das Königreich ungehindert regieren!" Stattdessen suchte er nach seinem Bruder, brachte seine Pādukas (Sandalen) zurück, die er ehrfürchtig auf den Thron legte, und regierte das Land als Statthalter, wobei er auf alle Annehmlichkeiten des Königshofes verzichtete und in einer asketischen Weise lebte.

Die Charaktere im Rāmāyaṇa demonstrieren die Ideale, die für das Wohlergehen einer jeden Familie notwendig sind. Wir müssen diese Werte an unsere Kinder weitergeben. In dieser Hinsicht versagen wir jedoch oft und dieses Versagen spiegelt sich in der heutigen Gesellschaft wider, die Menschen wie Kamsa[6] hervorbringt. Um einen Wandel herbeizuführen und stattdessen Menschen wie Rāma und Hariśhcandra[7] hervorzubringen, sollten unsere Heime von der Kultur des Rāmāyaṇas durchdrungen sein.

Der Rāmāyaṇa Kiḷippāṭṭu [8] nimmt die Form von Ratschlägen an, die Lord Śhiva, das Familienoberhaupt, Mutter Pārvatī gab. Wir sollten eine Kultur wiederherstellen, in der die Eltern über Gott und spirituelle Angelegenheiten sprechen und die Kinder aufwachsen, indem sie solche Gespräche hören. Dann wird es Liebe, Einigkeit und Wohlstand in den Familien geben. Frieden und gute Werte werden in der Gesellschaft aufleuchten.

## Hingabe an Rāma

Kinder, sowohl das Rāmāyaṇa als auch das Mahābhārata lehren uns, wie wir die Hindernisse des weltlichen Lebens überwinden können, um das Höchste zu erreichen. Von jedem Charakter im Rāmāyaṇa können wir lernen. Es zeigt deutlich, wie selbst ehrenhafte Charaktere durch Gedankenlosigkeit in Ungnade fallen können. Anhand ihrer Lebensgeschichten lernen wir, zwischen Gut und Böse, Rechtschaffenheit und Unrecht zu unterscheiden.

Obwohl es im Rāmāyaṇa viele vorbildliche Charaktere gibt, ist Hanumān das leuchtendste Beispiel, das man sich vorstellen kann. Er war ganz und gar nicht egoistisch. Er gab seinen Körper, Mind und all seine Fähigkeiten an Rāma ab. Während er sich bemühte, Rāmas Werke zu tun, vergaß Hanumān sogar das Wort ‚Ruhe'. Es wird angenommen, dass Hanumān auch heute noch lebt, um den Namen von Rāma zu rezitieren und Geschichten über ihn zu hören.

---

[6] Kamsa war der Onkel von Krishna. Kamsa versucht wiederholt Krishna zu töten, wurde letztlich aber selber durch Krishna getötet.

[7] Ein legendärer König, der dafür bekannt war, unter allen Umständen bei der Wahrheit zu bleiben.

[8] Beliebte Malāyalam- Version des Rāmāyaṇa.

Eine Begebenheit im Leben von Hanumān veranschaulicht die wahre Natur einer Guru-Schüler-Beziehung. Einmal nahm ein Weiser etwas Flusswasser in der Hand, um die abendliche Verehrung durchzuführen. Ein Gandharva (himmlisches Wesen), der in den Himmeln unterwegs war, spuckte. Sein Speichel fiel in die hohle Hand des Weisen. Verärgert und wütend ging er zu Śhrī Rāma und bat ihn, den Gandharva zu töten und so das ihm angetane Unrecht wiedergutzumachen. Rāma stimmte zu.

Als der Gandharva dies erfuhr, suchte er Zuflucht bei Hanumāns Mutter. Er flehte sie unter Tränen an: „Oh Mutter, ich bin in großer Gefahr. Bitte rette mich!"

Sein Flehen rührte ihr mütterliches Herz und sie sagte zu Hanumān: „Oh Sohn, ich habe dem Gandharva mein Wort gegeben, dass ich sein Leben retten werde. Du musst mein Versprechen erfüllen."

Hanumān stimmte zu. Als Śhrī Rāma kam, um den Gandharva zu töten, forderte Hanumān den Gandharva auf, sich hinter ihn zu stellen und Sri Rāmas Namen zu chanten. Auch Hanumān legte seine Handflächen zum Gebet zusammen und rezitierte den Namen von Rāma. Alle Pfeile, die Rāma auf den Gandharva schoss, verwandelten sich zu Blumen, die zu Füßen des Herrn fielen. Schließlich betete Hanumān zu Rāma: „Oh Herr, wenn Du es erlaubst, lass den Gandharva den Weisen um Vergebung bitten." Sowohl Śhrī Rāma als auch der Weise stimmten diesem Vorschlag zu. So kamen sie zu einer einvernehmlichen Lösung und so wurde der Gandharva vor dem Tod gerettet.

Selbst als Hanumān, Rāma im Kampf gegenüberstand, suchte er Zuflucht in Rāma und seinem Namen. Nicht nur das, er führte auch andere auf den Pfad der Hingabe zu Rāma und demonstrierte somit das höchste Dharma eines Schülers. Hanumān war der vollkommene Schüler; wir werden keinen anderen wie ihn finden.

# 21. Vorgefasste Meinungen

Kinder, bewusst oder unbewusst hegen viele von uns Vorurteile gegenüber anderen. Unsere Vorurteile erlauben es uns nicht, sie wirklich zu verstehen. Ein Mann, der eine gelb getönte Brille trägt, sieht alles gelb. Wir müssen bereit sein, die Brille der vorgefassten Meinungen abzulegen, bevor wir die Welt betrachten.

Selbst wenn wir regelmäßig zum gleichen Schneider gehen, wird er jedes Mal unsere Maße neu nehmen. Ein guter Schneider wird niemals neue Kleidung nach alten Maßen anfertigen, weil er weiß, dass sich unsere Größe seit der letzten Messung geändert haben könnte. Aber wir erkennen oft nicht, dass unsere Ansichten über andere ebenfalls überholt sein könnten. Wir müssen in unserem täglichen Leben die Perspektive des Schneiders einnehmen.

Viele Probleme entstehen, wenn wir anderen mit Vorurteilen begegnen. Es gibt keinen Grund, warum ein Dieb nicht ein neues Leben beginnen kann. Piṅgalā, eine Prostituierte, wurde eine glühende Devotee. Ratnākaran, der berüchtigte Räuber, wurde in den ehrwürdigen Weisen Vālmīki verwandelt. Wenn wir ohne Vorurteile mit anderen interagieren, entdecken wir in denselben Menschen etwas Neues.

Ein Fall wurde vor Gericht verhandelt. Die Anwälte sowohl des Klägers als auch des Beklagten stritten hitzig, aber der Richter saß mit geschlossenen Augen da und hörte ihnen nicht besonders aufmerksam zu. Nach einiger Zeit schlief er ein. Als der

Schriftführer dies bemerkte, sagte er: „Euer Ehren, Sie schlafen ein. Sie hören beiden Anwälten gar nicht zu."

Der Richter entgegnete: „Machen Sie sich keine Sorgen. Ich habe das Urteil bereits gefällt!" Dann schlief er wieder ein.

Wenn wir uns wie der Richter in dieser Geschichte verhalten, d. h. mit vorgefassten Urteilen, gehen Gerechtigkeit und Wahrheit verloren. Einige wenige werden unverdiente Zugeständnisse erhalten, während einige andere ungerechtfertigtes Leid erfahren werden.

Durch unsere eigenen Vorurteile riskieren wir, diejenigen zu verlieren, die unsere Freunde und Helfer sein könnten. Manchmal könnten uns diese Vorurteile sogar verraten.

Manchmal werden wir Opfer unserer eigenen Vorurteile. Wir glauben vielleicht fest daran, dass wir bestimmte Dinge nicht schaffen können. Aber wenn wir beharrlich wären, könnten wir es vielleicht doch schaffen. Solche Vorurteile spiegeln einen Mangel an Selbstvertrauen wider, der ebenso gefährlich ist wie ein überzogenes Selbstbewusstsein.

Vorurteile versklaven uns nur deshalb, weil wir der Vergangenheit eine übermäßige Bedeutung beimessen. Wir müssen lernen, immer im gegenwärtigen Moment zu leben und uns bemühen, unser Herz und unseren Mind immer frei und effizient zu halten.

## 22. Überwinde Vorurteile

Kinder, wenn wir untersuchen, wie wir auf Situationen reagieren, die uns begegnen, werden wir feststellen, dass in den meisten Fällen vorgefasste Vorstellungen unsere Reaktionen prägen. Wir müssen lernen, die Umstände unseres Lebens ohne Vorurteile zu betrachten. Wir sollten wie ein Schneider sein, der bei jeder Bestellung, jedes Mal frische Maße nimmt. Er wird das Kleidungsstück nicht auf der Grundlage der zuvor genommenen Maße anfertigen. Da er weiß, dass sich die Größe eines Menschen in kurzer Zeit ändern kann, nimmt er jedes Mal neue Maße. Hieraus lernen wir eine wichtige Lektion: Nimm niemals etwas an.

Amma erinnert sich an eine Geschichte. Ein Mann mittleren Alters ging mit seinem kleinen Sohn in einem Park spazieren. Der Sohn fragte aufgeregt: „Schau mal, Papa, ist das nicht eine Rose?"

Mit großer Freude und Begeisterung antwortete der Vater: „Ja, mein Sohn, das ist eine."

„Ist die Farbe dieser Rose das, was man rot nennt?"

„Ja, mein Sohn, sie ist rot."

Als der Junge den weitläufigen grünen Rasen vor sich sah, fragte er: „Papa, ist das Gras? Ist das die grüne Farbe?"

„Ja, mein Sohn, das ist Gras und die Farbe von Gras ist grün."

Auf diese Weise zeigten Vater und Sohn immer wieder auf verschiedene Dinge und unterhielten sich laut und aufgeregt. Ein Mann, der sich nach Ruhe und Frieden sehnte, saß auf einer Parkbank. Verärgert über die Störung, sagte er zu dem Vater:

„Leute wie ich kommen hierher in der Hoffnung, ein wenig Frieden zu finden, aber weil du und dein Sohn so laut reden, habe ich jeden Frieden verloren. Egal, was dieses geistig zurückgebliebene Kind sagt, du antwortest immer wieder: ‚Ja, mein Sohn... ja, mein Sohn', aber das wird auch nicht helfen."

Als sie dies hörten, schwiegen Vater und Sohn für eine Weile. Dann, als er sich wieder gefasst hatte, sagte der Vater: „Verzeihen sie uns. Mein Sohn ist nicht zurückgeblieben. Er wurde blind geboren. Vor zwei Tagen wurde er operiert, um ihm das Augenlicht zu schenken. Nachdem die Verbände entfernt wurden, wollte ich mit ihm an einen Ort gehen, an dem er schöne Dinge sehen kann. Deshalb sind wir hierhergekommen. Begeistert von der Schönheit dieses Gartens, den er zum ersten Mal sah, stellte er mir aufgeregt viele Fragen und ich habe sie enthusiastisch beantwortet und alles andere vergessen. Wenn man einen Schatz findet, ist man überglücklich! In diesem Hochgefühl vergisst man sogar seine Umgebung. So war es auch bei uns. Bitte verzeihen sie uns."

Als der Mann dies hörte, bekam er Gewissensbisse. Er bat um Verzeihung, dass er so scharfe Worte gesprochen hatte. An diesem Tag legte er ein Gelübde ab: „In Zukunft werde ich niemanden vorschnell beurteilen und mich nicht mehr über ihn oder sie ärgern."

Als er erkannte, dass sein Ärger auf Missverständnis und vorgefassten Meinungen beruhte, wandelte sich sein Ärger in Liebe und Mitgefühl. Schätzen wir Situationen geduldig ein, werden wir mit Sicherheit, Liebe und Mitgefühl in unseren Herzen erwecken. Mögen meine Kinder dies tun.

# 23. Kindliches Herz

Kinder, die zügellose Selbstsucht und der Egoismus, den wir in der heutigen Gesellschaft finden, verdrängen die kleine Welt von unschuldigem Spielen und dem Lachen der Kinder. Gegenwärtig sind wir nur mit listigem und künstlichem Lächeln vertraut, das kein wirkliches Lächeln ist, sondern nur ein Verziehen der Lippen. Dahinter steckt keine Aufrichtigkeit. Wir müssen die Welt des Kindes zurückerobern, die von unschuldigem Spiel und Lachen erfüllt ist. Das Herz eines Kindes schlummert in jedem von uns. Ohne es zu erwecken, können wir weder Frieden noch Freude erleben.

Ein kindliches Herz ist nicht gleichbedeutend mit kindischem Verhalten, das sich auf unüberlegtes und unreifes Verhalten bezieht. Ein kindliches Herz ist etwas anderes; es bezieht sich auf die Haltung eines Anfängers, auf die Neugierde und Begeisterung, alles zu lernen, ohne sich zu langweilen. In einem kindlichen Herzen steckt Weisheit. Einige mögen sagen, dass ein Kind kein Unterscheidungsvermögen hat. Doch ist es weise genug, um zu wissen, dass es sich auf niemanden anderen verlassen kann als auf seine Mutter.

Ein Kind spielt mit Hingabe, es genießt und vergisst die Welt um sich herum. Selbst wenn es wütend oder traurig ist, vergisst es das sofort wieder. Sein Herz ist leicht und frei. Es findet Freude an kleinen Dingen, dadurch ist seine Begeisterung unerschöpflich. Es hat eine unstillbare Neugierde auf alles. Dies sind die Merkmale eines kindlichen Herzens.

Einige Kinder erzählen Amma: „Die Mutter meines Freundes ist krebskrank. Sein Vater hat keine Arbeit und sie haben kein Essen zu Hause. Oh Amma, bitte hilf seinem Vater, eine gute Arbeit zu finden!"

Wir alle tragen ein solches kindliches Herz in uns, das sich danach sehnt, die Sorgen der anderen zu teilen und sie zu trösten. Das zeigt sich in der Kindheit.

Ein kleines Mädchen verlor eine Freundin. Das Mädchen ging zu ihrer Freundin nach Hause. Als sie zurückkam, fragte ihr Vater sie: „Was hast du dort gemacht?"

„Ich habe die Mutter meiner Freundin getröstet", sagte sie.

„Wie hast du das gemacht?", fragte ihr Vater.

„Ich habe mich auf ihren Schoß gesetzt und mit ihr geweint."

Die Herzen der Kinder sind mitfühlend und verbunden mit anderen Menschen, Vögeln, Tieren, Blumen und Schmetterlingen. Sie werden traurig, wenn sie das Leid selbst eines winzigen Insekts sehen. Auch wir hatten diese Eigenschaft, als wir Kinder waren, aber wir haben sie verloren, als wir älter wurden. Inzwischen sind wir zu Verkörperungen von Selbstsucht und Egoismus geworden.

In uns allen steckt noch ein kindliches Herz. Wenn wir es erwecken, können wir einer freudigen und erfolgreichen Zukunft entgegengehen.

## 24. Der Wert der Zeit

Kinder, wir leben in einer hektischen Zeit. Kaum haben wir Zeit, durchzuatmen, während wir von einer Aufgabe zur nächsten hetzen. „Sitz nicht einfach so herum. Tu etwas!“ Seit unserer Kindheit haben wir das von unseren Eltern und Lehrern gehört. Aber jetzt ist es an der Zeit, dass wir darüber nachdenken: „Warum nicht eine Weile stillsitzen, anstatt etwas zu tun?“

Übermäßige Geschwindigkeit zerstört die Schönheit in allem. Es ist, als würden wir die Blütenblätter einer Rosenknospe gewaltsam öffnen; dadurch rauben wir ihr nur ihren Duft und ihre Schönheit.

Die meisten Dinge, denen wir nachjagen, werden uns kein Glück oder Freude bringen. Nicht nur das, sie nehmen uns auch die Freude, die wir hatten. Einige Menschen kommen mit ihren Familien an den Strand, um den Sonnenuntergang zu beobachten, verbringen jedoch ihre Zeit damit, mit ihren Handys zu chatten. Daher können sie die Schönheit des Meeres oder die Pracht des Sonnenuntergangs nicht genießen.

Auch zu Hause verbringen viele Menschen ihre Zeit auf Facebook und vergessen die Gesichter ihrer Frau oder ihrer Kinder direkt neben sich anzusehen. Vielleicht ist die Frau über etwas traurig oder die Kinder haben Probleme, aber der Ehemann oder Vater hat nicht einmal die Zeit, sie anzuschauen.

Ein Mann kam von der Arbeit nach Hause und sah seinen fünfjährigen Sohn auf ihn warten. Der Junge fragte: „Papa, wie viel verdienst du in einer Stunde?“

Der Mann antwortete: „Dreihundert Rupien."

„Papa, bitte gib mir 200 Rupien!"

Der Vater dachte, dass sein Sohn das Geld für ein neues Spielzeug haben wollte und wurde ärgerlich. „Ich habe keine Zeit für deinen kindischen Unfug. Sprich kein weiteres Wort mit mir!"

Der Sohn ging schweigend in sein Zimmer und schloss die Tür.

Nach einer Weile spürte der Vater, dass er liebevoller und geduldiger mit seinem Sohn hätte umgehen sollen. Er öffnete die Tür zum Zimmer seines Sohnes und fragte: „Sohn, hast du geschlafen?"

„Nein, Papa, habe ich nicht."

„Ich hoffe, du bist nicht traurig, weil ich vorhin wütend auf dich wurde. Hier sind die 200 Rupien, um die du gebeten hast. Sohn, wofür brauchst du dieses Geld?"

Das Gesicht des Jungen erhellte sich vor Freude. Er holte einen Hundert-Rupien-Schein unter seinem Kopfkissen hervor. Er hielt seinem Vater die 300 Rupien hin und sagte: „Papa, hier sind 300 Rupien. Wirst du bitte eine Stunde mit mir verbringen?"

Mitten im hektischen Leben solltest du nicht vergessen, die Welt um dich herum zu betrachten. Schenke deiner Familie, deinen Freunden und Kollegen etwas Liebe, Freundlichkeit und Freude. Lebe im gegenwärtigen Moment. Genieße das Leben.

# 25. Früchte der Vergangenheit

Kinder, manche Menschen fragen, ob Gott parteiisch ist. Einige Menschen erfreuen sich guter Gesundheit, während andere ständig von Krankheiten heimgesucht werden; einige sind arm, andere reich; einige sind gutaussehend, andere sehen nicht so gut aus. Wir können nicht Gott für diese Ungleichheit beschuldigen. Wir allein sind dafür verantwortlich. Reine Handlungen führen zu guten Ergebnissen. Das Leiden durch das Prārabdha (Folgen vergangener Handlungen), was wir heute erleben, ist das Ergebnis von unvorsichtigen Handlungen aus der Vergangenheit. Es hat keinen Sinn, Gott dafür verantwortlich zu machen. Wenn wir beispielsweise gentechnisch verändertes Saatgut und chemische Düngemittel verwenden, können wir die Ernte um das Zehnfache steigern. Allerdings wird dadurch der Nährwert von Getreide und Gemüse drastisch reduziert, nicht nur das: Wenn wir solche Produkte konsumieren, wird auch unser Körper mit schädlichen Chemikalien kontaminiert. Die Gesundheit derjenigen, die solche Lebensmittel essen, sowie die ihrer Kinder, wird beeinträchtigt. Diese Situation ist das Ergebnis unserer Selbstsucht. Wir können nicht Gott die Verantwortung dafür geben.

Ein Vorgesetzter forderte seine Arbeiter auf, Steine zu zerschlagen. Einer der Arbeiter war körperlich stark, während der andere schwach war. Einige Tage später ging der Chef hin, um zu sehen, wie die Arbeit voranschritt. Er wies seinen Arbeitern jeweils einen großen Stein zu und bat sie, ihn zu brechen. Der stärkere Mann schlug zehnmal auf den Felsen, konnte ihn aber nicht zerschlagen, während der schwächere Mann nur zweimal auf den Felsen schlug, und er brach auf. Der Stärkere fragte den Schwächeren: „Wie hast du den Stein nach nur zwei Schlägen gebrochen?"

Der schwächere Mann antwortete: „Ich habe vorher schon viele Male mit meinem Hammer darauf geschlagen."

Ähnlich ist das Leben für einige leicht und für andere schwer, aufgrund der Handlungen, die du in der Vergangenheit ausgeführt hast. Unser heutiges Wachstum ist das Ergebnis guter Taten, die wir gestern getan haben. Wenn wir eine gute Zukunft haben wollen, müssen wir in der Gegenwart Gutes tun. Wenn wir das nicht tun, werden wir morgen leiden.

Trotz alledem, wenn wir jemanden leiden sehen, dürfen wir nicht denken, dass dies die Folgen seiner vergangenen Handlungen sind. Stattdessen sollten wir es als unsere Pflicht betrachten, ihm zu helfen. Wenn wir heute denjenigen in Not helfen, werden wir morgen von Leid verschont bleiben. Indem wir jemanden herausziehen, der in einen Graben gefallen ist, können wir unseren eigenen Fall in die Zukunft verhindern.

In gewissem Sinne ist das Leid, das aus Prārabdha entsteht, ein Segen Gottes, was uns hilft uns an Gott zu erinnern. Wir können sehen, wie diejenigen, die noch nie zuvor sich an Gott gewendet haben, sich zu ihm hinwenden, sobald das Leid sie erreicht und sie wieder den Weg der Rechtschaffenheit einschlagen. So können sie Erleichterung von den Leiden finden, die durch vergangene Handlungen verursacht wurden.

# 26. Lernen zu geben

Kinder, bis vor kurzem galten Opferbereitschaft und Einfachheit als Lebensideale. Diese Lebensvision hat sich verändert. Heutzutage sind die Ziele der meisten Menschen, so viel Geld wie möglich zu verdienen und materielle Freuden zu genießen. Für viele bedeutet Erfolg im Leben, so viel wie möglich von der Gesellschaft zu nehmen während sie so wenig wie möglich zurückgeben.

In Wirklichkeit sollte es ein harmonisches Gleichgewicht zwischen dem Individuum und der Gesellschaft geben. Wenn wir etwas von der Gesellschaft oder der Natur nehmen, sind wir verpflichtet, etwas im Gegenzug zurückzugeben. Wenn jede Person danach strebt, mehr zu geben als zu nehmen, werden in der Gesellschaft Frieden, Eintracht und Wohlstand herrschen.

Egal ob es um unsere Familie oder die Gesellschaft geht, unsere Einstellung gegenüber allem ist geschäftlich geprägt. Selbst unsere Beziehung zu Gott ist auch so geworden. Unsere Einstellung zu Gott und dem Guru sollte auf völliger Hingabe basieren. Stattdessen kalkulieren wir sogar in ihrer Gegenwart, wie wir von ihnen profitieren können.

Amma erinnert sich an eine Geschichte. Einmal unternahm ein reicher Geschäftsmann eine Kreuzfahrt. Plötzlich brach ein schrecklicher Sturm aus. Der Kapitän des Schiffes verkündete, dass die Überlebenschancen gering seien. Alle an Bord begannen zu beten. Der Geschäftsmann betete: „Oh Herr, wenn ich überlebe, werde ich mein Fünf-Sterne-Hotel verkaufen und 75 % des Geldes dir spenden. Bitte rette mich!“

Auf wundersame Weise wurde das Meer sofort ruhig und alle erreichten sicher das Ziel. Der Geschäftsmann war beunruhigt. Er dachte: „Oh je, wenn ich das Hotel verkaufe, kann ich mindestens 1 Crore (10 Millionen) Rupien verdienen. Ich habe 75 % des Umsatzes Gott versprochen. Muss ich ihm wirklich so viel geben? Was soll ich tun?“ Er begann darüber nachzudenken, wie er aus dieser Zwickmühle herauskommen könnte.

Am nächsten Tag erschien eine Anzeige in der Zeitung: „Fünf-Sterne-Hotel zu verkaufen. Preis: Nur eine Rupie!“

Die Nachfrage nach dem Hotel war riesig. Der Geschäftsmann verkündete: „Ich verkaufe dieses Hotel für eine Rupie. Es gibt jedoch eine Bedingung: Derjenige, der das Hotel kauft, muss auch meinen Hund kaufen, der mit 10 Millionen Rupien bewertet ist.“ Schließlich wurde das Hotel verkauft. Der Geschäftsmann ging daraufhin in den Tempel und opferte dem Herrn 75 Paise (Cents).

So ist die Einstellung vieler Menschen. Sie sind bereit, sogar Gott zu betrügen, um ihre eigenen Ziele und Vorteile zu erreichen.

Wir sehen die Welt heute mit den Augen eines Geschäftsmannes. Egal in welchem Bereich, wir streben nur unseren eigenen Vorteil an. Mit einer solchen Einstellung können wir Fortschritte erzielen, aber solcher Fortschritt ist gefährlich. Krebszellen wachsen unkontrolliert und führen letztendlich zum Tod des Individuums. Ähnlich ist „Fortschritt“, welcher der Gesellschaft schadet, niemals wahrer Fortschritt. Letztendlich wird er sowohl das Individuum als auch die Gesellschaft zerstören. Jeder hat das Recht, zu wachsen und sich zu entfalten. Allerdings sollte unser Wachstum auch anderen helfen zu wachsen.

In Wahrheit kommt alles, was wir der Welt geben, zu uns zurück. Wenn wir einen Samen säen, gibt uns die Erde eine Ernte, die hundertfach größer ist als das, was wir gesät haben.

Der Verdienst aus guten Taten hilft uns nicht nur in unserem jetzigen Leben, sondern sichert uns auch eine glückverheißende Zukunft. Der wahre Erfolg des Lebens liegt darin, mehr zu geben als zu nehmen.

# 27. Liebe – mein wahres Selbst

Kinder, das, wonach sich die Menschen auf dieser Welt am meisten sehnen, ist Liebe. Menschen schließen Freundschaften, heiraten und gründen nur wegen der Liebe Familien. Dennoch ist heutzutage der Mangel an Liebe die größte Form von Armut. Jeder will Liebe erhalten, aber niemand möchte geben. Wenn wir lieben, tun wir dies unter vielen Bedingungen oder Erwartungen. Solche Beziehungen können jederzeit auseinanderfallen. Eine solche Liebe kann in Hass und Feindschaft umschlagen. Das ist die Natur der Welt. Wenn wir das verstehen, leiden wir nicht. Die Natur des Feuers ist Hitze und Licht. Wenn wir erwarten, dass Feuer nur Licht und keine Hitze erzeugt, ist dies unrealistisch. Ebenso wenn wir akzeptieren können, dass weltliche Liebe zwangsläufig Kummer mit sich bringt, können wir jeder Situation gelassen und gleichmütig begegnen.

In jedem von uns gibt es reine Liebe. Wir alle haben die Fähigkeit, andere ohne Erwartung, bedingungslos zu lieben. Da Liebe unsere wahre Natur ist, können wir sie nie verlieren. Ein Diamant, der in einer Flasche mit Öl liegt, mag glanzlos erscheinen. Aber wenn wir die dicke Ölschicht wegwischen, können wir dem Diamanten seinen Glanz zurückgeben. Ähnlich können wir, wenn wir die Unreinheiten des Mindes beseitigen, die reinste Form der Liebe wiedererlangen.

Die Leiter der Liebe hat viele Sprossen. Derzeit befinden sich viele von uns auf der untersten Sprosse. Wir sollten den Rest unseres Lebens nicht dort verbringen. Wir sollten langsam

Sprosse für Sprosse die Leiter hinaufklettern. So können wir die höchste Sprosse der Liebe erreichen und unser Leben erfüllen.

Menschen sagen für gewöhnlich: „Ich liebe dich". Aber die Wahrheit ist: „Ich bin Liebe. Liebe ist meine wahre Natur." Wenn wir sagen: „Ich liebe dich", gibt es zwei Personen: „Ich" und „Du". Es gibt eine Kluft zwischen den beiden. Die Liebe wird in dieser Kluft erdrückt.

Aus dieser Perspektive von „Ich" und „Du" ist die erwartungserfüllte Liebe wie der Versuch einer winzigen Klapperschlange, einen riesigen Frosch zu verschlingen - eine qualvolle Tortur für beide. Im Gegensatz dazu, wenn wir ohne jede Erwartung lieben, werden wir niemals leiden. Unsere selbstlose Liebe wird selbstlose Liebe in anderen erwecken. Das Leben wird dann von Liebe und Freude erfüllt. Wir erkennen, dass „Liebe meine wahre Natur ist". Danach werden wir frei von Wünschen und Erwartungen. Unsere Liebe wird wie ein Fluss, ein freier Strom, der alle berührt und reinigt. Alles, was wir tun, wird der Welt nutzen.

Mögen wir alle in der Lage sein, uns auf die Ebene einer solch reinen Liebe zu erheben.

# 28. Effizientes Handeln

Kinder, Stress ist heute ein weit verbreitetes Problem, das sogar kleine Kinder betrifft. Wird eine Maschine überhitzt, funktioniert sie anschließend nicht mehr richtig. Ebenso beeinträchtigt Anspannung unsere mentalen Kapazitäten und Effizienz. Es ist ganz natürlich, unter ungünstigen Umständen oder bei Gefahr gestresst zu sein. Sind wir jedoch ständig unter Anspannung, beeinträchtigt dies unsere eigentliche Leistungsfähigkeit. Häufiger Stress beeinträchtigt nicht nur unsere Handlungsfähigkeit, sondern verursacht auch viele Krankheiten. Ist der Mind hingegen ruhig und friedlich, können wir klar denken und Situationen richtig einschätzen.

Einst verlor ein Bauer seine Uhr in einem Heuhaufen. Er liebte seine Uhr über alles. Sein Großvater hatte sie ihm zum Geburtstag geschenkt, als er noch ein Kind war. Er wühlte lange in dem Heuhaufen herum. Als er seine Uhr nicht fand, war er entmutigt und gab die Suche auf. In der Nähe spielten Kinder Fußball. Er ging auf sie zu und fragte sie, ob sie ihm helfen möchten, seine Uhr zu finden. Die Kinder durchkämmten den Heuhaufen, konnten die Uhr jedoch nicht finden. Als der Bauer die Hoffnung fast aufgegeben hatte, kam eines der Kinder auf ihn zu und bat um eine weitere Chance, die Uhr zu finden. Der Bauer willigte ein. Der Junge ging in die Scheune, wo das Heu gelagert war. Ein paar Minuten später kam er mit der vermissten Uhr heraus.

Der Bauer war erstaunt. Als er den Jungen nach dem Geheimnis seines Erfolges fragte, sagte dieser: „Eine Zeit lang saß ich einfach still auf dem Boden und lauschte aufmerksam. In der Stille hörte ich das Ticken der Uhr, es kam aus einer Ecke des Heuhaufens. Da war es einfach, die Uhr zu finden."

Diese Geschichte zeigt deutlich, wie ein ruhiger Mind klar denkt und leicht Lösungen für Probleme finden kann.

Es gibt viele Möglichkeiten, Spannungen abzubauen. Wir können die Schönheit der Natur bewundern, Musik spielen und genießen und an Spielen und Aktivitäten teilnehmen, die den Mind entspannen. Zeit mit Freunden und Kindern verbringen, kann ebenfalls helfen, Spannungen abzubauen. Langsames und reguliertes Atmen, Yoga-Positionen wie Savāsana („Totenstellung") und Meditation sind besonders hilfreich, um Anspannungen zu lindern und zu entspannen.

Aber noch wichtiger als all diese Dinge ist eine gesunde Lebenseinstellung. Wir müssen ein Bewusstsein entwickeln, das uns jederzeit hilft, das innere Gleichgewicht zu wahren, anstatt bei einem Sieg „abzuheben" oder bei einem Misserfolg „zu versinken". Wenn wir dies tun, wird unser Mind ruhig und friedlich und wir können effizienter handeln.

## 29. Lerne aus deinen Fehlern

Kinder, selten sind diejenigen, die im Leben bewusst oder unbewusst keine Fehler gemacht haben. Die meisten Menschen grübeln über ihre begangenen Fehler und fühlen sich deswegen schlecht. Es ist sinnlos, sich weiterhin über vergangene Handlungen zu sorgen. Was vorbei ist, ist vorbei. Wenn wir weiter darüber grübeln, werden wir immer mehr von unseren verbleibenden Kraftreserven verlieren. Stattdessen müssen wir uns fest vornehmen: „Ich werde meine Fehler nicht wiederholen!" Die reinen Bemühungen, die wir danach unternehmen, reinigen den Mind. Das ist es, was wir brauchen. Die Reinheit des Minds zeigt sich in dem Wunsch, edle Gedanken zu hegen und gute Taten zu vollbringen wie auch in all den Bemühungen, die wir in dieser Richtung tätigen.

Es gibt keine Sünde, die nicht durch die Tränen der Reue weggewaschen werden kann. Doch sobald wir wissen, was falsch ist, dürfen wir es nicht wiederholen. Der Mind muss sich darauf einstellen, den richtigen Weg zu gehen. Wenn ein kleines Kind ein Spielzeug nach seiner Mutter wirft, wird sie es liebevoll anlächeln, in den Arm nehmen und küssen. Aber wenn es dasselbe tut, wenn es erwachsen ist, wird sie es nicht tolerieren. Ähnlich wird Gott die Sünden, die wir unwissentlich begangen haben, vergeben, aber er wird die Sünden, die wir begehen, nachdem wir verstanden haben, was richtig und falsch ist, nicht vergeben. Deshalb müssen wir versuchen, unsere Fehler nicht zu wiederholen.

Wenn wir beim Schreiben mit einem Bleistift einen Fehler machen, können wir ihn wegradieren. Aber wir können das nur ein- oder zweimal tun. Wenn wir immer wieder radieren, wird das Papier reißen. Die größte Sünde ist, denselben Fehler wissentlich zu wiederholen. Das müssen wir unter allen Umständen vermeiden.

Denke nicht: „Ich habe schon viele Male gesündigt. Mein Mind ist nicht rein genug, um zu beten. Ich werde mit dem Beten erst beginnen, wenn mein Mind gereinigt ist". Wir werden nie in der Lage sein, im Meer zu schwimmen, wenn wir darauf warten, dass alle Wellen abflauen. Kannst du dir vorstellen, dass ein Arzt einem Patienten sagt, er solle ihn erst aufsuchen, wenn er geheilt ist? Wir gehen zu einem Arzt, um unsere Krankheit zu heilen. Ebenso muss Gott unser Herz reinigen. Nur wenn wir bei ihm Zuflucht suchen, kann der Mind gereinigt werden.

Wir müssen nicht traurig bleiben und darüber nachdenken, welche Art von Leben wir früher geführt haben. Die Vergangenheit ist wie ein stornierter Scheck. Wir brauchen nicht weiter über unsere vergangenen Fehler und Misserfolge klagen. Wir haben immer noch ein unschätzbar wertvolles Kapital - das Leben. Deshalb sollten wir über die großen Gewinne nachdenken, die wir noch erzielen möchten. Optimismus verleiht dem Leben Vitalität, selbst inmitten der größten Sorgen. Wir dürfen niemals unseren optimistischen Glauben verlieren. Die göttliche Gnade wird uns sicherlich beschützen.

## 30. Miteinander teilen

Kinder, die Menschen sind mit zwei Arten von Armut konfrontiert: Erstens Armut, die durch Geldmangel bedingt ist und selbst das Nötigste wie Nahrung, Kleidung und Unterkunft fehlt; zweitens die Armut, die durch den Mangel an Liebe und Mitgefühl in der Gesellschaft entsteht. Von diesen verdient die zweite Art der Armut mehr Aufmerksamkeit, denn sie ist die Grundlage für die erste Art von Armut. Wenn wir Liebe und Mitgefühl füreinander haben, können wir die Probleme derjenigen lindern, die unter finanzieller Armut leiden. Allerdings ziehen sich die Menschen heute gleichermaßen in den Dörfern und Städten immer mehr zurück. Die Kultur des Teilens verschwindet sogar unter Ehepartnern. Die Gesellschaft kann ihr Gleichgewicht nur bewahren, wenn wir uns mehr auf das Geben als auf das Nehmen konzentrieren. Aber heute wollen die meisten nur nehmen.

Es war einmal ein Mann, der nur von anderen nehmen wollte. Er teilte nie. Stattdessen widmete er sein Leben dem Ziel, mehr und mehr Reichtum anzuhäufen. Eines Tages stolperte er und fiel in einen tiefen Graben am Straßenrand. Er versuchte mit aller Kraft, herauszukommen, jedoch es gelang ihm nicht. Hilflos begann er zu rufen: „Hilfe... Hilfe..." Nach einiger Zeit hörte ein Passant seine Rufe und kam zum Graben. Er streckte dem Mann die Hand entgegen und sagte: „Gib mir deine Hand!" Aber der Mann im Graben tat es nicht. Selbst nachdem der Passant mehrmals bat: „Gib mir deine Hand", weigerte sich der Mann, seine Hand zu heben. Schließlich streckte der Passant seine

Hand erneut aus und sagte: „Nimm meine Hand!" Sobald der reiche Mann dies hörte, streckte er seine Hand aus und wurde so gerettet.

Viele von uns sind wie der Mann, der in den Graben fiel. Wir wissen nur, wie wir von anderen nehmen können. Solche Selbstsucht kann nur zum Niedergang der Gesellschaft führen.

Wir müssen einen Mind kultivieren, der sich danach sehnt, zu geben anstatt zu nehmen. Unsere Existenz hängt von der gegenseitigen Abhängigkeit ab. Unser Leben sollte nicht nur für uns selbst sein. Wir sind nur für eine kurze Zeit auf dieser Welt. So wie der Schmetterling, der in seiner kurzen Lebensspanne von wenigen Tagen anderen Freude und Heiterkeit schenkt, sollte jede Sekunde unseres Lebens anderen zugutekommen. Wir müssen unseren Reichtum und unsere Freude mit anderen teilen. Durch gegenseitige Abhängigkeit, Liebe und Teilen müssen wir eins werden.

# 31. Geben und Nehmen

Kinder, die größten Hindernisse, die unserem Glück und der Glückseligkeit im Leben im Wege stehen, sind das Ich-Gefühl und unsere selbstsüchtigen Gedanken. Wir sind nicht in der Lage, uns selbst zu vergessen und andere zu lieben. Unsere derzeitige Einstellung kann so ausgedrückt werden: „Ich will alles. Ich möchte alles mein Eigen nennen." Ohne diese Einstellung zu ändern, können wir keine Freude im Leben erleben. Anstatt darüber nachzudenken, was wir von anderen bekommen können, sollten wir den Wunsch zu geben fördern. Derjenige, der gerne gibt, ist wie ein König, während derjenige, der nur nehmen möchte, wie ein Bettler ist.

Amma erinnert sich an eine Geschichte. Einmal besuchte ein Mann seinen Freund, den er seit Jahren nicht mehr gesehen hatte. Während er auf dem Rasen stand und die Schönheit des Anwesens seines Freundes betrachtete, kam dieser heraus. Nach dem Austausch von Höflichkeiten fragte der Besucher: „Dein Haus ist wunderschön! Wer wohnt noch außer dir hier?"

„Ich wohne hier allein."

„Ganz allein? Ist das dein Haus?"

„Ja."

„Wie hast du in deinem jungen Alter so viel Geld verdienen können, dass du ein so großes Haus kaufen konntest?"

„Mein älterer Bruder ist ein Millionär. Er hat dieses Haus für mich gebaut."

Der Gastgeber beobachtete das Schweigen seines Freundes und sagte: „Ich kann mir vorstellen, was du denkst. Du hast dir gewünscht, du hättest auch einen Millionärsbruder, stimmt's?"

Der Mann antwortete überraschenderweise: „Nein, ich habe gedacht, wenn ich ein Millionär wäre wie dein Bruder, hätte ich auch so ein Haus für meinen jüngeren Bruder gebaut."

Kinder, das ist die Einstellung, die wir haben sollten. Lernt zu geben. Nur derjenige, der gibt, hat das Recht zu nehmen. Wer großzügig ist, ist überall willkommen. Was wir genommen und erlebt haben, geht in dem gleichen Augenblick verloren, aber was wir gegeben und teilen, wird für immer bleiben - als Zufriedenheit, Frieden und Wohlstand.

Verlieren wir den Impuls zu geben, ebnen wir damit den Weg für den Untergang der Gesellschaft. Auch wenn wir keine Kinder großziehen, die sich nur nach dem Geben sehnen, sollten wir zumindest versuchen, ihnen den Wunsch zu vermitteln, sowohl zu geben als auch zu nehmen. Nur so kann Harmonie in unserem Land und in der Welt wieder einkehren.

Kinder, vielleicht haben wir nicht die Mittel, um anderen finanziell zu helfen, aber wir können sie wenigstens aufrichtig anlächeln oder freundlich mit ihnen sprechen, nicht wahr? Was kostet uns das? Jemand, der anderen gegenüber kein Mitgefühl empfindet, kann nicht als Devotee betrachtet werden. Mitgefühl ist der erste Schritt der Spiritualität. Mitfühlende Menschen müssen nirgendwo hingehen, um Gott zu suchen. Er wird zu den Mitfühlenden eilen, denn das liebevolle Herz ist sein bevorzugter Aufenthaltsort.

## 32. Tue Gutes

Kinder, wir leben in einer Welt, die von Selbstsucht erfüllt ist. Die meisten Menschen kümmern sich nur darum, so viel wie möglich von anderen zu nehmen. Was die Welt jetzt braucht, sind Menschen, die mehr daran interessiert sind zu geben anstatt zu nehmen. Wenn sich einige Menschen bereit erklären, die Botschaft der Selbstlosigkeit durch das Beispiel ihres eigenen Lebens zu verbreiten, können wir die Erde in einen Himmel verwandeln.

Einmal erzählte ein Guru den Schülern seines Aśhrams von der Vielfalt der menschlichen Natur. Er füllte vier Gläser mit Wasser. In das erste Glas ließ er einen Stein fallen. Es gab keine Veränderung im Wasser. Der Stein sank auf den Boden des Glases. Dann ließ er einen Schlammklumpen in das zweite Glas fallen. Der Schlamm löste sich im Wasser auf und trübte es. Er ließ einen Wattebausch in das dritte Glas fallen. Die Watte saugte langsam das Wasser auf und quoll. Er gab ein Stück Kandiszucker in das vierte Glas. Das Zuckerstück löste sich im Wasser auf und das Wasser wurde süß.

Der Guru deutete auf die vier Gläser und sagte: „Sie stehen für vier Arten von Menschen. Die meisten Menschen können mit einem Stein verglichen werden. Sie werden sich weder weiterentwickeln noch wird ihr Leben anderen nützen."

„Die zweite Art ist wie ein Schlammklumpen. Sie tun nicht nur nichts Gutes für die Gesellschaft, sondern verschmutzen auch den Mind derjenigen, die mit ihnen in Kontakt kommen. Sie verschmutzen den Mind aller Menschen in der Gesellschaft.

„Der dritte Typ ist wie ein Wattebausch, der ins Wasser gefallen ist. Sie sind völlig selbstbezogen. Sie werden danach streben, alles in der Welt für sich selbst und zu ihrem eigenen Vergnügen an sich zu reißen. Sie werden Reichtümer horten, aber anderen niemals helfen."

„Die vierte Art ist wie ein Kandiszucker. Sie verbreiten Süße im Leben anderer. Solche Menschen sollten unsere Vorbilder sein. Wenn wir ihrem Beispiel folgen, wird auch unser Leben von Süße erfüllt. Langsam wird unsere Süße das Leben der anderen durchdringen."

Du magst dich fragen, wie ein einzelner Mensch einen Unterschied in der Welt bewirken kann. Selbst kleine gute Taten berühren viele Menschen. Wenn wir zum Beispiel lächeln, lächeln andere zurück. Genauso inspirieren guten Taten, die wir tun, andere Gutes zu tun.

Lasst uns keine Gelegenheit verschwenden, selbst eine bedeutungslose gute Tat zu tun. So wie unzählige Wassertropfen einen Fluss bilden, werden die kleinen guten Taten, die wir heute vollbringen, dazu beitragen, morgen einen großen gesellschaftlichen Wandel herbeizuführen.

## 33. Das Geben

Kinder, wir können nie genug Reichtum haben. Dennoch können wir ihn am besten nutzen, indem wir spenden, für Menschen die es im Leben schwer haben und dringend Geld benötigen.

Auf Pilgerreisen tragen wir Geld bei uns, um es den Bettlern als Almosen zu geben. Wir legen Münzen für diesen Zweck beiseite und werden darauf achten, niemandem mehr als fünf Rupien zu geben. Das Ziel des Gebens ist, unsere Selbstsucht zu verringern. Aber selbst beim Geben sind wir geizig. Wie reich wir auch sein mögen, unser Reichtum bleibt uns nicht ewig erhalten. Den Leidenden müssen wir so gut wir können helfen. Wahrer Reichtum ist das, was anderen hilft.

Bevor wir geben, müssen wir zuerst wissen, wem wir etwas geben und was sie brauchen. Unbekannten Bettlern können wir Nahrung und Kleidung, jedoch kein Geld geben. Wenn wir ihnen Geld geben, könnten sie es für Alkohol oder Drogen verwenden. Wenn wir ihnen also Geld geben, ermöglichen wir ihnen, Unrecht zu tun.

Wir müssen großzügig denen geben, die nicht arbeiten können, den Waisen, den mittellosen älteren Menschen und den Kranken, die kein Geld haben, um Medikamente zu kaufen. Es ist unser Dharma, unsere Pflicht, dies zu tun. Aber wir müssen darauf achten, dass wir damit nicht Ruhm und Ansehen anstreben.

Die Bewohner eines Pflegeheims und ihre Gäste genossen das Kulturprogramm, das im Rahmen des Jubiläums präsentiert wurde. Plötzlich betrat ein Mann den Saal und schaltete alle Ventilatoren aus. Er war ein prominenter Geschäftsmann aus dieser Stadt. Einer der Bewohner fragte ihn: „Warum hast du die Ventilatoren ausgeschaltet? Die Hitze ist unerträglich."

Der Geschäftsmann antwortete: „Ich war derjenige, der alle Ventilatoren in diesem Pflegeheim gespendet hat. Mein Name steht auf ihnen. Aber wenn die Ventilatoren die ganze Zeit laufen, kann niemand meinen Namen sehen. Ich habe die Ventilatoren ausgeschaltet, damit die Besucher der heutigen Veranstaltung wissen, dass ich die Ventilatoren gespendet habe."

Solch eine Spende kann man überhaupt nicht als Spende bezeichnen. Die Haltung des Geschäftsmannes könnte sogar dazu führen, dass er den spirituellen Verdienst verliert, den er durch seine Spende erworben hat.

Die Einstellung der gebenden Person ist von größter Bedeutung. Wenn ein wohlhabender Mann spendet, um Ansehen zu erlangen oder aus anderen selbstsüchtigen Gründen heraus, erniedrigt er seine Spende zu einer bloßen geschäftlichen Angelegenheit. Jedoch gibt er, weil man Gott in anderen sieht, auf eigene Kosten und ohne eine Gegenleistung zu erwarten, dann werden die Ergebnisse des Gebens wahrlich reichlich sein.

# 34. Kopf und Herz

Kinder, spirituelle Lehrer legen oft mehr Wert auf das Herz als auf den Intellekt. Natürlich ist Intelligenz notwendig; Amma wird nie etwas anderes sagen. In Wahrheit sind der Kopf und das Herz nicht zwei. Haben wir einen unterscheidenden Intellekt, wird sich unser Mind auf natürliche Weise weiten. Aus dieser Weite des Minds entstehen Unschuld, Kompromissbereitschaft, Demut und eine Haltung der gegenseitigen Unterstützung. Das Herz ist ein Synonym für Großherzigkeit.

Heutzutage ist unsere Intelligenz jedoch oft beeinträchtigt. Selbstsucht und Arroganz bestimmen unser Denken und das ist die Ursache allen Leids im Leben. Nimmt die Arroganz zu, werden wir engstirniger und weniger kompromissbereit. Sowohl im weltlichen als auch im spirituellen Leben ist ein weiter und aufnahmefähiger Mind notwendig.

Angenommen, ein Mann legt zu Hause bestimmte Regeln fest: Seine Frau soll nur deshalb auf bestimmte Weise leben, sprechen und sich verhalten, weil sie seine Frau ist. Wenn er darauf besteht, dass sie diese Regeln befolgt, wird es dann Frieden in diesem Haus geben? Nein! Nehmen wir an, er sagt kein einziges Wort zu seiner Frau und seinen Kindern, wenn er von der Arbeit nach Hause kommt. Wenn er sich zu Hause weiterhin wie ein Manager verhält, in sein Zimmer geht und seine Papiere durchschaut, werden seine Familienmitglieder das schätzen? Wenn er sich damit rechtfertigt, dass er „halt so ist", werden sie das akzeptieren? Nein. Jedoch spricht er dagegen freundlich mit seiner Frau und verbringt etwas Zeit mit seinen Kindern, werden alle glücklich sein. Es wird Frieden im Haus einkehren. Diese Haltung ist gemeint, wenn wir über das Herz sprechen.

Heute ist die vorherrschende Eigenschaft Selbstbezogenheit und sie hat das Unterscheidungsvermögen verdrängt. Dieser Mangel an Unterscheidungsvermögen macht sich im Leben bemerkbar. Ohne eine Haltung des Gebens und Nehmens ist es für die Gesellschaft schwierig, Frieden und Fortschritt zu erreichen. So wie eine Maschine regelmäßig geölt werden muss, damit sie nicht rostet, müssen wir demütig und bereit sein, Kompromisse einzugehen, um die Reise des Lebens zu erleichtern. Es gibt Zeiten, in denen wir Intelligenz einsetzen müssen, aber wir müssen dies mit Unterscheidungsvermögen tun. Ebenso müssen wir dem Herzen die gebührende Bedeutung beimessen, wann immer die Situation es erfordert.

Schenken wir dem Herzen die erforderliche Aufmerksamkeit, werden Demut und Kooperationsbereitschaft in uns wachsen. Frieden und Zufriedenheit werden erblühen. Das Ziel von Spiritualität ist auch Großherzigkeit, denn nur wer einen umfassenden, weiten Mind hat, kann Gott erkennen. Das Selbst liegt jenseits der Reichweite von Logik und Intelligenz; es ist eine subjektive Erfahrung. Wenn wir die Süße des Selbst genießen wollen, müssen wir die Qualitäten des Herzens mehr pflegen als die des Minds.

# 35. Rache

Kinder, unerwartet tauchen Katastrophen im Leben vieler auf. Der plötzliche Tod eines geliebten Menschen oder unvorhersehbare finanzielle Verluste können uns aus dem mentalen Gleichgewicht bringen. Wir sind dann unter Umständen von Leid und Enttäuschung überwältigt. Ist jemand für diesen Schmerz verantwortlich, könnten wir wütend auf diese Person werden. Diese Wut kann zu einem starken Wunsch nach Rache führen. Achten wir jedoch darauf, nicht willkürlich zu handeln und sind wir vorsichtig, können wir den Mind so auf den rechten Weg zurückführen. Dafür müssen wir den Mind sofort beruhigen. Nur ein ruhiger Mind kann klar denken. Starke und unkontrollierte Emotionen beeinträchtigen das Unterscheidungs- und Erinnerungsvermögen. Anstatt impulsiv zu reagieren, sollten wir also zuerst den Mind beruhigen, damit wir klar denken und die Ursachen für das Unheil, das uns zugestoßen ist, ergründen.

Amma erinnert sich an eine Geschichte. Ein betrunkener Autofahrer stieß mit einem jungen Mann zusammen, der dadurch starb. Die Mutter des jungen Mannes konnte das Leid über den vorzeitigen Tod ihres Sohnes nicht ertragen. Tagelang verlor sie sich in Erinnerungen an ihren geliebten Sohn. Sie wurde von Trauer überwältigt, die sich langsam in den Wunsch nach Rache wandelte. So beschloss sie, den Fahrer zu töten, um den Tod ihres Sohnes zu rächen. Doch als sie sich wieder beruhigte, kam ihr ein anderer Gedanke: „Wenn ich ihn töte, wird mein Sohn dadurch wieder lebendig? Nein. Nicht nur das, ich leide durch den Tod meines Sohnes unerträgliche Qualen. Wenn ich diesen Mann töte, leiden seine Mutter und Angehörigen. Warum sollten sie meinetwegen trauern? Niemand sonst sollte das Unglück erleiden, das ich erlitten habe." Sie dachte weiter nach. „Das Auto hat meinen Sohn überfahren, weil der Fahrer betrunken war. Wäre er nicht betrunken gewesen, wäre das nicht passiert. Die eigentliche Ursache für diese Tragödie ist also der Alkohol. Wenn ich eine Aktion starte, um die Menschen über die Gefahren von Alkohol am Steuer aufzuklären, können solche Unfälle reduziert werden."

Sie bat einige Freunde ihr zu helfen, das Bewusstsein der Menschen für die Gefahren des Alkoholismus zu erhöhen. Den Rest ihres Lebens widmete sie sich diesem Ziel. Ihre ernsthaften Bemühungen führten zur Gründung einer großen Organisation, die sich für die Genesung von Alkoholabhängigen einsetzt.

Wenn sie den Mann getötet hätte, der ihren Sohn umgebracht hat, wie viel Leid wäre ihr dann widerfahren! Nicht nur das, auch die Welt hätte in keiner Weise einen Nutzen von diesem Racheakt gehabt. Als sie die eigentliche Ursache für den Tod ihres Sohnes erkannte, konnte sie ihre Wut für einen höheren Zweck nutzen. Dies kam sowohl ihr als auch der Gesellschaft zugute.

Normalerweise versuchen wir nicht, die eigentliche Ursache unserer Probleme herauszufinden. Deshalb hören sie auch nie auf. Wenn wir wie die Mutter in dieser Geschichte in Ruhe nach den wirklichen Ursachen suchen, können wir unsere Wut und unser Verlangen nach Rache in eine Richtung lenken, die der Gesellschaft zugutekommt. Wenn wir uns bemühen, in aller Ruhe die Gründe für unsere Probleme herauszufinden, anstatt impulsiv zu reagieren, können wir viel Gutes in der Welt bewirken.

# 36. Wut und Rache

Kinder, überall um uns herum hören wir Geschichten von Wut und Rache. Wir können dies überall in der Gesellschaft sehen - in Gedichten, Geschichten und Romanen. Die meisten Filme und Fernsehserien drehen sich um diese Themen. Amma hat das Gefühl, dass sich dieser Trend sogar auf Zeichentrickfilme ausbreitet! Selbst wenn Zeichentrickfiguren gegen das Böse kämpfen, sind ihre Handlungen oft gewalttätig und grausam. Infolgedessen wächst in den Köpfen selbst kleiner Kinder die Vorstellung, dass Gewalt und Grausamkeit akzeptable Wege sind, um dem Bösen entgegenzutreten. Amma gefällt dieser Trend nicht.

Wir müssen die Hauptursache für Hass und Wut ergründen. Wir sind ärgerlich auf jemanden, wenn er sich nicht gemäß unseren Erwartungen verhält. Wenn wir von jemandem Liebe erwarten, sie aber nicht erhalten, werden wir ärgerlich. Umgekehrt fühlen wir uns glücklich, wenn uns jemand respektiert oder uns anlächelt. Nach der gleichen Logik möchte jeder Mensch von anderen geliebt und respektiert werden. Das sollten wir verstehen und in dem Sinne sollten wir bereit sein, jeden zu lieben und zu respektieren.

Als sie ihr kleines Kind laut weinen sah, gab die Mutter ihm ein Spielzeug, das das Kind eine Weile ablenkte. Kurz darauf fing das Kind wieder an zu weinen. Gibt die Mutter ihm ein anderes Spielzeug, hört das Kind dadurch vielleicht für kurze Zeit auf zu weinen. Aber es weinte nicht wegen des Spielzeugs, sondern weil es Hunger hatte und nach Milch schreit. Die Tränen und der Kummer des Kindes enden, sobald die Mutter den Grund für die Tränen herausgefunden hat und das Kind füttert. Ähnlich müssen wir die Ursachen für unseren Ärger und unseren Hass in uns selbst finden, anstatt nach zeitweiligem Frieden und vorübergehender Freude zu suchen.

Amma erinnert sich an die Geschichte eines Devotees, der auf eine Pilgerreise ging, um seinen Schmerz und sein Leid zu beenden. Er reiste viele Tage lang und ertrug viele Entbehrungen, um einen heiligen Ort zu erreichen. Es waren so viele Devotees an dem Ort, er war völlig überfüllt. Während alle schweigend vor dem heiligen Schrein beteten, trat ihm jemand versehentlich auf den Fuß. Unfähig, seinen Zorn zu beherrschen, vergaß der Mann seine Umgebung und schrie den Devotee an, der ihm versehentlich auf den Fuß getreten war. Er verlor nicht nur seinen eigenen Frieden, sondern zerstörte auch den Frieden und die Ruhe an diesem heiligen Ort, indem er die konzentrierten Gebete so vieler Menschen grob unterbrach. Kinder, verhaltet euch niemals so. Der Zweck von Japa (wiederholtes Rezitieren des Mantras), Gebet und Pilgerreisen besteht darin, gute Eigenschaften wie Geduld und Ausgeglichenheit zu erlangen. Nur wenn wir diese Eigenschaften haben, können wir wahren Frieden und wahre Freude erleben.

Ihr eigener Hass und Rachsucht führten dazu, dass Rāvaṇa und Duryōdhana nicht nur sich selbst, sondern auch ihre Sippe und ihr Land zerstörten. Vergiss nie, dass diejenigen, die Groll hegen, nicht nur andere, sondern auch sich selbst zerstören.

Möge das Gute in meinen Kindern leuchten.

# 37. Temperament

Kinder, einer der Hauptgründe für das Scheitern von Beziehungen ist rücksichtslose Wut. Wir ärgern uns oft über belanglose Dinge. Wenn wir ein wenig Selbstbeherrschung anwenden, können wir viele Probleme vermeiden, die durch Wut verursacht werden. Manchmal verlieren wir aufgrund eines Missverständnisses sogar bei unschuldigen Menschen die Beherrschung. Auch wenn wir unseren Fehler einsehen, egal, wie oft wir sie um Verzeihung bitten, wird ihr verwundetes Herz uns nie ganz verzeihen. Deshalb müssen wir lernen, unser Temperament zu zügeln. Werden wir über etwas wütend, müssen wir uns in Geduld üben, anstatt impulsiv zu reagieren. Allmählich wird die Gewohnheit nachlassen, wir werden unsere Geduld nicht mehr verlieren.

Eine Frau erzählte ihrer Freundin: „Jeden Tag, wenn mein Mann von der Arbeit nach Hause kommt, fangen wir an zu streiten. Gibt es eine Möglichkeit, das zu vermeiden?"

Die Freundin sagte: „Mach dir keine Sorgen. Ich habe genau die richtige Medizin zur Hand. Sobald dein Mann anfängt, wütend zu werden, nimm einen Schluck von dieser Medizin. Schluck sie nicht herunter. Behalte sie einfach im Mund." Mit diesen Worten gab die Freundin ihr die Flasche Medizin.

An diesem Abend, als ihr Mann wütend wurde, nahm die Frau die Medizin in ihren Mund. Nach einiger Zeit beruhigte sich der Mann. Das Gleiche geschah auch an den nächsten zwei Tagen. Die Frau war erstaunt. Am nächsten Tag erzählte sie ihrer Freundin: „Deine Medizin ist wirklich sehr wirkungsvoll! Wir haben seit drei Tagen nicht mehr gestritten. Bitte sag mir, wie man diese Medizin zubereitet, damit ich sie selbst herstellen kann."

Die Freundin sagte: „Ich werde es dir verraten, aber lass uns noch sechs Monate warten."

Sechs Monate vergingen. Es gab keinen Streit mehr im Haus, stattdessen war es voller Liebe und Frieden. Eines Tages sagte die Freundin: „Jetzt will ich dir das Geheimnis der Medizin verraten. Sie enthält keine besonderen Zutaten, es ist schlichtes Wasser. Als du es im Mund hieltest und nicht sprechen konntest, beruhigte sich der Mind deines Mannes. Auch dein Mind hatte etwas Zeit, sich zu beruhigen. Das ist alles."

Diese Geschichte verdeutlicht, dass das Leben friedlich und glücklich wird, wenn wir bereit sind, ein wenig nachzugeben.

Wenn wir wütend sind, sollten wir die Worte, die uns in den Sinn kommen, nicht aussprechen. Wir sollten auch davon absehen, nach den Entscheidungen zu handeln, die wir dann treffen. Wut ist wie eine offene Wunde im Mind. Wir müssen zuerst versuchen, die Wunde zu heilen.

Geduld und Unterscheidungsvermögen sind die einzigen Gegenmittel gegen Wut. Reflektieren wir, werden wir die Fähigkeit erlangen, unsere eigenen Schwächen zu erkennen. Wir werden unsere Gedanken klar und deutlich sehen, wie in einem sauberen Spiegel. Wir werden die Kleinlichkeit des Ärgers verstehen und die Größe des Verzeihens begreifen.

# 38. Krieg und Konflikt

Kinder, viele große Persönlichkeiten haben sich unermüdlich für den Weltfrieden eingesetzt und viele tun dies auch heute noch. Dennoch sehen wir kaum Veränderung in der Welt. Kriege, Konflikte, Armut und Hunger existieren auch heute noch. Viele fragen sich, ob es eine dauerhafte Lösung für diese Probleme gibt.

Die Kriege und Konflikte, die wir heute in der Welt sehen, sind eine äußere Manifestation der inneren Konflikte, die im Mind der Menschen toben. Der Mind sollte unser gehorsamer Diener sein, aber gegenwärtig beherrscht und manipuliert er uns. Der Hass, die Wut und die Grausamkeit im Mind der Menschen sind weitaus tödlicher als jeglicher Sprengstoff in der äußeren Welt. Wenn wir diese giftigen Emotionen nicht auslöschen, werden Krieg und Konflikte weiterhin in der Welt vorherrschen.

Einmal saß eine Nachtigall auf einem Baum und sang lieblich. Ein Jäger fing den Vogel und wollte ihn töten. Der Vogel blickte dem Jäger flehend in die Augen und bettelte: „Bitte töte mich nicht. Lass mich frei!" Das herzzerreißende Flehen der Nachtigall berührte den Jäger. In diesem Moment wurde ihm der deutliche Unterschied zwischen der fröhlich umherfliegenden und süß singenden Nachtigall und seinem eigenen abscheulichen und grausamen Leben bewusst. Er sagte zu der Nachtigall: „Ich werde dich unter einer Bedingung freilassen: Du musst mir das Geheimnis deiner Freude verraten."

Die Nachtigall sagte: „Ich habe Angst vor dir. Lass mich zuerst gehen, und dann werde ich dir das Geheimnis meiner Freude verraten.“

Der Jäger ließ den Vogel frei. Als die Nachtigall wegflog, sagte sie: „Es ist das Böse in dir, das dir so viel Schmerz und Elend bereitet. Dein Herz ist völlig von Grausamkeit verdunkelt, während ich nie jemanden verletze. Die Güte in meinem Herzen ist der Grund für meine Freude.“

Die Worte der Nachtigall öffneten die Augen des Jägers. Er verließ den Weg der Grausamkeit und schlug einen neuen Lebensweg ein.

Unsere Herzen sollten vor Mitgefühl schmelzen, wenn wir den Schmerz und das Elend anderer sehen. Das Mitgefühl in unserem Herzen sollte sich in unseren Handlungen widerspiegeln. Mitgefühl ist die Antwort auf alle Probleme in der Welt in einem Wort. Wenn wir eine Antwort in zwei Worten geben müssten, wären es Liebe und Mitgefühl. Die Antwort in drei Worten wäre: Liebe, Mitgefühl und Geduld. Kriege und Konflikte werden nur dann aufhören, wenn der Mind der Individuen von Mitgefühl erfüllt ist.

## 39. Kritik

Kinder, es ist ganz natürlich, dass wir Kummer, Wut und Verzweiflung empfinden, wenn wir kritisiert werden. Aber solche Reaktionen rauben uns unsere Energie. Wenn wir jedoch nicht zulassen, dass uns die Emotionen versklaven, sondern stattdessen unser Unterscheidungsvermögen schärfen, können wir der Kritik mit Gleichmut begegnen und aus Kritik lernen. So können wir Fortschritte machen und im Leben erfolgreich sein.

Es ist nicht leicht, sich der eigenen Fehler und Schwächen bewusst zu werden. Deshalb sollten wir unsere Kritiker als unsere besten Lehrer betrachten, weil sie uns unsere Mängel erkennen lassen. Diejenigen, die uns loben, sind dazu nicht in der Lage. Jedoch wenn andere uns kritisieren oder ihre Abneigung gegen uns ausdrücken, müssen wir in uns gehen und uns hinterfragen: „Warum haben sie mich kritisiert? Habe ich irgendetwas falsch gemacht, um diese Kritik hervorzurufen?" So können wir Kritik und Vorwürfe in ein Sprungbrett für unser Wachstum wandeln.

Ein Kind wird sich schämen und verärgert sein, wenn Freunde Flecken auf seiner Kleidung bemerken. Es könnte sogar Groll gegen sie hegen. Weist aber jemand einen Erwachsenen auf die Flecken an seiner Kleidung hin, wird er nicht den geringsten Groll gegen diese Person empfinden, sondern nur Dankbarkeit. Er wird sich auch nicht schämen, weil er die Flecken nicht als persönliches Manko ansieht. Aber das Kind hat diese Unterscheidungskraft nicht. Daher kann es in solchen Situationen betrübt und verärgert sein.

Wenn jedoch das Verhalten oder die Handlungen einer erwachsenen Person kritisiert werden, wird sie sich selbstverständlich aufregen und mit Ärger reagieren. Sie wird nicht die gleiche Distanz an den Tag legen, als wenn ihr die Flecken auf ihrer Kleidung gezeigt werden, denn sie identifiziert sich mit ihrem eigenen Verhalten und ihren Handlungen. Sie ist nicht in der Lage, diese leidenschaftslos wie ein Zeuge zu betrachten. Wenn sie dazu in der Lage ist, kann sie jede Kritik oder Anschuldigung gelassen akzeptieren und sich selbst korrigieren, wenn diese berechtigt sind. Wenn sie einen Schritt weitergeht, wird sie sogar denen danken, die sie kritisiert haben. Sollten die Kritik und die Anschuldigungen unbegründet sein, wird sie darüber lachen.

So wie ein Lotosblütenstängel all die Nahrung, die er braucht, aus dem Schlamm zieht, in dem er verwurzelt ist und schöne und duftende Lotosblüten hervorbringt, müssen wir lernen, aus dem Morast der Kritik Bewusstheit und Energie zu gewinnen. Wenn uns das gelingt, wird unsere Lebenspflanze die Blüten des Friedens und des Glücks tragen.

# 40. Spiritualität und Armut

Kinder, manche Menschen behaupten, der Grund für die Armut in Bhārat (Indien) sei seine spirituelle Kultur. Aber spirituelle Kultur ist kein Hindernis für den Erwerb von Wohlstand oder materiellen Fortschritt. Im Gegenteil, Spiritualität begünstigt sogar den materiellen Fortschritt. Wohlstand zu erwerben wird seit langem als eines der Lebensziele akzeptiert zusammen mit Dharma (rechtschaffenem Leben) und Mōkṣha (spirituelle Befreiung). Wir müssen jedoch darauf achten, dass wir nicht unethisch handeln oder aus selbstsüchtigen Gründen Reichtum anhäufen.

Vor langer Zeit waren die Menschen in Indien von spiritueller Energie durchdrungen. Genau aus diesem Grund war Indien auch materiell wohlhabend. Doch allmählich wurden einige Menschen immer gieriger. Sie begannen, miteinander um Reichtum, Macht und Stellung zu konkurrieren. Ihr Stolz und Eifersucht führten zur Abkehr von Dharma und Gott wurde vergessen. Die Uneinigkeit verschärfte sich und beeinträchtigte die Einheit und Stärke des Landes, was wiederum zur Eroberung durch die Kolonialmächte führte, die Indien viele Jahrhunderte lang beherrschten. Sie plünderten das Land aus und hinterließen es völlig verarmt. Wie schwer ist es, in eine Wüste ein Samenkorn zu säen und ihn zu pflegen, bis er sprießt und ein gesundes Pflänzchen wird! So ist der Zustand dieses Landes; wir müssen hart arbeiten, um es wieder blühend und grün zu gestalten.

Leider haben wir selbst aus solch bitteren Erfahrungen nicht gelernt. Die Mehrheit der Menschheit ist auf persönlichen Gewinn ausgerichtet und nicht auf die Entwicklung des Landes. Sie erkennen nicht, dass wahrer materieller Wohlstand nur mit spirituellem Verständnis erlangt werden kann. Wenn wir so weitermachen und unser eigenes Erbe vergessen, werden wir sehr darunter leiden.

Die Natur hat genug für die nachhaltige Entwicklung des Landes bereitgestellt. Nutzen wir unsere Ressourcen richtig, wird es hier keine Armut geben. Aber nachdem Indien unabhängig wurde, haben wir unsere natürlichen Ressourcen nicht richtig genutzt. Während andere Länder Wüsten in Ackerland verwandeln, verwandeln wir unsere fruchtbaren Felder in Ödland. Die ländliche Entwicklung hat immer noch keine Priorität. Um dies zu ändern, muss die gebildete Jugend in Dörfer gehen und die Dorfbewohner auf die staatlichen Förderprogramme aufmerksam machen und sie unterstützen. Sie sollten die Menschen dazu motivieren, das Land als ihre eigene Heimat zu betrachten. Sie müssen die Menschen inspirieren, Ackerland für landwirtschaftliche Aktivitäten zu nutzen. Gemeinsam müssen sie auch unsere spirituelle Kultur am Leben erhalten.

Spiritualität lehrt uns, mehr zu geben als wir von der Gesellschaft nehmen. Berücksichtigen wir die spirituellen Prinzipien, werden wir anderen gegenüber rücksichtsvoller. Wir beginnen, andere wie uns selbst zu sehen und sind bereit, alle Ressourcen, die wir haben, mit ihnen zu teilen. Die alten Weisen rieten uns, Geld mit hundert Händen zu verdienen und es mit tausend Händen zu teilen. Leben wir diese Lehre, wird Indiens Zukunft glorreich sein.

## 41. Veränderung

Kinder, es gibt niemanden, der nicht nach Veränderung strebt. Jeder möchte seine physischen und mentalen Schwächen überwinden und von negativen Emotionen und Gewohnheiten befreit sein. Aber die meisten von uns haben keine klare Vorstellung davon, wie man sich positiv verändert.

Es ist schwierig, die eigene Wesensart zu ändern. Deshalb ändern wir oft nur unser Verhalten, nicht aber unseren Charakter. Anstatt das Ego zu beseitigen, verbergen es viele von uns kunstvoll und geschickt, tragen dafür die Maske der Demut. Wir unterdrücken oder verbergen Gefühle wie Wut, Eifersucht und Hass. Doch indem wir eine Emotion unterdrücken, können wir sie weder kontrollieren noch verhindern, dass sie wiederauftaucht.

Einmal streuten einige Übeltäter scharfe Dornen in die Vorgärten von zwei Nachbarn. Als einer der Nachbarn die Dornen am Morgen sah, bedeckte er sie mit einer Schicht Erde und löste so das Problem. Der zweite Nachbar hob geduldig jede einzelne der Dornen auf, warf sie in ein Feuer und reduzierte sie zu Asche. Beide haben das Problem gelöst. Aber was wird passieren, wenn es regnet? Der Vorgarten des ersten Mannes wird voller Dornen sein, nicht nur das: Er wird doppelt so hart arbeiten müssen wie der zweite Mann, um alle Dornen zu entfernen. So verhält es sich auch mit negativen Gefühlen. Selbst wenn es uns gelingt, sie vorübergehend zu unterdrücken, bedeutet das nicht, dass wir sie dauerhaft ausgerottet haben.

Anstatt negative Tendenzen zu unterdrücken oder zu verbergen, müssen wir ihnen mit den Waffen wie Achtsamkeit und Unterscheidungsvermögen entgegentreten. Zuallererst müssen wir uns fest vornehmen, uns nie wieder von solchen Gefühlen und Gedanken versklaven zu lassen. Jedes Mal, wenn solche Gedanken auftauchen, gilt es, sie zu bemerken und den Mind von ihnen zurückzuziehen. Dann müssen wir herausfinden, warum solche Gedanken auftauchen und uns bemühen, die Ursachen zu beseitigen.

Der Hauptgrund, warum wir nach unseren Vāsanās (latenten Neigungen) handeln, ist unser Mangel an Achtsamkeit. Wenn der Wächter, der nachts das Haus bewacht, wach und aufmerksam bleibt und seine Laterne trägt, während er auf dem Gelände patrouilliert, wird kein Dieb in das Haus einbrechen. Ein Mensch, der sich fest vornimmt, niemals seinen Schwächen nachzugeben, wird jeden einzelnen Gedanken, der in seinem Mind auftaucht, beobachten, er wird jeden negativen Gedanken, der in seinem wachen Mind auftaucht, bemerken und ihn somit kontrollieren.

Keine schlechte Angewohnheit kann mit einem Mal beseitigt werden. Jedoch werden ständige Bemühungen und Entschlossenheit uns zum Sieg führen. So können wir unser Leben vollkommen verändern.

# 42. Meditation

Kinder, wahre Erkenntnis besteht darin zu lernen, wie man den Mind konzentriert. Dies ist durch Meditation möglich.

Meditation hilft, Stress zu reduzieren und Ängste abzubauen. Durch Meditation können wir einen glückseligen und friedvollen Mind erleben. Meditation steigert unsere Schönheit, Lebensdauer, Kraft, Gesundheit, Intelligenz und Energie.

Wir müssen zuerst lernen, wie man in Einsamkeit richtig meditiert. Es ist nicht notwendig, an Gott zu glauben, um zu meditieren. Es gibt viele Meditationstechniken. Während der Meditation können wir den Mind auf einen beliebigen Teil des Körpers richten oder uns auf einen Punkt konzentrieren. Oder wir können uns vorstellen, mit dem Unendlichen eins zu werden. Wenn wir gerne in die Flamme einer Kerze blicken, können wir das tun. Oder wir können eine Kerze oder eine Öllampe in einem dunklen Raum anzünden und lange auf die Flamme starren. Die Flamme sollte nicht flackern. Auch können wir diese Flamme im Herzen oder zwischen den Augenbrauen visualisieren. Auf den inneren Schein können wir uns konzentrieren, der entsteht, wenn wir die Lampe betrachten. Diejenigen, die gerne über eine Form meditieren, können sich vorstellen wie ihre Iṣhṭa-Dēvatā (bevorzugte Form Gottes) mitten in der Flamme steht. Es ist jedoch besser, sich die Iṣhṭa-Dēvatā inmitten der Flammen eines Opferfeuers vorzustellen, denn dann können wir uns vorstellen, unsere Eifersucht, Selbstsucht und andere Negativität in das lodernde Opferfeuer zu werfen.

Für Anfänger ist die Meditation auf eine Form einfacher als die Meditation auf das Formlose. Die Meditation auf die Iṣhṭa-Dēvatā hilft dem Mind, sich auf sie oder ihn zu konzentrieren. Die sattvischen Qualitäten[9] der Iṣhṭa-dēvatā werden auch in uns wachsen. Stelle ein kleines Bild deiner liebsten Gottheit vor dich hin. Setze dich hin und betrachte das Bild einige Zeit lang. Dann schließe deine Augen und versuche, dir diese Form klar in deinem Mind vorzustellen. Wenn die Klarheit der Form verblasst, öffne die Augen und schaue wieder auf das Bild. Schließe dann erneut die Augen und stelle dir vor, dass du mit deiner Iṣhṭa-Dēvatā sprichst. Umarme gedanklich deine Iṣhṭa-Dēvatā und flehe: „Oh Herr, bitte verlasse mich nicht!“ Meditieren wir ständig mit solcher Achtsamkeit, wird die Form der Iṣhṭa-Dēvatā klar im Herzen erstrahlen.

Es liegt in der Natur des Minds umherzuwandern. Deshalb ist Meditation wie der Versuch, hohles Treibholz unter Wasser zu drücken; wenn wir loslassen, wird es sofort an die Oberfläche treiben. So ist der Mind. Daher müssen wir in den Anfangsstadien der Meditation vielleicht etwas Druck auf den Mind ausüben, damit er meditiert. Aber sobald wir Geschmack an der Meditation finden, müssen wir den Mind nicht mehr zwingen. Die Meditation wird zur Freude.

Wenn wir regelmäßig meditieren, wird der Mind allmählich ruhiger, bis er letztendlich kristallklar wird. Das Höchste Selbst wird in dem ruhigen Mind leuchten, wie die Widerspiegelung der Sonne in einem stillen See.

---

[9] Sattva ist eine der drei Guṇas (Attribute oder Modi der Existenz), zu denen auch Rajas und Tamas gehören. Sattva wird mit Harmonie, Güte, Wahrheit und Gelassenheit assoziiert.

## 43. Vorstellungen des Göttlichen

Kinder, einige Menschen kritisieren die Verehrung von Gaṇapati, der den Kopf eines Elefanten hat und Hanumān, der den Körper eines Affen hat, als primitiv. Auf den ersten Blick mag eine solche Kritik berechtigt erscheinen. Wenn wir uns jedoch eingehender mit diesem Thema befassen, werden wir die erhabenen Prinzipien, Ideale und Ziele erkennen, die hinter der Verehrung solcher Formen stehen.

Amma hat im Westen viele Gemälde an den Wänden vieler Häuser gesehen. Einmal sah Amma ein Gemälde, das ein gewöhnlicher Mensch nicht verstehen würde: ein paar Pinselstriche in nur vier oder fünf Farben. Es sah aus, als hätte jemand einen Besen in Farbe getaucht und damit die Leinwand verschmiert! Doch dieses Gemälde war 500.000 Dollar wert. Wächter wurden engagiert, um es zu schützen und ebenso wurden Sicherheitskameras installiert. Obwohl wir das Gemälde nicht verstanden, konnten die Besitzer stundenlang darüber reden. Niemand hält den Maler für einen Dummkopf. Im Gegenteil, er wird als großer Künstler gepriesen. Niemand fragt die Besitzer des Gemäldes, warum sie einen so hohen Preis für das Bild bezahlt haben, wo doch so viele Menschen hungern müssen. Der Wert des Gemäldes wird nicht dadurch geschmälert, dass normale Menschen seine Bedeutung nicht verstehen. Ähnlich werden wir die Größe der Gottheiten in der Hindu-Religion erst schätzen, wenn wir die dahinterstehenden Prinzipien verstehen können.

Der wahre Reichtum von Bhārat (Indien) ist seine Kultur. Aber wir bemühen uns nicht, sie zu verstehen. Unser Glaube beschränkt sich auf traditionelle Rituale und Feste. Aber dieser Glaube ist so fragil, dass wir ihn verlieren, sobald jemand ihn nur ein wenig kritisiert. Deshalb müssen wir uns bemühen, die wissenschaftliche Grundlage unserer Kultur zu verstehen.

Im Sanātana Dharma ist Gott, das alles durchdringende Bewusstsein, jenseits von Eigenschaften, Namen und Formen. Dennoch kann Er jede Form annehmen, um die Devotees zu segnen. So wie der Wind als sanfte Brise weht, als starke Böe bläst oder als Orkan wütet, kann Gott, der den Wind kontrolliert, unbegrenzte Bhāvas (göttliche Stimmungen) annehmen. Daher verehren wir den einen Gott in verschiedenen Formen wie Viṣhṇu, Śhiva, Gaṇapati, Hanumān, Durgā und Saraswatī.

Die verschiedenen Qualitäten Gottes werden in den verschiedenen Gottheiten erhellt. Hanumān repräsentiert das Prinzip der Zähmung des ruhelosen Affenminds. Praṇava (‚Ōm') ist der ursprüngliche Klang. Daher verdient es Gaṇapati, der die Form von Praṇava hat, als Erster verehrt zu werden. In den Formen aller Gottheiten gibt es äußerst subtile Bedeutungen. Ganz gleich, welche Form des Göttlichen wir verehren, am Ende werden wir die formlose, Höchste Wahrheit erreichen.

# 44. Japa-Praxis

Kinder, den Mind zu kontrollieren und zu fokussieren – das ist ein Problem, das die meisten Menschen plagt. Alles, was wir tun müssen, ist, die Augen zu schließen, um zu sehen, wie unruhig der Mind ist. Selbst während des Gebets im Tempel werden unsere Gedanken auf die Aufgaben gerichtet sein, die zu Hause erledigt werden müssen. Es gibt einen Prozess, durch den der ruhelose Mind an einen einzigen Gedanken gebunden werden kann; das ist Mantra-Japa, das wiederholte Rezitieren eines Mantras. Indem wir ständig einen Namen oder ein Mantra chanten, wird die verwirrende Vielfalt der Gedanken reduziert und der Mind wird konzentrierter.

„Keine Plakate aufhängen" - nur mit diesen drei Worten können wir sicherstellen, dass die Wand nicht mit Werbung oder Aushängen zugeklebt wird. Ebenso können wir mit nur einem Gedanken, nämlich dem Mantra, das Umherschweifen des Minds stoppen. Das Reduzieren der Gedanken ist gut für die Gesundheit und erhöht unsere Lebenserwartung.

Man könnte fragen: „Werden nicht auch beim Rezitieren des Mantras Gedanken auftauchen?" Selbst wenn dann andere Gedanken auftauchen, sind sie nicht allzu schädlich. Ein Gedanke ist wie ein Kind. Wenn das Kind schläft, kann die Mutter ungestört arbeiten. Aber sobald das Kind aufwacht und zu weinen beginnt, wird es für sie schwierig, ihre Aufgaben zu erledigen. In ähnlicher Weise sind die Gedanken, die auftauchen, während wir rezitieren, nicht gefährlich; sie werden uns nicht stören.

Es ist am besten, nachdem der Guru uns in ein Mantra eingeweiht hat, mit dem Rezitieren zu beginnen. Um Joghurt herzustellen, fügen wir etwas Joghurt zur Milch hinzu. Ebenso müssen wir ein Mantra vom Guru erhalten, um den vollen Nutzen der Rezitation zu erlangen. Das bedeutet jedoch nicht, dass wir bis dahin nicht mit der Japa- Praxis beginnen können. Wir können damit beginnen, indem wir einen göttlichen Namen oder ein Mantra, das uns gefällt, chanten. Zum Beispiel können wir „Ōm namaḥ śhivāya", „Ōm namō nārāyaṇāya", „Ōm parāśhaktyai namaḥ" oder jedes andere Mantra aufsagen. Diejenigen, die den Namen von Christus, Allah oder Buddha mögen, können diesen Namen chanten.

Während des Rezitierens können wir uns entweder auf die Form unserer geliebten Gottheit oder auf den Klang des Mantras konzentrieren. Bei jeder Wiederholung des Mantras können wir uns vorstellen, dass wir eine Blume zu Füßen unserer geliebten Gottheit darbringen. Oder wir können uns auf jede Silbe des Mantras konzentrieren. Welche Technik wir auch immer anwenden, wichtig ist, nicht zuzulassen, dass der Mind abschweift. Wir müssen ihn auf die Erinnerung an den Herrn begrenzen.

Zu jeder Zeit können wir Japa praktizieren. Wir können chanten, während wir einfach nur untätig dasitzen, spazieren gehen oder reisen; dies sind ideale Zeiten, um Japa zu üben. Nur wenn Japa zur Gewohnheit wird, lässt die unkontrollierte Flut der Gedanken nach. Trage immer eine Gebetskette bei dir. Benutze sie, um täglich eine bestimmte Anzahl von Mantra-Wiederholungen einzuhalten. Dies wird dazu beitragen, die Gewohnheit der Rezitation zu fördern.

Anfangs sollten wir nicht über lange Zeiträume hinweg chanten. Dies kann zu körperlichen und mentalen Problemen führen. Rezitiere anfangs für eine kurze Zeit und erhöhe dann allmählich die Anzahl der Japa-Wiederholungen, bis es zur

Gewohnheit wird. Danach wird der Mind ohne jegliche Mühe kontinuierlich chanten.

Manche Menschen rezitieren ein Mantra für ein paar Tage. Dann aus dem Glauben, dass es nicht potent genug ist, beginnen sie, ein anderes, „stärkeres" Mantra zu chanten. Ein regelmäßiger Wechsel des Mantras wird uns nicht helfen. Unabhängig vom Mantra wird regelmäßiges und diszipliniertes Chanten den Mind allmählich beruhigen. Deshalb muss man bei einem Mantra bleiben.

Da Japa von jedem leicht praktiziert werden kann, erkennen die meisten Religionen es als Sādhana (spirituelle Praxis) an. Die disziplinierte Praxis von Japa verleiht dem Mind Ruhe und Konzentration, die uns helfen wird, unsere alltäglichen Aktivitäten mit größerer Geschicklichkeit und Effizienz auszuführen.

# 45. Darbringung

Kinder, das Ziel des menschlichen Lebens ist ewiger Frieden und Freiheit. Wenn dieses Bewusstsein tief im Mind verwurzelt ist, verblasst das Verlangen nach weltlichen Dingen. Jedoch können wir dies nicht als Darbringung bezeichnen. Eine Darbringung wird erst dann vollständig, wenn wir die Einstellung von „ich und mein" aufgeben. Mehr als das, was wir aufgeben oder entsagen, zählt die Einstellung hinter der Handlung.

Wenn unser eigenes Kind krank wird, bringen wir es ins Krankenhaus. Finden wir kein Fahrzeug, das uns dorthin bringt, gehen wir mit dem Kind zum Krankenhaus, auch wenn es weit entfernt ist. Wir werden bereit sein, mit beliebig vielen Menschen im Krankenhaus zu sprechen, um die Aufnahme unseres Kindes zu erreichen. Wenn kein Einzelzimmer verfügbar ist, werden wir auf dem Boden im Gemeinschaftsbereich mit unserem Kind liegen. Wir werden viele Tage von der Arbeit freinehmen, um unser Kind wieder gesund zu pflegen. Aber all diese Mühen, die wir um unseres eigenen Kindes willen auf uns nehmen, können wir nicht als Darbringung betrachten. Wir sind bereit, so oft wie nötig vor Gericht zu gehen, um einen einzigen Cent[10] Land zu gewinnen. Wir tun dies, um des Besitzes willen. Wir verzichten vielleicht auf den Schlaf und machen Überstunden, um mehr Geld zu verdienen. Keine dieser Handlungen können wir als Entsagung bezeichnen. Auf seine eigenen Freuden und Annehmlichkeiten zu verzichten, um einem anderen Menschen zu

[10] Ein Cent entspricht 40,47 qm

helfen, ist wirkliche Entsagung. Hart zu arbeiten, Entbehrungen zu ertragen und das so verdiente Geld zu verwenden, um einem armen Menschen zu helfen, ist Entsagung. Wenn das Kind aus dem Nachbarhaus krank wird und wir bereit sind, bei ihm im Krankenhaus zu bleiben, ohne eine Gegenleistung, nicht einmal ein Lächeln, zu erwarten, können wir das Entsagung nennen.

Handlungen, die ohne die Einstellung von „ich" und „mein" zum Wohle der Welt und als Opfergabe an Gott ausgeführt werden, sind die erhabensten Beispiele für Entsagung. Solche selbstaufopfernden Handlungen öffnen die Türen zum Reich des Selbst. Nur solche Handlungen können wir als Karma-Yōga bezeichnen. Im Gegensatz dazu ist das Aufgeben von etwas mit einer Einstellung des ‚Ich' und ‚Mein' nicht würdig, als Darbringung bezeichnet zu werden.

Es war einmal ein reicher Mann, der ein Sanyāsī (ordinierter Mönch) werden wollte. Er spendete seinen ganzen Reichtum für viele wohltätige Zwecke zum Wohle der Menschen. Dann wurde er ein Sanyāsī, ging auf einen Berggipfel, baute dort eine kleine Hütte und begann darin zu wohnen. Als bekannt wurde, dass ein Sanyāsī auf dem Berggipfel lebte, gingen viele Menschen zu ihm. Er jedoch hatte ihnen allen nur eines zu sagen: „Wisst ihr, wer ich bin? Wisst ihr, wie reich ich einmal war? Ich war es, der das Geld für das riesige Schulgebäude gespendet hat, das ihr von hier aussehen könnt. Ich war auch derjenige, der Geld für den Bau des Krankenhauses neben der Schule gespendet hat. Auch der Tempel, den du siehst, wurde mit meinem Geld gebaut." Obwohl er all seinen Reichtum aufgegeben hatte, um das Leben eines Mönchs zu führen, hielt er an der „Ich"-Einstellung fest. Wie kann man dies als Entsagung betrachten?

Begrüßen wir einen Freund, den wir schon lange nicht mehr gesehen haben, überreichen wir ihm vielleicht einen Blumenstrauß. Wir sind es, die sich zuerst an der Schönheit und dem Duft der Blumen erfreuen. Wir sind es auch, die sich am erfüllenden Geben erfreuen. Ebenso erlangen wir durch selbstloses Dienen Glückseligkeit und Zufriedenheit, ohne dass wir es bemerken. Wenn jemand, der aufrichtig, selbstlosen Dienst leistet, aus Zeitmangel nicht sein Mantra chanten oder meditieren kann, braucht er sich nicht zu sorgen; er wird Unsterblichkeit erlangen. Sein selbstaufopferndes Leben wird allen anderen zugutekommen. Die Gesellschaft eines solchen Menschen ist der größte Satsaṅg.

## 46. Gebet und Glaube

Kinder, viele Devotees berichten Amma traurig, dass ihr Leid und Unglück sich nicht verringerten, obwohl sie viele Jahre gebetet haben. . Die meisten Menschen beten entweder um die Erfüllung ihrer Wünsche oder aus Angst: „Oh Herr, erfülle mir diesen Wunsch!" Oder: „Bitte gib mir nichts von dem!" Bedeutet es nicht, dass solche Gebete ausdrücken, sie wüssten besser als Gott, was für sie am besten ist oder sich sogar über Gott stellen? Glaubst du wirklich, dass Gott, der sowohl die Menschen als auch die Welt erschaffen und die ganze Zeit beschützt hat, nicht weiß, was gut und schlecht für dich ist? Manche Menschen glauben, dass Beten bedeutet, eine Liste ihrer Vorlieben und Abneigungen vor Gott auszubreiten. Das Gebet sollte jedoch keine Aufzählung der persönlichen Wünsche sein.

Das bedeutet nicht, dass wir unsere Sorgen nicht mit Gott teilen sollten. Wir können unsere Sorgen durchaus vor Gott offenlegen. Das wird dem Mind eine gewisse Erleichterung verschaffen. Aber noch wichtiger ist es, dass wir uns bemühen, an Gott mit Liebe zu denken. Verbringe jeden Tag zumindest ein wenig Zeit damit, über Gott zu meditieren, dein Mantra zu rezitieren und Bhajans (Lieder der Hingabe) zu singen. Wenn wir Tempel besuchen, sollte es sein, um die Erinnerung an Gott zu fördern.

Glaube nicht, dass wir die göttliche Gnade erhalten, nur weil wir an ihn glauben. Wir müssen auch entsprechend unserem Glauben handeln. Auch genesen wir nicht von einer Krankheit, nur weil wir an den Arzt glauben, oder? In gleicher Weise müssen Glaube und Bemühen Hand in Hand gehen.

Obwohl Gott in uns ist, sind wir derzeit nicht in der Lage, seine Gegenwart vollständig zu erfahren. Aber wir können dies durch Hingabe erreichen. Gebet, Meditation und ständiges Erinnern binden den Mind fest an Gott. Dann werden wir immer in der Lage sein, seine Gegenwart zu erleben.

Einmal gingen ein Mann und seine Frau auf eine Kreuzfahrt. Plötzlich verfinsterte sich der Himmel. Es donnerte und regnete in Strömen. Starke Winde begannen, das Schiff heftig hin und her zu werfen. Alle Passagiere fürchteten um ihr Leben und gerieten in Panik. Nur der Mann blieb trotz all dieser Umstände ruhig. Aber seine Frau fing an, vor Angst zu schreien. Er versuchte, sie zu beruhigen, aber so sehr er sich auch bemühte, es gelang ihm nicht. Schließlich wurde er wütend. Er holte eine Pistole aus seiner Tasche, richtete sie auf seine Frau und sagte: „Sag kein Wort mehr. Wenn du es doch tust, bringe ich dich um!"

Als die Frau die Pistole sah, antwortete sie unbekümmert: „Glaubst du wirklich, dass du mich einschüchtern kannst?"

Der Ehemann fragte: „Hast du denn nicht die geringste Angst beim Anblick dieser Waffe?"

Sie sagte: „Ich weiß, dass es eine tödliche Waffe ist. Aber solange sie in deinen lieben Händen ist, habe ich keine Angst. Ich weiß, dass du mir nie etwas antun wirst."

Der Mann sagte: „Genauso weiß ich, dass dieser starke Wind von Gott ist, den ich verehre und der Wind wird von Gott kontrolliert. Ich habe den festen Glauben, er wird mir niemals schaden. Deshalb kann ich dieser großen Gefahr furchtlos entgegentreten."

Kinder, sobald wir uns bewusst werden, dass jede Herausforderung im Leben Gottes Werk ist, können wir jeder Situation furchtlos begegnen. Das bedeutet nicht, dass wir untätig bleiben sollten. Was getan werden muss, das müssen wir tun.

Ebenso müssen wir, was wir nicht ändern können, als Gottes Willen akzeptieren. Wenn wir das tun, können wir in dieser Welt friedlich leben.

# 47. Lächeln

Kinder, ein süßes Lächeln auf dem Gesicht ist ein äußerer Ausdruck des inneren göttlichen Bewusstseins. Wo es ein aufrichtiges Lächeln gibt, da findet man immer Liebe, Freude, Mitgefühl und Geduld. Ein Lächeln erhellt unser Leben. Ein aufrichtiges Lächeln ist wie ein Licht, das die Dunkelheit von Leid und Enttäuschung aus den Herzen der anderen vertreibt.

Ein Mann stand niedergeschlagen am Straßenrand. Von allen abgelehnt, hatte er den Lebenswillen verloren. Ein kleines Mädchen, das vorbeikam, schenkte ihm ein süßes Lächeln. Dieses Lächeln tröstete ihn unendlich. Der Gedanke, dass es wenigstens einen Menschen auf der Welt gab, der ihn anlächelte, gab ihm neue Kraft. Er dachte an einen Freund, der ihm vor Jahren geholfen hatte, als er in Schwierigkeiten war. Sofort schrieb er einen Brief an seinen Freund. Als der Freund den Brief von diesem Mann erhielt, von dem er seit Jahren nichts mehr gehört hatte, war er überglücklich. Er gab einem armen Mann 10 Rupien, der damit ein Lotterielos kaufte. Wie durch ein Wunder gewann sein Los den Jackpot! Nachdem er das Preisgeld abgeholt hatte, sah er einen kranken Bettler am Straßenrand liegen. Der Mann dachte: „Gott hat mich mit diesem Geld gesegnet. Lass mich diesem Bettler helfen.“ Er brachte den Bettler ins Krankenhaus und bezahlte die Behandlung.

Nachdem sich der Bettler erholt hatte und entlassen wurde, sah er einen Welpen, der in eine Wasserpfütze gefallen war. Der nasse Welpe war zu schwach, um zu laufen. Vor Kälte und Hunger wimmerte er erbärmlich Der Bettler hob ihn auf, wickelte ihn in seine eigenen Kleider und trug ihn auf seinen Schultern. Er machte ein kleines Feuer, um den zitternden Welpen zu wärmen und teilte sein Essen mit ihm. Das Essen sättigte ihn und das Feuer wärmte den Welpen. Erfrischt begann der Welpe, dem Bettler zu folgen. Als die Nacht hereinbrach, ging er zu einem Haus und fragte die Besitzer, ob er dort schlafen könne. Sie erlaubten ihm, die Nacht auf der äußeren Veranda zu verbringen. Mitten in der Nacht wurden sie alle durch das unaufhörliche und wilde Bellen des Welpen geweckt. Sie sahen, dass ein Teil des Hauses in Flammen stand: das Zimmer, in dem das einzige Kind der Familie schlief. Die Eltern retteten das Kind aus dem Zimmer und konnten mit vereinten Kräften das Feuer löschen, bevor es sich weiter ausbreitete. Dem Bettler und seinem Welpen einen Platz zum Schlafen zu geben, hatte sich für die Familie als Segen erwiesen.

Alles begann mit dem unschuldigen Lächeln eines kleinen Mädchens. Sie lächelte lediglich einen Mann am Straßenrand an, aber wie viele Leben hat dieses Lächeln berührt! Dieses Lächeln war in der Lage, Liebe und Mitgefühl in den Herzen so vieler Menschen zu wecken und Licht in ihr Leben zu bringen.

Auch wenn wir den Menschen nicht im großen Stil helfen können, sollten wir versuchen, diejenigen, die verletzt und einsam sind, aufrichtig anzulächeln und liebevoll mit ihnen zu sprechen.

## 48. Sri Kṛiṣhṇa

Kinder, Sri Kṛiṣhṇa ist eine vielseitige Persönlichkeit: Er vermachte der Welt die Bhagavad-Gītā, stellte das Dharma (Rechtschaffenheit) wieder her und war ein scharfsinniger, politischer Stratege. Aber über allem anderen war er die Verkörperung der Liebe selbst. Er war einer, der alle mit Liebe überhäufte.

Einmal kam ein Gelehrter aus Dwārakā nach Vṛindāvan. Alle Gōpīs (Milchmädchen) versammelten sich um ihn, begierig darauf, Neuigkeiten über ihren Kṛiṣhṇa zu erfahren. Der Gelehrte erzählte ihnen: „Der Erhabene führt ein luxuriöses und glückliches Leben in Mathurā. Es ist schade, dass er euch nicht dorthin mitgenommen hat. Er schenkte Akrūra und Kuchēla Wohlstand. Vom Himmel brachte er für Satyabhāmā den Kalpavṛikṣha (wunscherfüllenden Baum) herab. Weiß er denn nicht, dass ihr immer noch in Grashütten lebt?"

Als sie dies hörten, sagten die Gōpīs: „Wir sind überglücklich zu hören, dass der Herr glücklich lebt. Du weist darauf hin, dass wir in Hütten leben. Als der Herr ein Kind war, zierten seine zarten Fußabdrücke all diese Hütten und deshalb sind sie für uns wertvoller als ein Palast. In unseren Augen ist jeder einzelne Kadambabaum in Vṛindāvan ein Kalpavṛikṣha. Wie viele heilige Erinnerungen an Kṛiṣhṇa schenken uns diese Bäume immer wieder! Die Erinnerung an den Herrn ist der einzige Reichtum, der ewig und unzerstörbar ist. Unser einziges Gebet ist, dass diese Erinnerungen uns nie verlassen. Für uns ist kein Palast oder Kalpavṛikṣha wertvoller als diese Erinnerungen, sie sind das Höchste für uns."

Als der Gelehrte die unschuldige Hingabe der Gōpīs sah, liefen ihm Tränen über die Wangen. Er sagte: „Als ich den Darśhan des Herrn in Dwārakā erhielt, sagte ich: ‚Oh Herr! Mein Leben hat sich heute erfüllt.' Der Herr sagte: ‚Du hast nur meinen Körper gesehen. Um mein Herz zu sehen, musst du nach Vṛindāvan gehen.' Erst jetzt habe ich die Bedeutung seiner Worte verstanden. Ich habe verstanden, was wahre Hingabe ist."

Die Gedanken der Gōpīs waren selbst inmitten ihrer familiären Verpflichtungen immer bei Sri Kṛiṣhṇa. Sie rezitierten ständig seinen Namen, ob sie nun Joghurt rührten, Körner stampften oder etwas anderes taten. Sie beschrifteten die Behälter mit Gewürzen wie Chili und Koriander mit Namen wie ‚Sri Kṛiṣhṇa' und ‚Gōvinda'. Wenn sie Milch und Butter verkauften, fragten sie nicht: „Wollt ihr etwas Milch? Wollt ihr etwas Butter?" Stattdessen riefen sie: „Wollt ihr Achyuta? Wollt ihr Kēśhava?" In unschuldiger Liebe wird unser Mind selbst inmitten unseres geschäftigen, weltlichen Lebens beim Herrn verweilen.

Die Gōpīs waren weder besonders gebildet noch mit den Schriften vertraut. Dennoch gab ihnen ihre unschuldige Hingabe an Sri Kṛiṣhṇa das, was die Yōgis selbst nach Jahrhunderten der Ausübung von Tapas (Askese) nicht erreichen konnten. So wertvoll ist Hingabe.

Wahre Hingabe ist die Selbsthingabe an den Herrn in dem Wissen, dass es der Eine ist, der durch die ganze Schöpfung und die verschiedenen Manifestationen des Göttlichen leuchtet.

## Erinnerung an Kṛiṣhṇa

Kinder, woran denken wir zuerst und welche Worte kommen uns in den Sinn, wenn wir an Kṛiṣhṇa denken? Das ist schwer zu beantworten. Es wird verschiedene Antworten geben, weil der Herr nicht durch Gedanken oder Konzepte erfasst werden kann.

Aber eines ist sicher: Sein göttliches Spiel ist süß, bezaubernd und schön. Der Herr liebte Pfauenfedern, die Flöte, Sandelholzpaste und Tulasīgirlanden (Basilikumgirlanden). Die Anziehungskraft der Pfauenfeder, die Süße der Melodie, die aus der Flöte strömte, die kühlende Schönheit der Sandelholzpaste und die Reinheit von Tulasī beschränkten sich nicht nur auf Kṛiṣhṇas Erscheinung, sondern sie durchdringen auch sein Verhalten und seine Handlungen.

Dichter besingen Sri Kṛiṣhṇas unendlichen Ruhm. Er war ein unübertroffener Verteidiger des Dharmas, ein kluger politischer Stratege, der Spender der großartigen Gītā, ein unbesiegbarer Gegner... all das ist wahr. Aber mehr noch als all das war Sri Kṛiṣhṇa die Verkörperung von Liebe. Er schenkte allen Liebe. Nicht nur die Gōpīs und Gōpas (Kuhhirtenjungen), alle Lebewesen gerieten in den Bann seiner Liebe. In Wahrheit inkarniert der Herr für die Devotees, um die Hingabe zu Gott in den Herzen der Menschen zu erwecken.

Es wird gesagt, dass Liebe drei Phasen hat. Die erste ist die Haltung des Fasans. Wenn er den Mond sieht, vergisst er sich selbst und steht regungslos da, indem er die silbernen Strahlen des Mondes in sich aufsaugt. Er hat keinen anderen Gedanken. Ebenso bleibt ein wahrer Devotee völlig in Gedanken an Gott versunken.

Die zweite Phase wird mit dem Trennungsschmerz verglichen, den der Hornvogel empfindet. Er durstet immer nach Regenwasser. Aber selbst wenn seine Kehle zerreißt oder er kurz vor dem Verdursten steht, wird er kein Wasser aus Teichen oder Brunnen trinken. Nur Regenwasser kann seinen Durst stillen. Genauso wird ein wahrer Devotee überhaupt kein Verlangen nach weltlichen Vergnügungen haben und mit intensiver Sehnsucht danach streben, Gott zu erreichen. Dies ist eine Phase auf dem Weg zu vollkommener Hingabe.

Die dritte Phase der Liebe, veranschaulicht durch die Motte, zeigt den Zustand der Wiedervereinigung nach der Trennung. Sieht die Motte das Feuer, fliegt sie mit blinder Begeisterung hinein. Sie opfert sich und wird eins mit dem Geliebten. Es gibt nicht mehr zwei verschiedene Wesenheiten. Es gibt kein ‚Ich'. Doch das Feuer, dem die Motten, die Gōpīs, zustrebten, war der Herr, dessen Natur die Unsterblichkeit ist. Es gibt keinen Tod, wenn man von der Flamme der Unsterblichkeit verzehrt wird. Man wird unsterblich. Erwecke die Liebe, indem du dich an Gott erinnerst, nähre sie, indem du dich von ihm trennst und werde zur Liebe, indem du das Eins-Sein mit ihm erreichst.

Der Herr achtet nicht auf Stellung oder Ansehen, Gesellschaftliche Stellung, Familie oder Abstammung eines Devotees, sondern nur auf die Reinheit seines Herzens. Aus diesem Grund wurden die Gōpīs von Vṛindāvan von Sri Kṛiṣhṇa am meisten geliebt. Deshalb lehnte er den königlichen Empfang von Duryōdhana ab und schlief stattdessen in Viduras bescheidenem Haus. Das ist der Grund warum er die Schönheit in Kubjā, der hässlichen Buckligen, erkannte.

## Rādhā's Kṛiṣhṇa

Kinder, es ist schwierig, Śhrī Kṛiṣhṇa zu beschreiben, weil er jenseits von Worten und Intelligenz ist. Er ist die Wahrheit, vor der Sprache und Mind zurückweichen, nachdem sie darin gescheitert sind, diese Wahrheit zu beschreiben oder zu verstehen. Er ist Wissen, Glückseligkeit und Liebe und doch jenseits davon. Śhrī Kṛiṣhṇa ist eine göttliche Inkarnation, deren Leben die unendliche Herrlichkeit des Paramātmā (Höchsten Selbst) auf unvergleichliche Weise erhellte.

Gewöhnlich wird gesagt, dass Gott inkarnierte, um Dharma zu beschützen und Adharma zu beseitigen. Aber eine göttliche Inkarnation, insbesondere die von Sri Kṛiṣhṇa, hat ein noch höheres Ziel: Hingabe in den Herzen der Menschen zu wecken.

Ein wahrer Devotee sehnt sich nicht einmal nach Mōkṣha (spirituelle Verwirklichung). Er hat nur einen Wunsch: sich an den Herrn zu erinnern und ihm zu dienen. Sri Kṛiṣhṇa entfachte diese höchste Form der Hingabe in den Gōpīs. Seine Gestalt, seine Worte, sein Schalk und alles, was er tat, führte sie zu tiefer Seligkeit. Es gibt keine höhere Kraft oder Tat als Liebe. Deshalb wird gesagt, dass Sri Kṛiṣhṇas glorreichste Leistung nicht das Aufheben des Gōvardhana-Bergs war, sondern das Erwecken dieser Liebe in den Gōpīs.

Einmal fragten die Gōpīs Rādhā: „Oh Rādhā, der Herr, den wir liebten und für immer als unseren betrachtet haben, hat uns verlassen, uns verwaist zurückgelassen. Unsere Existenz ist sinnlos geworden. Warum sollten wir weiterleben? Warum hat sich der Herr, der Inbegriff der Liebe, uns gegenüber so grausam verhalten?"

Rādhā antwortete: „Sag das nicht. Der Einzige, den wir für alle Zeiten unser Eigen nennen können, ist der Herr. Aber er gehört nicht uns allein. Er gehört allen. Es gibt viele Menschen auf dieser Welt, die sich danach sehnen, den Herrn zu sehen und seine Liebe zu erfahren, deren Sehnsucht größer ist als die unsere."

Sie bückte sich, um eine Handvoll Wasser aus dem Yamunā zu nehmen und sagte: „Sieh, das Wasser bleibt in meinen Händen, solange sie geöffnet sind. Aber wenn ich meine Finger schließe, um das Wasser für mich selbst zu ergreifen, werde ich alles Wasser verlieren. Wir versuchten, den Herrn nur für uns zu haben und ihn in Vṛindāvan einzusperren. Er zog weit weg, so dass wir erkennen können, dass er im Herzen eines Jeden wohnt. Doch obwohl er uns verließ, hat er uns nie zu Waisen gemacht. Jede seiner Handlungen war ein göttliches Spiel und es ist zu einer lebendigen Erinnerung in uns geworden. Solange wir diese Erinnerung lebendig erhalten, wird der Herr mit uns sein. Er wird für immer am Fluss der Liebe in der Grotte unseres Herzens tanzen."

Durch ihre unschuldige Hingabe erlangten die Gōpīs schnell das Höchste Selbst, das die alten Weisen erst nach jahrzehntelangen Entbehrungen erreichten.

Sri Kṛiṣhṇa kam mit einem Lächeln in diese Welt und verabschiedete sich auch mit einem Lächeln von ihr. Im Gegensatz dazu kamen wir weinend in diese Welt. Zumindest wenn wir gehen, möge dies mit einem Lächeln geschehen. Möge Sri Kṛiṣhṇas unvergängliches Lächeln uns inspirieren. Möge sich die Liebe zu Sri Kṛiṣhṇa wie strahlendes Mondlicht in den Herzen meiner Kinder ausbreiten. Möge Baby Kṛiṣhṇa für immer fröhlich in unseren Herzen herumtollen.

## Die Hingabe der Gōpīs

Kinder, einige spirituelle Lehrer sagen, dass es neben den vier Zielen des menschlichen Lebens - Dharma, Artha (Reichtum), Kāma (Wünsche) und Mōkṣha (spirituelle Befreiung) – es noch ein fünftes Ziel gibt: Bhakti (Hingabe).

Ein wahrer Devotee möchte nicht einmal Mōkṣha. Er hat nur ein Ziel: sich ständig an Gott zu erinnern und ihm zu dienen. Nichts anderes möchte er. Was ihn betrifft, so dient Bhakti nur diesem einen Zweck. Wenn Hingabe um der Hingabe willen geschieht, hört das Individuum auf zu sein und die Hingabe wird vollkommen. Selbst dann bleibt der Wunsch im Herzen die Hingabe für Gott zu genießen. So genießt er ständig die Glückseligkeit der Hingabe und wird zur Verkörperung der Glückseligkeit selbst.

Einmal fragte Uddhava Kṛiṣhṇa: „Ich habe gehört, dass unter all Deinen Devotees die Gōpīs dir am liebsten sind. Es gibt viele andere, deren Augen ebenfalls vor Tränen überfließen, wenn nur dein Name erwähnt wird. Auch sie gleiten in einen meditativen Zustand, sobald sie die Melodie Deiner Flöte hören. Sie vergessen selbst aus der Ferne ihre Umgebung, sobald sie Deinen schönen blauen Körper sehen. Was ist das Besondere an den Gōpīs, was anderen Devotees fehlt?“

Als Kṛiṣhṇa die Frage hörte, lächelte er und sagte: „All meine Devotees sind mir lieb. Aber es gibt etwas Besonderes bei den Gōpīs. Die Augen meiner anderen Devotees füllen sich mit Tränen, wenn sie meinen Namen hören. Aber die Gōpīs hören in jedem Namen meinen Namen. Für sie ist jeder Musik ein Klang, der aus meiner Flöte erklingt. Die Gōpīs können somit die Einheit in der Vielfalt sehen. Deshalb sind sie mir am liebsten.“

Wenn eine Frau, für die ihr Ehemann so lieb wie ihr eigenes Leben ist, einen Stift aufnimmt, um ihm einen Brief zu schreiben, wird sie an ihn denken. Nimmt sie das Papier zur Hand, ist ihr Mind ausschließlich mit Gedanken an ihn beschäftigt. Ähnlich ist es, wenn ein wahrer Devotee sich auf die Pūjā (zeremonielle Verehrung) vorbereitet - wenn er die Tabletts, Räucherstäbchen, Kampfer und Blumen zusammenstellt, dann ist sein Mind auf Gott ausgerichtet. Auf dem Höhepunkt der Hingabe sieht der Devotee den Schöpfer in der gesamten Schöpfung. Das ist der Grund, warum die Gōpīs nichts als getrennt vom Herrn sahen.

Möge die Erinnerung an Sri Kṛiṣhṇa und die Gōpīs von Vṛindāvan, die alles andere vergessend, glückselig tanzten und fröhlich lebten, unsere Herzen mit Hingabe, Fröhlichkeit und Glückseligkeit erfüllen.

## Diener der Devotees

Kinder, das Ziel jeder göttlichen Inkarnation ist es, Hingabe in den Herzen der Menschen zu wecken und so ihren Mind zu reinigen. Das wollte auch Sri Kṛiṣhṇa durch sein bezauberndes göttliches Spiel erreichen.

Einmal, während der Ōṇam[11]-Saison, spielten die Gōpīs mit Sri Kṛiṣhṇa auf der Schaukel. Nach einer Weile sagte er: „Lasst uns jetzt das Ōṇam-Fest genießen. Geht nach Hause und bringt Essen zum Yamunā- Ufer."

Als die Gōpīs dies hörten, liefen sie nach Hause und trugen dann verschiedene Speisen zum Flussufer. Als Rādhā mit dem Essen zum Yamunā eilte, hörte sie jemanden weinen. Es war ein kleines Mädchen, das in einer Hütte schluchzte. Sie fragte ihre Mutter: „Warum gibt es bei uns zu Hause Kañji (Reisschleim), selbst an Ōṇam? Ich will keinen Kañji. Ich möchte Reis!"

Die Mutter sagte hilflos: „Tochter, sei nicht so schwierig. Bitte iss den Kañji. Dein Vater ist gelähmt. Ich muss ihn pflegen und mich auch um dich kümmern. Ich habe alle Nachbarn um ein paar Körner angefleht, aber nichts bekommen. Morgen werde ich irgendwie Reis für dich kochen, meine Tochter."

„Das hast du gestern auch gesagt." sagte das Mädchen und fing bitterlich an zu weinen.

Als sie das hörte, schmolz Rādhās Herz dahin. Leise öffnete sie die Tür zur Küche und stellte das Essen, das sie bei sich hatte, hinein. Dann nahm sie ihren Goldschmuck ab und legte ihn neben die Speisen. Anschließend nahm Rādhā das Gefäß mit dem Kañji und ging zum Yamunā-Ufer.

Als Rādhā ankam, saßen alle anderen Gōpīs bereits um Sri Kṛiṣhṇa herum. Sie warteten gespannt darauf, wessen Essen er zu sich nehmen würde. Plötzlich sagte er, Müdigkeit vortäuschend: „Ich fühle mich fiebrig. Ich hätte gerne etwas Kañji. Da ist ein Gefäß neben Rādhā. Bitte geht und seht nach, was in diesem Gefäß ist." Als er erfuhr, dass es Kañji enthielt, trank er eifrig daraus. Die anderen schauten fassungslos zu. Kṛiṣhṇa

[11] Das größte Fest in Kerala, sozusagen das Nationalfest. Es findet im Monat *Cingam* (August - September) statt.

sah Rādhā an und lächelte sie lieblich an. Rādhās Augen füllten sich mit Tränen.

Alle Gōpīs hatten denselben Weg wie Rādhā eingeschlagen, aber nur Rādhā hatte das Schluchzen des jungen Mädchens gehört. Rādhās Mitgefühl bewegte Sri Kṛiṣhṇa. Es ist leicht, den Herrn zu lieben, aber ein wahrer Devotee ist jemand, der allen dient und den Herrn in ihnen sieht. Der Herr ist bereit, der Diener eines solchen Devotees zu werden. Selbst wenn dieser Devotee ihm ein kleines Blatt anbietet, wird er es annehmen, als wäre es Nektar.

## Śhrī Kṛiṣhṇa Jayanti

Kinder, Menschen auf der ganzen Welt feiern Aṣhṭami-Rōhiṇī (den Geburtstag von Sri Kṛiṣhṇa) mit großer Freude. Aus dem Leben des Herrn gibt es viele Lehren, die Menschen aus allen Lebensbereichen lernen und verinnerlichen können.

Aṣhṭami-Rōhiṇī ist der Tag, an dem Sri Kṛiṣhṇa als Sohn von Vasudēva und Dēvakī während des Dwāpara Yuga geboren wurde. Nichtsdestoweniger lebt er, der ohne Geburt und Tod ist, weiter als reines Bewusstsein, das alles durchdringt. Er muss sich in unserem Inneren durch Liebe manifestieren.

Sri Kṛiṣhṇa wurde mit einem Lächeln geboren, lebte lächelnd und verließ seinen Körper mit einem Lächeln. Die Botschaft, die er durch Aṣhṭami-Rōhiṇī, seinen Geburtstag, vermittelt, besteht darin, unser eigenes Leben mit Lachen zu erfüllen. Während wir die kleinen Lasten des Lebens tragen, vergessen wir zu lächeln oder glücklich zu sein. Versuche einmal mit einem Mann, der eine schwere Last auf dem Kopf trägt, einen Scherz zu machen. Er wird nicht in der Lage sein zu lächeln, die Last ist zu schwer. Aber schaut euch Sri Kṛiṣhṇa an. Er trug eine Verantwortung, die so schwer war wie der Himālaya, und dennoch vergaß er nicht ein einziges Mal zu lächeln. Als Mahātmā war er in so vielen Bereichen tätig und er handelte mit äußerster Geschicklichkeit.

Er betrachtete jede Aufgabe als gleichwertig und sah keine als höherwertig an, dabei erfüllt er jede perfekt.

Sri Kṛiṣhṇa erlebte eine Niederlage im Krieg. Er akzeptierte die Niederlage mit einem Lächeln und zögerte nicht. Die meisten Menschen übernehmen keine Verantwortung für ihre Misserfolge, sondern versuchen stattdessen, anderen die Schuld zuzuschieben. Aber wenn sie gewinnen, beanspruchen sie die ganze Anerkennung für ihren Erfolg. Sri Kṛiṣhṇa war nicht so. Er war mutig genug, die Verantwortung für eine Niederlage zu übernehmen. Niemand außer ihm hat ein solches Beispiel gesetzt.

Im Leben nur Erfolge zu akzeptieren, ist eine falsche Einstellung. Wir müssen auch in der Lage sein, Niederlagen anzunehmen. Das Leben sollte nicht aufgrund der Anzahl der Siege und Niederlagen bewertet werden. Es kommt darauf an, wie wir beides annehmen, akzeptieren. Das ist es, was uns das Leben von Sri Kṛiṣhṇa lehrt.

Die meisten Menschen lassen sich selbst ihre kleinen Positionen zu Kopf steigen und vergessen sogar, dass sie sterbliche Wesen sind. Doch der Herr, obwohl allmächtig, war nie egoistisch hinsichtlich seiner Stärke. Wenn die Umstände es erforderten, sich wie ein gewöhnlicher Mann zu verhalten, wurde er wie ein gewöhnlicher Mensch unter gewöhnlichen Menschen. Er war so geduldig wie die Erde. Aber wenn es keine andere Wahl gab, erteilte er hochmütigen Menschen wie Kamsa eine gute Lektion.

In seinem Leben der unermüdlichen Handlungen trug Sri Kṛiṣhṇa freudig all die verschiedenen Kostüme, die das Leben verlangte und spielte alle Rollen perfekt. Zu den Kostümen, die er trug, gehörten die eines Königs, eines Untertans, eines Vaters, eines Sohnes, eines Bruders, eines Klassenkameraden, eines Kriegers, eines Boten, des Herrn der Gopīs, eines Wagenlenkers, des Geliebten seiner Devotees und viele andere mehr. Er tat nie etwas nur halbherzig, die Kostüme legte er erst ab, nachdem er all seine Rollen gespielt hatte.

Sri Kṛiṣhṇas Leben war wie eine kühle Brise, die jeden und alles sanft umspielte. Er reiste durch das Leben mit der gleichen Leichtigkeit, als würde er von einem Raum zum anderen reisen. Großzügig schenkte er allen, die mit ihm in Berührung kamen, Glück. Er legte seine sterbliche Hülle nur ab, nachdem er sogar den Jäger gesegnet hatte, dessen Pfeil seinen Fuß tödlich verwundete.

Möge die Erinnerung an die glückselige Lebenseinstellung dieser gesegneten Seele und seine Geschicklichkeit im Handeln in den Herzen aller verankert bleiben. Mögen wir alle die Kraft und den Mut aufbringen in seine ehrwürdigen Fußstapfen zu treten.

# 49. Bhagavad-Gītā

Kinder, in alten Zeiten wurden viele Yajñas (rituelle Opfer) in Kurukṣhētra durchgeführt, wo der Mahābhārata-Krieg stattfand. Im Mahābhārata wird der Kurukṣhētra-Krieg selbst an vielen Stellen als Yajña beschrieben. Kurukṣhētra ist das Land von Dharma (kosmisches Gesetz) und Puṇya (verdienstvolle Taten). Das Dharma (die Pflicht) eines Kṣhatriya (Kriegers) ist es, Krieg zu führen. Kurukṣhētra wird auch Dharmakṣhētra (Feld vom Dharma) genannt, da dort rechtschaffene Taten vollbracht werden.

Ein rechter Krieg sollte dort geführt werden, aber die Kauravas und Pandavas hielten sich nur drei Tage lang an die Kriegsregeln. Danach begingen beide Seiten viele Grausamkeiten. Wenn auf beiden Seiten zunehmende Verachtung herrscht, möchten die meisten Menschen den Feind verletzen und töten. Dies gipfelt im Krieg. Der Mahābhārata-Krieg endete, als viele Menschen, die nachts schliefen, verbrannt wurden. Das Gesetz, dass ein unbewaffneter Mensch nicht getötet werden darf, wurde gebrochen. Das ist die Natur des Krieges: Sobald er beginnt, wird Anstandsgefühl und jede rechtmäßige Konvention gebrochen. Kinder, Krieg ist niemals eine Problemlösung. Krieg und Dharma können niemals koexistieren. Viele die im Kurukṣhētra-Krieg kämpften, gaben während des Kampfes Dharma auf.

Durch Sañjayas Augen beobachtete Dhṛitarāṣhṭra, der blinde König, den Mahābhārata-Krieg. Dank der hellseherischen Fähigkeiten, die der Weise Vyāsa Sanjaya verlieh, konnte letzterer

Dhṛitarāṣhṭra mitteilen, wie der Krieg in der Ferne verlief. Zu Beginn des Krieges lenkte Sri Kṛiṣhṇa auf Arjunas Bitte den Streitwagen in die Mitte des Schlachtfeldes, wo die gegnerischen Streitkräfte einander gegenüberstanden. Als Arjuna die Krieger auf beiden Seiten sah, wechselte sein mentaler Zustand zu tiefer Niedergeschlagenheit. Er sah nur Verwandte und Lehrer auf beiden Seiten und verzagte immer mehr. Er dachte: „Ich muss versuchen, Bhīṣhma, meinen ehrwürdigen Großvater und Drōṇa, meinen verehrten Lehrer, zu töten. Wenn ich sie alle töte, wer von meinen Verwandten wird dann noch leben? Ich möchte weder den Sieg noch das Königreich auf Kosten ihrer Leben." Von Trübsinn überwältigt, warf Arjuna seinen Bogen und seine Pfeile weg und sackte im Wagen zusammen.

Sri Kṛiṣhṇa erinnerte Arjuna an die Pflichten eines Kṣhatriya. Er behandelte nicht nur die Symptome von Arjunas Depression, sondern wirkte direkt auf seinen Mind. Als Sri Kṛiṣhṇa die Symptome der Depression in Arjuna sah, gab er ihm den Nektar der Gītā (göttlicher Rat) und befreite ihn so von dieser Krankheit.

Kinder, ihr müsst die Gītā nicht nur mit dem Intellekt, sondern auch mit dem Herzen lesen. Die Gita konnte Arjuna, der sogar Selbstmord in Betracht gezogen hatte, zu heldenhaftem Handeln erwecken. Die Gītā ist der ideale Wegweiser für diejenigen, die daran denken, sich das Leben zu nehmen, wenn die Probleme des Lebens unerträglich werden. Viele von Ammas westlichen Kindern nähern sich der Gītā mit Ehrfurcht und einem forschenden Mind und finden in den Seiten der Gītā passende Antworten für die Probleme, die ihr Leben erschweren. Wir alle sollten diesem Weg folgen.

Nicht nur für Arjuna stellte Sri Kṛiṣhṇa den Wagen zwischen die beiden Kriegsparteien. Zu seinen Mitstreitern gehörten so glänzende und furchterregende Feinde wie Bhīṣhma, Karṇa und Drōṇa. Der Herr hielt den Wagen direkt vor ihnen an. Eine der

Bedeutungen des Wortes ‚Sri Kṛiṣhṇa' ist: der, der anzieht. Sri Kṛiṣhṇa, das Höchste Selbst, ist derjenige, der alle Wesen im Universum anzieht. Er zog den Glanz und die Kampfkraft von tapferen Männern wie Bhīṣhma an. Als Bhīṣhma Sri Kṛiṣhṇa von Angesicht zu Angesicht gegenüberstand, faltete er seine Hände in Ehrerbietung. Um Arjunas willen sammelte Sri Kṛiṣhṇa die Energie und Kraft dieser großen Krieger. Das war auch der Grund, warum Sri Kṛiṣhṇa den Streitwagen in der Mitte des Schlachtfeldes platzierte. Als er den Kummer seines Devotees sah, tröstete er ihn und machte dadurch die Tüchtigkeit und Tapferkeit seiner Feinde zunichte. Kinder, denkt daran, dass Sri Kṛiṣhṇa auf diese Weise handelt, um den wahren Devotee zu schützen, der Zuflucht bei ihm sucht. Betet zum Herrn um vollständige Selbsthingabe.

## Die Botschaft der Gita

Kinder, die Bhagavad-Gītā ist die Essenz aller Vēden, die so tief und so weitreichend sind wie der Ozean. Allerdings können die Menschen kein Meerwasser trinken oder es für irgendeinen anderen Zweck zu Hause verwenden. Aber wenn das Wasser aus dem Ozean in der Sonnenhitze verdunstet, als Wolken kondensiert, als Regen fällt und als Fluss fließt, kann es jedermanns Durst stillen und darüber hinaus für viele andere Zwecke verwendet werden. Genauso ist die Bhagavad-Gītā der spirituelle Ganges, der uns durch göttliche Gnade aus dem Ozean der Vēden zufließt.

Die Botschaft der Gītā richtet sich an die gesamte Menschheit. Sie vereint die Pfade der Hingabe, der Erkenntnis und des Handelns sowie andere spirituelle Prinzipien. Sri Kṛiṣhṇa kam, um Menschen mit unterschiedlichen Neigungen den Weg zum Höchsten zu zeigen. Wird in einem Restaurant nur ein einziges Gericht serviert, werden nur diejenigen, die dieses Gericht mögen, in das Restaurant gehen, wohingegen Speisen in verschiedenen

Geschmacksrichtungen alle anziehen werden. Kleidung in nur einer Größe passt nicht jedem, während Kleidung in verschiedenen Größen, Menschen aller Größen anspricht. Ähnlich zeigt die Gītā Menschen aus allen Lebensbereichen verschiedene Wege zu spiritueller Verwirklichung. Die Ausführungen von Sri Kṛiṣhṇa führen und erheben jeden Menschen sanft aus seinem jeweiligen Stand.

Manche Menschen beschuldigen die Gītā, den Krieg zu befürworten. Die Wahrheit ist jedoch, dass sie sowohl dem Einzelnen als auch der Gesellschaft den Weg zum Frieden zeigt. Krishna lehrt uns, dass ohne eine andere Alternative selbst Krieg zu Sādhana (spirituelle Praxis) werden kann. Als Dakṣha[12] ein Yajña (Opfergabe) ausrichtete, bewirkte seine Arroganz, dass dies Yajña zu einem Yuddha (Krieg) wurde. Aber Arjuna, der den Rat Sri Kṛiṣhṇas befolgte, konnte durch seine Hingabe an Sri Kṛiṣhṇa ein Yuddha (Kieg) in ein Yajña (Opfergabe) verwandeln. Eine der wichtigsten Botschaften der Gītā ist das Geheimnis der Umwandlung von Karma (Handlung) in Karma-Yōga, wodurch die Handlungen zu einem Weg zur Selbstverwirklichung werden.

Das Gedankengut von Sekten oder Engstirnigkeit ist in der Gītā völlig abwesend. Wir werden nicht aufgefordert, einen Gott zu verehren, der auf einem goldenen Thron im Himmel über uns sitzt und auch nicht nach dem Tod einen Platz im Himmel anzustreben. Die Gītā zeigt uns, wie wir hier und jetzt höchsten Frieden erfahren können. Sie ermahnt uns, die höchste Wahrheit zu erkennen, die uns als unser eigenes Selbst innewohnt.

Obwohl kurz, ist die Botschaft der Gītā so tief und weit wie der Ozean. Die Gītā ist wie das Symbol des Sanātana Dharma[13].

---

[12] Sohn von Brahma, dem Schöpfer, aus seinem Mind geschaffen, und Schwiegervater von Śhiva. Aus Geringschätzung gegenüber dem Herrn lud Dakṣha weder Shiva noch seine Tochter Satī (Shivas Gefährtin) zu dem von ihm durchgeführten Yajña ein. Dies gipfelte in einem Krieg.

[13] Wörtlich: „Ewiges Gesetz“, der ursprüngliche Name vom Hinduismus

Sie ist das Elixier, das Sri Kṛiṣhṇa spendete, nachdem er den Milchozean der Vēden aufrührte. Die Bhagavad-Gītā ist eine Manifestation der beständigen Präsenz des Herrn und sie wird diese Welt für immer segnen.

## 50. Gewaltlosigkeit

Kinder, Gewaltlosigkeit ist das höchste Dharma (Pflicht). Ob man nun ein spirituelles oder weltliches Leben führt, man sollte sich immer bemühen, kein Lebewesen zu verletzen. Die Schwingungen der Schmerzen, die selbst von dem kleinsten verletzten Lebewesen ausgehen, erzeugen Wellen in der Atmosphäre und wirken sich negativ auf denjenigen aus, der es verletzte. Deshalb sollte man kein Lebewesen durch Gedanken, Worte oder Taten verletzen.

Dazu müssen wir aber erst einmal richtig verstehen, was Gewalt und Gewaltlosigkeit wirklich bedeutet. Gewalt bedeutet, andere durch unüberlegtes oder selbstbezogenes Handeln zu verletzen. Handlungen, die in der Absicht ausgeführt werden, anderen zu helfen, werden jedoch nicht als Gewalt angesehen.

Was darüber entscheidet, ob eine Handlung gewalttätig oder gewaltfrei ist, ist die Einstellung, die dahintersteht. Amma kann ein Beispiel geben. Eine Frau gab ihrem Dienstmädchen, das sehr jung war, viel Arbeit. Obwohl sie sich anstrengte, konnte das Kind seine Aufgaben nicht rechtzeitig erledigen. Die Hausherrin schimpfte mit ihr und brachte sie zum Weinen. Dieselbe Frau versohlte ihre Tochter, weil sie ihre Hausaufgaben nicht erledigte und stattdessen spielte. Die Tochter setzte sich in eine Ecke des Zimmers und begann zu weinen.

Hier weinten beide Kinder. Dass die Mutter ihr Kind schlug, kann nicht als Gewalt angesehen werden, denn sie tat es in guter Absicht: Sie wollte, dass ihre Tochter eine gute Zukunft hat. Dies ist keine Gewalt, sondern lediglich Ausdruck der Liebe zu ihrem Kind. Doch auch wenn die Frau ihr Dienstmädchen nicht geschlagen hat, war ihr Verhalten gegenüber dem Mädchen gefühllos und gewalttätig. Würde eine Mutter ihr Kind auf diese Weise behandeln? Hier müssen wir die Einstellung hinter der unterschiedlichen Behandlung der beiden Kinder betrachten.

Beim Pflanzen eines fruchttragenden Setzlings kann es passieren, dass wir viele kleine Pflanzen um ihn herum ausreißen. Aber wenn aus dem Setzling ein Baum wird, ist er doch für die Gesellschaft von großem Nutzen! Nicht nur das, in seinem Schatten können viele kleine Pflanzen wachsen. So gesehen war das Ausreißen der kleinen Pflanzen kein Verlust und kann nicht als Gewalt angesehen werden.

Auch wenn wir Menschen zum selbstlosen Zweck verletzen, um das Wohl der Gesellschaft zu schützen, kann dies nicht als Gewalt betrachtet werden. Deshalb wird der Mahābhārata-Krieg als ein gerechter Krieg angesehen. Manche fragen, ob Sri Kṛiṣhṇa nicht die Gewalt gefördert hat, als er Arjuna zum Kampf aufforderte. Sri Kṛiṣhṇa wollte niemals Krieg. Sein Weg war Geduld. Er vergab jedem immer wieder. Er flehte Duryōdhana an, den Pāṇḍavas wenigstens eine Hütte zu geben. Doch Duryōdhana erklärte unerbittlich, dass er ihnen nicht einmal eine Haaresbreite Land geben würde. Wenn die Geduld eines starken Mannes einen anderen Menschen dazu ermutigt, grausam zu sein oder Menschen zu schaden, dann ist diese Geduld die schlimmste Form von Gewalt. Dennoch sollten wir keine Feindschaft oder Eifersucht gegenüber irgendjemandem hegen. Wir müssen auf das Fehlverhalten hinweisen und es korrigieren, dürfen aber keinen Zorn auf denjenigen hegen, der das Fehlverhalten begangen hat.

Einige Menschen mögen sich fragen, ob es möglich ist, völlig gewaltfrei zu handeln. Selbst wenn wir diese Ebene nicht erreichen, müssen wir Gewaltlosigkeit als unser Ziel beibehalten und uns ständig bemühen, andere zu lieben und ihnen zu dienen.

# 51. Rechtschaffenheit und Spiritualität

Kinder, einige Menschen sagen: „Wir führen ein ethisches Leben. Wir verraten und verletzen niemanden. Wir stehlen auch nicht. Wir leben glücklich und zufrieden mit dem, was wir haben. Wir sehen keine Notwendigkeit für Spiritualität oder den Glauben an Gott."

Es stimmt, ein ethisches Leben zu führen ist wichtig. Es ist für den Einzelnen und die Gesellschaft gleichermaßen von Vorteil. Doch es mag unter Umständen nicht ausreichen, wenn man mit den Herausforderungen des Lebens konfrontiert wird. Wenn unser Handeln nicht auf Unterscheidungsvermögen und Weisheit beruht, können uns selbst kleine Rückschläge und Sorgen aus dem mentalen Gleichgewicht bringen. Wie können wir dann größere Rückschläge im Leben ertragen?

Viele von uns tun Gutes mit Erwartungen. Daher sind wir am Ende enttäuscht, selbst wenn wir Gutes tun. Diejenigen, die wir aufrichtig lieben, erwidern unsere Liebe vielleicht nicht. Einige Menschen werden desillusioniert, werden ihre Erwartungen an die Liebe nicht erfüllt. Sie greifen zu Rauschmitteln und werden schließlich süchtig. Ebenso kann jemand, dem wir geholfen haben, uns betrügen. Dann könnten wir sehr aufgebracht oder wütend und von Rachegedanken besessen werden. Die Ursache für all diese Probleme ist unsere Erwartungshaltung. Mit spirituellem Wissen können wir in solchen Situationen unser mentales Gleichgewicht bewahren.

Spiritualität ist Lebensmanagement. Sie lehrt uns, wie wir in dieser Welt leben und Herausforderungen meistern können. Wenn wir die Welt und ihre Wesensart, ihre Natur verstehen, sind wir in der Lage, jeder Herausforderung mutig zu begegnen und ihr gerecht zu werden.

Angenommen, wir gehen zu einem alten Freund, um uns von ihm Geld zu leihen. Vielleicht leiht er uns das Geld, vielleicht aber auch nicht. Er könnte sogar sagen: „Ich habe auch daran gedacht, mir von jemandem Geld zu leihen". Wenn wir diese möglichen Ergebnisse im Hinterkopf behalten, werden wir nicht aufgebracht sein, selbst wenn er uns kein Geld leiht.

Ein Schiff auf dem Ozean ist von Wasser umgeben. Solange das Wasser nicht eindringt, ist es sicher. Doch entsteht irgendwo im Schiff ein kleines Loch und dringt Wasser ein, kann das Schiff sinken. Ähnlich verhält es sich, wenn wir zulassen, dass die äußeren Ereignisse ob gut oder schlecht unseren Mind beeinflussen, wird er unruhig und von Leid und Enttäuschung beherrscht. Aber wenn wir unseren Mind Gott hingeben, bleiben wir ruhig.

Nehmen wir zum Beispiel an, ein enger Freund stirbt bei einem Unfall oder ist schwer verletzt. Wie können wir in einer solchen Situation einen friedvollen Mind bewahren? Das Wissen um spirituelle Prinzipien und ein Leben entsprechend diesen Prinzipien, helfen uns, unser mentales Gleichgewicht zu bewahren.

Während des Erdbebens 2001 in Gujarat verloren Zehntausende Menschen alles. Viele von ihnen waren von Anfang an arm. Einige von ihnen kamen, um Amma zu sehen. Sie waren nicht übermäßig verzweifelt. Als Amma sie fragte, ob sie bestürzt seien, sagten sie: „Gott hat zurückgenommen, was er uns gegeben hatte." Obwohl sie alles verloren hatten, waren sie in der Lage, über ihren Verlust hinwegzukommen. Was ihnen dabei half, war ihre spirituelle Einstellung.

Alle Objekte dieser Welt sind vergänglich. Wir können sie jederzeit verlieren. Wissen wir das, müssen wir in dem Unvergänglichen Zuflucht suchen und das ist Gott. Wenn wir unser Leben fest im Glauben verankern, können wir auch den stärksten Sturm überstehen.

# 52. Die Essenz der Religionen

Kinder, Religionen lehren, dass Gott im Herzen wohnt, Mensch und Gott im Wesentlichen die gleiche Natur haben und Gott den Menschen nach seinem Ebenbild geschaffen hat. Viele mögen sich fragen, wenn dem so ist, warum wir nicht in der Lage sind, die Freude seiner Gegenwart zu erleben. Es ist wahr, unsere wahre Natur ist göttlich, aber dies bleibt uns aufgrund unserer Unwissenheit und unseres Egos verborgen. Daher erfahren wir Schmerzen und Leid.

In Wirklichkeit zeigen alle Religionen Wege auf, durch die der Mensch seine angeborene, glückselige Natur erreichen kann. Da wir jedoch die wahre Essenz der Religionen nicht verstehen, verfangen wir uns in äußeren Ritualen und Bräuchen. Angenommen, es gäbe Honig in verschiedenen Flaschen. Welchen Sinn hätte es, unsere ganze Aufmerksamkeit auf die Farbe und Form der Flaschen zu richten und nicht die Süße des Honigs zu genießen? So verhalten wir uns gegenwärtig. Anstatt die Prinzipien zu verinnerlichen, welche die Religionen befürworten, verfangen wir uns in ihren oberflächlichen Aspekten.

Amma erinnert sich an eine Geschichte. Ein Mann beschloss, seinen 50. Geburtstag mit großem Pomp zu feiern. Er druckte Einladungen auf teures Papier. Er renovierte sein Haus, indem er es neu strich, dekorierte und kaufte einen Kronleuchter, den er in der Mitte des Saals aufhängte. Er kaufte teure Kleidung, einen Diamantring und eine Goldkette, die er an seinem Geburtstag tragen wollte. Außerdem heuerte er den berühmtesten Koch der Stadt an, damit er ein prächtiges Festmahl kochte.

Endlich war der Geburtstag da. Er trug seine Designerkleidung, den Diamantring und die Goldkette und ging in den Saal, um die Gäste zu empfangen. Das Festmahl war vorbereitet und die uniformierten Kellner standen bereit, um zu servieren. Doch als auch nach Einbruch der Dunkelheit noch niemand eintraf, wurde der Mann unruhig. Plötzlich fiel sein Blick auf den Stapel Einladungskarten, der auf seinem Tisch lag. In der Hektik, sein Haus und seine Umgebung zu renovieren und herzurichten, hatte er völlig vergessen, die Einladungen zu verschicken. Genauso verstricken sich viele von uns in die triviale Hektik unseres Alltags und vergessen dabei das eigentliche Ziel des Lebens. Daher sind wir nicht in der Lage, wahren Frieden und Glückseligkeit zu erfahren.

Diejenigen, die vom äußeren Pomp und Prunk der Religionen eingenommen sind, finden es schwierig, das Wesentliche der Religion zu verinnerlichen und die Gegenwart Gottes zu erfahren. Der Rasenmäher, der den Rasen mäht, sieht nur Gras, während der Mann, der Heilpflanzen sammelt, die seltenen Heilpflanzen, die inmitten des Grases wachsen, wahrnimmt. Ähnlich müssen wir lernen, die grundlegenden Prinzipien der Religion zu verinnerlichen und unwesentlichen Dingen nicht zu viel Bedeutung beizumessen.

Kinder, wir müssen uns bemühen, das innere Wesen der Religion und die spirituellen Prinzipien hinter Ritualen und Festivals zu verstehen. Wir sollten versuchen, sie in unserem Leben zu praktizieren. Nur dann werden wir in der Lage sein, die Gegenwart Gottes in uns zu erleben.

# 53. Unsere Einstellung

Kinder, viele Menschen in der Gesellschaft führen ein trostloses Leben, weil sie Probleme am Arbeitsplatz oder andere Schwierigkeiten haben. Der Hauptgrund dafür ist ihre Einstellung oder ihre fehlerhafte Sicht auf das Leben. Wenn jemand sie richtig anleitet und inspiriert, wendet sich ihr Leben definitiv zum Besseren. Durch diese positive Veränderung werden diejenigen, die sogar für sich selber eine Belastung waren, eine Bereicherung für die Gesellschaft.

Ein Student hatte den starken Wunsch, Arzt zu werden Allerdings scheiterte er beim Aufnahmetest für die medizinische Fakultät um einen Punkt. Er war zutiefst enttäuscht und hatte keine Lust, sich für einen anderen Studiengang einzuschreiben. Nach einiger Zeit bewarb er sich unter dem Druck seiner Familie bei einer Bank und hatte Erfolg. Doch auch nachdem er seine Arbeit in der Bank aufgenommen hatte, verfolgte ihn die Enttäuschung darüber, dass er nicht Arzt werden konnte, weiterhin. Er war nicht in der Lage, höflich mit den Kunden zu sprechen oder sie auch nur anzulächeln. Sein Freund verstand den Zustand seines Minds und nahm ihn mit zu seinem Guru. Der Mann erzählte mit offenem Herzen dem Guru seine Probleme: „Mein Mind ist nicht unter meiner Kontrolle. Ich werde sogar über kleine Dinge wütend. Ich bin nicht in der Lage, mich gegenüber Bankkunden professionell zu verhalten. Ich glaube nicht, dass ich diesen Job noch lange behalten kann, wenn ich mich weiterhin so verhalte. Was soll ich tun?"

Der Guru tröstete den jungen Mann und sagte: „Angenommen, dein bester Freund schickt jemanden zu dir. Wie würdest du ihn empfangen?“

„Ich würde mich freudig um alle seine Bedürfnisse kümmern.“

„Wenn das so ist, dann betrachte jeden Kunden, der zu dir kommt, als von Gott persönlich gesandt. Dann wirst du in der Lage sein, liebevoll mit ihnen umzugehen.“

Von diesem Tag an vollzog sich in dem jungen Mann eine große Veränderung. Die Veränderung in seiner Einstellung spiegelte sich in seinem Denken und Handeln wider. Als er in der Lage war, jede Person, die sich ihm näherte, als einen von Gott Gesandten zu sehen, wurde alles, was er tat, zu einem Akt der Verehrung. Die Depression verließ ihn. Sein Mind füllte sich mit Glück und Zufriedenheit. Er war auch in der Lage, dieses Glück auf andere zu übertragen.

Hingabe ist ungemein hilfreich, um die richtige Einstellung zum Leben zu entwickeln. Für einen Devotee, der an Gott glaubt, ist Gott das Zentrum seines Lebens. Er sieht Gott in jedem und allem. All seine Handlungen sind Darbringungen für Gott. Wenn wir alles als Verehrung ausführen, werden nicht nur wir davon profitieren, sondern auch die gesamte Gesellschaft.

# 54. Das Ewige und das Vergängliche

Kinder, nichts, was wir in dieser Welt sehen, ist ewig. Eigentum, Vermögen, Verwandte und Freunde. Alles, was wir als unser Eigen betrachten, wird nicht für immer bei uns sein. Das bedeutet nicht, dass wir niemanden lieben dürfen. Wir müssen jeden lieben, aber unsere Liebe sollte selbstlos sein. Nur so können wir frei von Leid werden.

Ein Mann hatte vier Ehefrauen. Von allen vieren liebte er seine vierte Frau am meisten. Er tat alles, was er konnte, um ihr ein komfortables Leben zu ermöglichen, ihren gesunden Lebensstil und ihre Schönheitspflege zu unterstützen. Auch seine dritte Frau liebte er innig und war stolz auf ihre außergewöhnliche Fähigkeit, Dinge zu erledigen. Was seine zweite Frau anbelangt, so liebte er sie zwar nicht so sehr, aber nur ihr gegenüber öffnete er sein Herz und offenbarte alles. Seine erste Frau vernachlässigte er völlig; er sah sie nicht einmal an.

Eines Tages wurde bei ihm eine unheilbare Krankheit diagnostiziert. Der Arzt sagte: „Die medizinische Wissenschaft kann dich nicht retten. Du hast nur noch wenige Tage zu leben."

Als der Mann dies hörte, geriet er in Panik. Zuhause angekommen fragte er seine vierte Frau: „Ich habe dich mehr geliebt als jede andere. Der Arzt sagt, dass ich in ein paar Tagen sterben werde. Wirst du mir über den Tod hinaus folgen?"

„Nein."

Ihre Antwort verletzte ihn zutiefst. Er fragte seine dritte Frau: „Wirst du nach meinem Tod bei mir sein?"

„Nein, das ist nicht möglich. Ich möchte in dieser Welt weiterleben. Wenn du stirbst, werde ich einen anderen heiraten."

Als der Mann dies hörte, wurde er traurig. Er fragte seine zweite Frau: „In Freud und Leid habe ich nur dir mein Herz geöffnet. Wirst du mir folgen, wenn ich sterbe?"

„Ich werde dich bis zum Krematorium begleiten, aber nicht weiter."

Ihre Worte verstärkten seinen Kummer. Als er dort saß und sich furchtbar grämte, tröstete ihn seine erste Frau: „Du brauchst dir keine Sorgen zu machen. Ich werde immer bei dir sein. Zweifle nie daran."

Als der Mann dies hörte, bereute er, dass er sie vernachlässigt hatte.

In dieser Geschichte ist die vierte Frau unser Körper, der uns nur bis zu unserem Tod begleitet. Die dritte Frau symbolisiert unsere Stellung, unsere Macht und unseren Reichtum. Sterben wir, wird jemand anderes alles für sich beanspruchen. Die zweite Frau steht für unsere Freunde, die nur so lange an unserer Seite sind, bis unser Körper ins Krematorium gebracht wird. Die erste Frau ist unser Selbst, das uns im Leben und im Tod begleitet. Aber wir denken nie an das Selbst, obwohl es die meiste Aufmerksamkeit von uns verdient.

Dies bedeutet nicht, dass Besitz und Geld nicht notwendig sind. Wir brauchen jedoch nur genug zum Leben. Wenn wir mit dem Verständnis leben, das Selbst ist die Quelle des ewigen Friedens, können wir Leid und Sorgen überwinden.

# 55. Prārabdha

Kinder, viele Menschen fragen: „Ich habe in diesem Leben wissentlich nichts Böses getan. Warum leide ich dann so viel?"

Die einzige Antwort, die man darauf geben kann, ist, dass wir aufgrund unserer schlechten Taten aus früheren Leben leiden.

Die Folgen der Handlungen aus früheren Leben und die wir nun zu spüren bekommen, nennt man Prārabdha. Einige Handlungen führen zu leidvollen Erfahrungen, während andere uns angenehme Erfahrungen bescheren.

Es gibt drei Arten von Prārabdha. Die erste kann vollständig gemildert werden. Sie ist wie eine Krankheit, die durch Medikamente geheilt wird. Die zweite Art von Prārabdha ist schwerwiegender und gleicht einer Krankheit, die nur durch eine Operation geheilt werden kann. Die zweite Art von Prārabdha kann durch wohltätige Handlungen, gute Taten und Verehrung Gottes gemildert werden. Die dritte Art Prārabdha ist noch kritischer. Man muss sie durchleben; es gibt keinen anderen Weg. Sie ist wie eine Krankheit, die selbst nach einer Operation wieder auftritt.

Wir dürfen niemals den optimistischen Glauben aufgeben. Manche Handlungen führen sofort zu Ergebnissen, andere erst später. Aufrichtige Bemühung bringt früher oder später gute Ergebnisse. Wir sollten nicht niedergeschlagen sein und denken, dass wir in unserem vergangenen Leben gesündigt haben. Die Vergangenheit ist wie ein stornierter Scheck. Weder kann sie zurückkehren noch können wir unsere vergangenen Handlungen ändern. Auch Morgen kann nie zum Heute werden. Alles, was wir haben, ist der gegenwärtige Augenblick. Wir müssen ihn bestens nutzen. So wie man durch ständiges Gießen von frischem Wasser in salziges Wasser dessen Salzgehalt verringert, müssen wir gute Taten vollbringen, an Gott denken und ihm unsere Handlungen darbringen. So können wir die Intensität der leidvollen Erfahrungen verringern und im Leben vorankommen.

Einmal wurde ein Reisender, als er einen dichten Wald durchquerte, von Räubern überfallen. Nachdem sie ihm sein Geld gestohlen hatten, fesselten sie ihn an Händen und Füßen mit einem Seil und warfen ihn in einen trockenen, stillgelegten Brunnen. Der hilflose Reisende begann zu schreien: „Rettet mich! Rettet mich!" Als er die Schreie hörte, ging ein anderer Reisender zu dem Brunnen. Er warf ein Seil in den Brunnen und half dem ersten Mann, aus dem Brunnen zu klettern.

Der Mann wurde mit einem Seil gesichert und gerettet. Handlungen sind wie ein Seil. Selbstsüchtige Handlungen binden uns, während selbstlose Handlungen, die Gott gewidmet sind, zu spiritueller Verwirklichung führen.

Vielleicht machen wir im Leben nicht immer gute Erfahrungen. Oft erwarten uns Schwierigkeiten. Wir müssen lernen, solche Gelegenheiten als Sprungbrett für unser Wachstum und unseren Erfolg zu nutzen. Dazu brauchen wir Unterscheidungsvermögen, das in spirituellem Verständnis verwurzelt ist.

# 56. Liebe als Medizin

Kinder, Liebe ist das beste Mittel gegen mentale Unreinheiten wie Ärger und Eifersucht. Lieben wir jemanden wirklich, empfinden wir ihm gegenüber keine Eifersucht, Rivalität oder Hass. Selbst seine Unzulänglichkeiten werden wir nicht als solche wahrnehmen. Wenn die Person, die wir lieben, nicht schön ist, werden wir sie dennoch als schön betrachten. Umgekehrt werden wir die Person, die wir verabscheuen, als hässlich empfinden, auch wenn sie schön ist. Hinter beidem steckt der Mind.

Eine Hausfrau und ihr Dienstmädchen kochten zusammen in der Küche. Als sie aus dem Fenster schaute, sagte die Hausfrau zu ihrem Dienstmädchen: „Da steht ein Fettsack vor der Tür. Bitte geh und sieh nach, wer es ist."

Das Dienstmädchen ging hin, um nachzusehen, wer es war. Als sie zurückkam, sagte sie: „Gnädige Frau, wissen Sie, wer da draußen steht? Es ist Ihr ältester Sohn, der vor 10 Jahren das Haus verlassen hat!"

Als die Frau dies hörte, lief sie hinaus, umarmte den jungen Mann und sagte: „Lieber Sohn, wann bist du zurückgekommen? Warum bist du so dünn geworden? Isst du nicht gut?"

Derselbe Mensch, den die Frau als Fremden zuerst für dick hielt, erschien ihr schlank, als sie ihn als ihren Sohn erkannte. Wenn die Liebe erwacht, verwandelt sich das Hässliche in Schönheit. Durch die Liebe können wir uns auch über Gefühle wie Eifersucht und Groll erheben.

Wut gegenüber anderen Menschen zu hegen, kommt einem Suizid gleich, denn Groll und Eifersucht töten Zellen im Körper. Wenn wir aber andere lieben, wird unser Mind weit und frei von Unreinheiten. Gute Eigenschaften und Glück erhellen und reinigen auf natürliche Weise unser Herz.

Es ist ganz natürlich, dass wir Mitgefühl empfinden, wenn wir jemanden im Rollstuhl sehen. Ein Mensch, der seinen Mind nicht kontrollieren kann, ist ebenfalls behindert. Der einzige Unterschied ist, dass seine Behinderung äußerlich nicht sichtbar ist. So wie wir Mitgefühl mit behinderten Menschen haben, sollten wir auch Mitgefühl mit denen empfinden, die Gefühle von Feindseligkeit und Eifersucht hegen. Vielleicht kann unsere Liebe und Mitgefühl eine Veränderung in ihnen bewirken.

Liebe und Leben sind nicht zwei, sie sind eins. Liebe und Leben sind wie ein Wort und seine Bedeutung. Es ist nicht möglich, sie zu trennen. Ein Leben ohne die Süße der Liebe ist wie eine ausgetrocknete und zerklüftete Wüste. Deshalb müssen wir die Liebe in unserem Leben erwecken. Dadurch können wir nicht nur in unserem eigenen Leben, sondern auch in der Gesellschaft Frieden und Wohlstand aufrechterhalten.

## 57. Zielstrebigkeit

Kinder, es ist selten, dass man jemanden findet, der sich keinen Erfolg in seinem Leben wünscht. Aber nur sehr wenige Menschen haben wirklich Erfolg im Leben. Die anderen nehmen Niederlagen hin, versinken in Verzweiflung und führen ein verzagtes Leben. Der Hauptgrund dafür ist ein Mangel an Klarheit über das jeweilige Ziel und eine unzureichende mentale und physische Vorbereitung, um es zu erreichen.

Viele Menschen, die scheitern, rechtfertigen sich so: „Die anderen hatten die Voraussetzungen, um erfolgreich zu sein. Sie hatten Menschen, die ihnen halfen und sie ermutigten. Ich hatte nichts davon." Diese Ausreden offenbaren ihren Mangel an Lakṣhya-Bōdha (Zielstrebigkeit) und ihre schwache Willenskraft. Es ist sinnlos, unsere Schwächen und unsere Trägheit zu verbergen. Um etwas zu erreichen, müssen wir die Willenskraft und das Durchhaltevermögen haben, um Hindernisse auf dem Weg zu überwinden.

Schüler, die Ingenieure oder Ärzte werden oder die Klassenbesten sein wollen, lernen mit Lakṣhya-Bōdha. Ihr Leben wird auf natürliche Weise diszipliniert. Sie verschwenden keine Zeit damit, mit Freunden herumzuhängen. Sie studieren sogar weiter, wenn sie im Bus unterwegs sind. Sie beschweren sich nicht über das fehlende Licht zu Hause, sondern lernen unter einer Straßenlaterne. Umstände schrecken diejenigen mit Lakṣhya-Bōdha nicht ab, während für andere selbst ein kleines Hindernis eine große Hürde werden kann.

Einmal besuchte eine Mutter mit ihrem Sohn ein Fest. In einer Ecke des Festgeländes gab es ein Musik- und Tanzprogramm. Um diesen Platz herum gab es viele Stände, die Essen, Spielzeug und andere Dinge verkauften. Das Kind ging an all diesen Ständen vorbei, hielt sich an der Hand seiner Mutter fest und betrachtete begierig die Attraktionen. Für ein paar Minuten vergaß die Mutter ihr Kind. Nach einer Weile bemerkte sie, dass ihr Sohn fehlte. Sie schaute sich besorgt um. Verzweifelt suchte sie in allen Ecken und Winkeln des Festgeländes nach ihm. Es gab nur einen Gedanken in ihrem Kopf: „Wo ist mein Sohn?" Sie nahm die Musik und den Tanz um sie herum nicht wahr. Auch die Menschenmengen oder den Trubel um sie herum bemerkte sie nicht. Ebenso wird jemand, der Lakṣhya-Bōdha hat, keine selbstzerstörerischen Gedanken hegen oder sich von Hindernissen entmutigen lassen.

Zuallererst müssen wir eine klare Vorstellung davon entwickeln, was wir im Leben erreichen wollen. Wir müssen auch ständig danach streben, das Ziel zu erreichen. Wenn diese beiden Voraussetzungen vorliegen, wird alles andere naturgemäß folgen. Die Blütenblätter einer Blume fallen von selbst ab, wenn die Pflanze kurz davor ist, Früchte zu tragen. Ebenso werden schlechte Gewohnheiten und Schwächen naturgemäß verschwinden, wenn Lakṣhya-Bōdha unser ständiger Begleiter ist. Alle Qualitäten, die für das Ziel erforderlich sind, werden sich allmählich manifestieren. Deshalb ist richtiges Lakṣhya-Bōdha von höchster Bedeutung.

## 58. Hingabe und Zufriedenheit

Kinder, wahre Hingabe bedeutet stetes und ununterbrochenes Gedenken an Gott. Nehmen wir zum Beispiel die Gōpīs (Milchmädchen) von Vṛindāvan. Es fiel ihnen schwer, auch nur einen Moment verstreichen zu lassen, ohne an Sri Kṛiṣhṇa zu denken. In der Küche beschrifteten sie Gewürze wie Chili und Koriander mit den Namen des Herrn. Wenn sie Chili brauchten, sagten sie, sie wollen Mukunda. Wenn sie Koriander herausnahmen, fühlten sie, dass sie Gōvinda in den Händen hielten. So war ihr Mind egal, was sie taten, stets von der Erinnerung an Gott erfüllt. Schließlich erlebten sie die Allgegenwart von Sri Kṛiṣhṇa.

Wenn das Herz von Liebe zu Gott erfüllt ist, schwächen sich alle latenten Neigungen und Wünsche, die es einst beherrschten. Die mentalen Unreinheiten verschwinden. In diesem Zustand der Hingabe wünscht sich der Devotee nichts außer Gott. Nichts anderes ist wichtig. Der Devotee akzeptiert Freude und Leid als Prasād (gesegnete Gaben) von Gott. Selbst in Armut bleibt er zufrieden.

Ein König ging im Wald auf die Jagd. Während er Tiere jagte, verirrte er sich und wurde von seinem Gefolge getrennt. Ein heftiger Regen setzte ein und der König war bis auf die Haut durchnässt. Er irrte lange Zeit umher und war völlig erschöpft. Als es dämmerte, erblickte er einen alten Kṛiṣhṇa-Tempel und eine Hütte daneben. Der König ging zu der Hütte. Dort lebten ein alter Priester und seine Frau. Als sie den durchnässten und tropfenden Fremden sahen, reichten sie ihm ein sauberes

Handtuch. Nachdem der König sich abgetrocknet hatte, boten sie ihm etwas zu essen an und er verbrachte die Nacht in der Hütte.

Bei Morgengrauen fand das Gefolge des Königs, das die ganze Nacht nach ihm gesucht hatte, den Weg zur Hütte. Als er sich von dem Paar verabschiedete, wies der König an, dem Priester hundert Goldmünzen zu geben. Der ältere Mann lehnte das Angebot höflich ab und sagte: „Wir brauchen nichts. Gott kümmert sich um uns. Er gibt uns alles, was wir brauchen."

Der König war erstaunt. Er sagte: „Ihr seid beide alt. Was ist, wenn ihr krank werdet? Lasst mich ein neues Haus für euch bauen und jemanden schicken, der euch hilft."

Das alte Ehepaar lehnte erneut ab. „Wir denken nie an Krankheit. Gott, der Dhanvantari (Herr der Medizin) ist, ist immer bei uns und beschützt uns."

Obwohl sie arm waren, strahlten die Gesichter des älteren Ehepaars voller Vertrauen und Zufriedenheit.

Einfachheit und Selbstaufopferung sind für einen wahren Devotee selbstverständlich. Er denkt nicht an seine eigene Sicherheit oder an persönliche Interessen. Er nimmt alles, was das Leben ihm bietet - Freuden und Leiden, Schwierigkeiten und Erfolge - als Gottes Prasād an. Er hegt keinen Groll, keine Beschwerden oder Einwände, sondern nur unerschütterlichen Glauben und Liebe.

# 59. Unvoreingenommenheit

Kinder, wir sollten immer die Haltung eines Anfängers bewahren. Das bedeutet, einen offenen Mind zu haben, demütig zu sein und ein eifriges Bestreben fürs Lernen. Es bedeutet die Bereitschaft, das Gute in allem zu sehen und zu akzeptieren. Jeder Situation im Leben mit einem offenen Mind zu begegnen, weckt Geduld, Achtsamkeit und Begeisterung. So können wir aus jeder Situation lernen und angemessen darauf reagieren. Ein verschlossener Mind macht uns stolz und starrsinnig, verleitet zu unrechten Taten und verhindert die Aufnahme von Gutem. Eine solche Haltung führt schließlich zur Selbstzerstörung.

Während des Mahābhārata-Krieges standen sich Arjuna und Karṇa eines Tages gegenüber. Sri Kṛiṣhṇa war Arjunas Wagenlenker und Śhalya Karṇas Wagenlenker. Jeder Krieger schoss eine Salve von Pfeilen auf den anderen ab. Schließlich spannte Karṇa einen Pfeil und zielte damit auf Arjunas Kopf, um ihn zu töten. Śhalya riet ihm: „Karṇa, wenn du Arjuna töten willst, ziele mit dem Pfeil nicht auf seinen Kopf, sondern auf seinen Hals."

Karṇa erwiderte arrogant: „Wenn ich einmal einen Pfeil aufgespannt habe und ziele, ändere ich mein Ziel nicht mehr. Arjunas Kopf bleibt das Ziel meines Pfeils." Mit diesen Worten ließ Karṇa den Pfeil los. Als Sri Kṛiṣhṇa sah, wie der Pfeil auf Arjunas Kopf zuflog, drückte er mit seinem Fuß den Wagen nach unten, so dass die Räder des Wagens tief in den Boden einsanken. Statt Arjunas Kopf zu treffen, traf der Pfeil die Krone. So wurde Arjuna gerettet. Bald darauf tötete er Karṇa. Hätte Karṇa den

Rat von Śhalya befolgt, hätte der Pfeil Arjunas Kopf getroffen. Doch leider erlaubte es Karṇas Ego nicht, Śhalyas Rat mit einem offenen Mind zu befolgen. So ebnete Karṇa den Weg für seinen eigenen Tod.

Klammern wir uns an eine Haltung ‚ich weiß alles besser ', werden wir niemals etwas lernen. Kann man etwas in ein volles Gefäß gießen? Der Eimer kann nur gefüllt werden, wenn er in einen Brunnen getaucht wird. Selbst ein Nobelpreisträger muss sich einem Flötenlehrer unterordnen, wenn er Flöte lernen möchte.

Die Einstellung eines Anfängers ist das Tor zur Welt des Wissens und einer allumfassenden Wahrnehmung. Jemand mit dieser Einstellung fühlt: „Ich weiß nichts. Bitte lehre mich." Solch eine Person ist demütig und empfänglich. Diese Haltung zieht göttliche Gnade an und hilft, Wissen von allem zu erlangen. Auf diese Weise kann man im Leben erfolgreich sein.

## 60. Tempel-Darśhan

Kinder, manche Menschen klagen: „Obwohl wir viele Tempel besucht und viele Pilgerreisen unternommen haben, sind unsere Wünsche noch nicht erfüllt." Tempel zu besuchen und Pilgerreisen zu unternehmen ist gut und schön, aber unser Ziel sollte nicht nur darin bestehen, unsere Wünsche zu erfüllen. Unser Ziel sollte sein, den Mind zu reinigen und Hingabe an Gott zu erwecken. Wenn wir keine mentale Reinheit erlangen, sind all unsere spirituellen Bemühungen vergeblich.

Beim Bau wird der Beton nur dann fest, wenn die verwendeten Stahlstangen sauber sind. In ähnlicher Weise kann Gott nur in einem reinen Herzen leben. Wenn wir Tempel und andere heilige Orte besuchen, müssen wir an Gott denken und Hingabe kultivieren. Die Zeit sollten wir mit dem Singen von Gottes Namen, Bhajans (andächtigen Liedern), Meditation oder anderen spirituellen Praktiken verbringen. Selbst wenn unser Ziel die Erfüllung von Wünschen ist, sollte der Mind auf Gott ausgerichtet sein. Aber wenn die meisten Menschen heute in den Tempel gehen, ist ihr Mind mit Zuhause oder mit dem Büro und hundert anderen Dingen beschäftigt. Sie erzählen Gott von all diesen Dingen und bitten ihn, ihre Wünsche zu erfüllen. Sie können nicht für einen einzigen Moment alles andere vergessen und nur an ihn denken. Sobald sie ihre Sorgen losgeworden sind, kehren ihre Gedanken wieder zu häuslichen oder sozialen Angelegenheiten zurück. Manche Menschen fragen sich, ob die Schuhe, die sie vor dem Tempeleingang gelassen haben, vielleicht weggenommen werden. Oder der Mind eilt dem Bus hinterher, der sie nach Hause bringt. Bevor sie den Tempel verlassen, spenden sie etwas Geld für die Vazhipāḍu (rituelle Opfergabe). Danach verweilen sie nicht länger dort. Sie sagen ‚auf Wiedersehen' und gehen.

So sollte es nicht sein. Wir sollten versuchen, die ganze Zeit im Tempel nur an Gott zu denken. Wir müssen jedes Detail dem Anwalt oder dem Arzt anvertrauen. Nur dann kann der Anwalt unseren Fall richtig vertreten; nur dann kann der Arzt unsere Krankheit richtig behandeln. Jedoch brauchen wir Gott nichts zu erzählen. Er kennt unser Herz. Deshalb sollten wir über den Herrn meditieren und so unseren Mind reinigen. Wir müssen versuchen, während unserer ganzen Zeit im Tempel den Namen des Herrn zu rezitieren. Nur dann können wir den vollen Nutzen eines Tempelbesuchs erhalten.

Wir werden keinen spirituellen oder materiellen Fortschritt erzielen, wenn wir nur den Tempel besuchen und das Heiligtum umrunden. Ganz gleich, wie viele Tempel wir besuchen, ganz gleich, wie viele Opfergaben wir erbringen, der Tempelbesuch wird uns nur dann nützen, wenn wir unseren Mind auf Gott ausrichten.

Wenn es regnet, fällt Wasser auf den Boden, der schlammig wird und das Gehen erschwert. Das überschüssige Regenwasser fließt dann ab. Im Gegensatz dazu erhält die Auster im Ozean vielleicht nur einen einzigen Tropfen Regenwasser, doch sie verwandelt diesen Tropfen, auf den sie lange gewartet hat, in eine wertvolle Perle. Ebenso wird uns Gottes Gnade nur in dem Maße nützen, wie wir sie in uns aufnehmen können.

# 61. Gewohnheiten

Kinder, Gewohnheiten spielen eine wichtige Rolle in unserem Leben. Gute Gewohnheiten lenken unser Leben in die richtige Richtung und führen uns zum Erfolg, während schlechte Gewohnheiten den Mind verunreinigen und das Leben zerstören.

Wer völlige Freiheit im Leben genießen möchte, muss sicherstellen, dass er nicht von Gewohnheiten versklavt wird. Dieses Ziel lässt sich nur erreichen, wenn wir uns jedes Gedankens und jeder Handlung vollkommen bewusst sind. Wiederholen wir ständig schlechte Handlungen, werden sie zur Gewohnheit. Die Gewohnheit formt unseren Charakter, der uns schließlich kontrolliert und uns dadurch unserer Freiheit beraubt.

Ein Mensch, der die Gewohnheit hat, morgens als erstes Kaffee zu trinken, wird unruhig und reizbar, wenn er ihn nicht bekommt. Selbst unbedeutende Dinge wie Kaffee, Zigaretten und die Zeitung nicht rechtzeitig zu bekommen, kann den Mind durcheinanderbringen und Freude und Zufriedenheit rauben. Wir alle haben uns durch viel Ein Mann, der nach 30 Dienstjahren aus der Armee ausschied, kehrte in sein Dorf zurück. Er ist durch viele solcher Gewohnheiten versklavt.

Ein Mann, der nach 30 Dienstjahren aus der Armee ausschied, kehrte in sein Dorf zurück. Eines Tages ging er auf den Markt, um eine Kanne Milch zu kaufen. Er stellte sich die volle Kanne auf den Kopf, hielt sie mit beiden Händen fest und machte sich auf den Heimweg. Als ein junger Mann, der am Straßenrand stand, ihn sah, rief er: „Achtung!“ Kaum hörte der pensionierte Soldat das Wort, das seit 30 Jahren zu seinem Leben gehörte, ließ er instinktiv die Hände seitlich fallen und nahm Haltung an. Die Kanne fiel herunter, zerbrach und die ganze Milch floss heraus. Die jungen Männer brachen in lautes Gelächter aus.

Diese Geschichte veranschaulicht, wie selbst unbedeutende Handlungen schädlich sein können, wenn sie mechanisch ausgeführt werden. Wenn das schon so ist, kann man sich leicht vorstellen, wie zerstörerisch schlechte Gewohnheiten sein können.

Sobald wir von schlechten Gewohnheiten abhängig sind, ist es schwer, diese Sucht zu überwinden. Dafür müssen wir uns beständig und bewusst bemühen. Indem wir bewusst gute Gewohnheiten pflegen, können wir vermeiden, in die Falle der schlechten Gewohnheiten zu tappen und so einen guten Charakter entwickeln.

Allerdings müssen wir aufpassen, dass wir uns auch von guten Gewohnheiten nicht versklaven lassen. Denken wir daran, dass gute Gewohnheiten für uns da sind, nicht wir für sie. Angenommen ein Mann, der immer um 8 Uhr morgens meditiert, muss seinen Bruder, der einen Unfall hatte, ins Krankenhaus bringen. Sein Mind sollte nicht unruhig werden, nur weil er seine Meditation verpasst hat.

Jemand, der Schwimmen lernt, wird zuerst eine Schwimmweste benutzen, um sich über Wasser zu halten. Sobald er schwimmen gelernt hat, kann er die Weste ablegen. Genauso müssen wir in der Lage sein, alle Gewohnheiten allmählich zu überwinden, um so völlige Freiheit zu erfahren.

## 62. Liebe deinen Nächsten

Kinder, Hingabe an Gott wird nicht nur durch Rituale oder Verehrung ausgedrückt. Sie zeigt sich auch als Liebe, Mitgefühl und Geduld gegenüber unseren Mitmenschen. Wie Jesus Christus riet: „Liebe deinen Nächsten wie dich selbst". Dieser Rat hat sowohl spirituelle als auch praktische Bedeutung. Wir alle lieben uns selbst am meisten. Doch wenn wir lernen, andere als Teil von uns zu sehen, wird unsere Liebe frei fließen.

Wir glauben, dass wir unterschiedliche Individuen sind, aber in Wahrheit sind wir alle im Wesentlichen Eins. Wenn die Liebe erwacht, löst sich das Gefühl der Trennung auf, zumindest vorübergehend und wir erleben das Eins-Sein.

Unsere Nächsten sind die Menschen, mit denen wir in jedem einzelnen Moment unseres Lebens interagieren. In diesem Sinne sind alle Familienmitglieder, Freunde, Kollegen und Mitreisende unsere Nächsten. Gelingt es uns, gute Beziehungen zu ihnen zu pflegen, profitieren wir selbst davon. Für viele von uns ist es jedoch nicht einfach, unsere Nächsten zu lieben. Es ist ganz normal, dass wir bei anderen Menschen etwas zu bemängeln haben.

Ein frisch verheiratetes Paar zog in eine neue Nachbarschaft. Am nächsten Morgen sahen sie ihre Nachbarin Wäsche zum Trocknen aufhängen. Die Frau sagte zu ihrem Mann: „Sie hat ihr Kleid nicht richtig gewaschen. Wahrscheinlich weiß sie nicht, wie man Kleider richtig wäscht." Der Ehemann sagte nichts dazu. An den folgenden Tagen wiederholte sich dieses

Szenario jeden Morgen, doch der Mann schwieg weiter zu den Beschwerden seiner Frau.

Nach einigen Wochen zeigte die Ehefrau verwundert auf die Wäsche der Nachbarin und sagte: „Sieh mal, unsere Nachbarin hat wohl endlich gelernt, ihre Wäsche richtig zu waschen. Alle Wäschestücke auf der Leine sind wirklich sauber. Ich frage mich, wer ihr wohl beigebracht hat, wie man Wäsche richtig wäscht!"

Der Ehemann antwortete: „Ich bin heute früh aufgestanden und habe unsere schmutzigen Fensterscheiben geputzt."

Genau das geschieht im Leben. Wenn wir das Gute in anderen sehen wollen, müssen wir zuerst unseren eigenen Mind reinigen. Negative Gefühle wie Arroganz, Eifersucht, Neid und Hass verzerren unsere Sicht. Infolgedessen sind wir nicht in der Lage, andere zu akzeptieren und zu lieben.

Indem wir eine liebevolle Einstellung zu den Menschen, mit denen wir umgehen, pflegen, können wir unseren eigenen Mind reinigen und um uns herum eine Atmosphäre schaffen, die von Liebe und Glück erfüllt ist.

## 63. Ist Ärger gut oder schlecht?

Kinder, ein kleines Kind fragte Amma einmal: „Oh Amma, gibt es guten und schlechten Ärger?"

Was bestimmt, ob eine Emotion gut oder schlecht ist, sind die dahinterliegenden Gründe und der Nutzen, den diese Emotion hat. Wenn zum Beispiel eine Mutter ihrem Kind gegenüber Wut zeigt, ist das zum Wohle des Kindes. Im Herzen der Mutter findet sich nicht die geringste Spur von Feindschaft oder Hass gegenüber ihrem Kind. Es ist ihre Liebe und Zuneigung zu ihrem Kind, die sich in Form von Ärger äußert. Es ist, als ob eine Katze ihr Kätzchen am Nacken festhält und es an einen sicheren Ort trägt. Die Mutter will nur eine gute Zukunft für ihr Kind. Wenn eine Mutter auf ihr Kind wütend wird, mag das Kind sich zunächst verletzt oder traurig fühlen. Doch später wird es verstehen, dass der Zorn der Mutter es eigentlich vor einer großen Gefahr bewahrt hat.

Das Schimpfen eines guten Lehrers ist wie Nachhilfeunterricht für einen Schüler. Der Lehrer schimpft nur, damit der Schüler fleißiger lernt. Hinter solchem Ärger verbergen sich nur Liebe und Zuneigung. Hier trägt der Lehrer den Ärger wie eine Maske und der Ärger ist eine andere Form der Liebe. Daher wird sie dem Schüler sicherlich helfen.

Es gibt noch eine andere Art Ärger, der nicht dem Wohl anderer dient, sondern aus der Arroganz und Selbstsucht desjenigen stammt, der wütend wird. Ein Beispiel wäre die Wut eines Schülers, der neidisch auf einen anderen ist, der bessere

Noten erhalten hat. Solche Wut schadet beiden und muss von Anfang an eingedämmt werden. Können wir das nicht, müssen wir uns von der Situation entfernen, die den Ärger ausgelöst hat. Es ist ganz natürlich, dass wütende Gedanken in unserem Mind auftauchen. Aber wir sollten nicht unter dem Einfluss dieser Emotion handeln. Stattdessen müssen wir uns von der Situation, die unseren Ärger ausgelöst hat, distanzieren und über sie nachdenken. Wir sollten dafür sorgen, dass unsere Wut nicht in Handlungen mündet, die wir später bereuen werden.

Wie viele Familienbeziehungen und Freundschaften sind durch einen einzigen Moment der Wut zerstört! Solche Probleme können weitgehend vermieden werden, wenn beide Seiten bemüht sind, ihren Ärger zu zügeln und mit Unterscheidungsvermögen zu handeln. Tägliche Meditation und andere spirituelle Praktiken helfen uns, den Mind unter Kontrolle zu halten. Allmählich werden wir in der Lage sein, den allerersten aufkommenden Ärger zu bemerken und ihn so zu kontrollieren. Möge jeder Gedanke, jedes Wort und jede Tat meiner Kinder meditativ werden.

# 64. Mahātmās

Kinder, wird ein Theaterstück auf der Bühne aufgeführt, durchlebt das Publikum verschiedene Gefühle. Sie werden lachen oder weinen, je nachdem wie die Figuren handeln. Aber was ist mit dem Regisseur, der sich sein eigenes Stück ansieht? Er wird nicht bangen, was in der nächsten Szene passiert. Der Regisseur weiß genau, was als Nächstes geschehen wird und die Schauspieler sagen werden. So leben auch Mahātmās in dieser Welt. Sie wissen, was geschieht und was geschehen wird. Deshalb kann sie nichts im Leben aus der Ruhe bringen. Obwohl Mahātmās ständig arbeiten, haben sie nicht das Gefühl, die Handelnden zu sein. Sie sind nicht an ihre Handlungen gebunden. Sie leben in der Welt wie Butter, die auf dem Wasser schwimmt. Kinder, erinnert euch daran, was Sri Kṛiṣhṇa zu Arjuna sagte: „Oh Arjuna, ich habe in den drei Welten nichts mehr zu gewinnen. Dennoch arbeite ich." Manche mögen sich fragen: „Warum handeln Mahātmās dann?" Sie handeln, um Dharma-Bōdha (Rechtschaffenheit und Bewusstsein) in anderen zu wecken. Dies ist das Ziel all ihrer Handlungen. Dharma wird sich nur durchsetzen, wenn Adharma (Ungerechtigkeit) abnimmt.

Wird ein Land nicht vor einem verdorbenen und grausamen Herrscher geschützt, zerstört dies sowohl das Land als auch seine Bevölkerung. Wenn Strahlentherapie eingesetzt wird, um bösartige Zellen zu zerstören, werden dabei auch einige gesunde Zellen getötet. Dennoch hilft dies, den Patienten zu heilen. Ähnlich kann die Hinrichtung eines Mannes, der nicht zögert, hundert Menschen zu töten, ein Land und seine Bevölkerung von der Herrschaft des Adharma befreien.

Während des Mahābhārata-Krieges brach Duryōdhana eines Nachts auf, um seine Mutter Gāndhārī zu besuchen. Er wollte ihren Segen erbitten, um den Krieg zu gewinnen und unbesiegbar zu werden. Gāndhārī war ein Juwel von einer Frau. Sie hatte sich selbst die Augen verbunden (als Akt der Solidarität), nachdem sie einen blinden Mann heiratete. Durch die spirituellen Kräfte, die sie durch ihre Askese erlangte, wurde der Körper desjenigen, auf den Gāndhārīs Blick fiel, so stark wie Stahl und unbesiegbar. Duryōdhana wusste das. Gemäß den Anweisungen seiner Mutter badete er und ging splitternackt zu seiner Mutter, als plötzlich Sri Kṛiṣhṇa vor ihm erschien und fragte: „Duryōdhana, was tust du da? Gehst du nackt zu deiner Mutter? Kannst du nicht wenigstens einen Lendenschurz tragen?"

Duryōdhana spürte, dass Sri Kṛiṣhṇas Einwände vernünftig waren. Er bedeckte seine Leisten und Oberschenkel und ging zu Gāndhārī, die ihre Augenbinde abnahm und ihren Sohn betrachtete. Jeder Teil von Duryōdhanas Körper, auf den sie blickte, wurde stärker als Stahl. Nur die Körperteile, die bedeckt waren, blieben verwundbar. Später, als Bhīma und Duryōdhana mit Keulen gegeneinander kämpften, konnte Bhīma ihn trotz wiederholter Versuche nicht besiegen. Schließlich schlug Bhīma nach einem Hinweis von Sri Kṛiṣhṇa, Duryōdhanas Oberschenkel mit der Keule und tötete ihn so.

Manche Menschen halten diese Tat von Kṛiṣhṇa für adharmisch. Er wusste jedoch, würde der unheilvolle Duryōdhana unbesiegbar, würde sich das Dharma im Königreich nicht durchsetzen. Deshalb überredete er Duryōdhana, seine Leisten und Oberschenkel zu bedecken. Nur deshalb war Bhīma in der Lage, ihn zu besiegen. Die Handlungen von Mahātmās mögen gewöhnlichen Menschen unethisch erscheinen. Aber wir dürfen sie nicht auf der Grundlage einer oberflächlichen Betrachtung der Situation beurteilen. Wir können die Größe eines Mahātmās nur dann ermessen, wenn wir die Konsequenzen ihrer Handlungen berücksichtigen.

# 65. Nichts ist unbedeutend

Kinder, nichts in diesem Universum ist unbedeutend. Alles hat seinen Platz und seine Bedeutung. Das Unvermögen, diese Wahrheit zu erkennen, ist die Ursache für die meisten Probleme im Leben.

Nachlässigkeit in kleinen Dingen führt zu großen Verlusten. Wenn sich eine winzige Schraube löst, wird das Flugzeug nicht funktionieren und das Leben der Passagiere ist in Gefahr. Deshalb dürfen wir nichts als unbedeutend betrachten. Nur weil ein Problem klein erscheint, bedeutet das nicht, dass es unwichtig ist. Schenken wir ihm die gebührende Aufmerksamkeit, können wir größere Gefahren vermeiden.

Aufmerksamkeit und Geduld sind es, die wir den kleinen Dingen widmen, die zu großen Erfolgen führen. Einmal gab es einen Arzt, der durch Alter und Erfahrung Weisheit erlangt hatte. Eines Tages rief ihn ein junger Arzt aufgeregt an: „Herr Doktor, ein Patient wurde eingeliefert. Er hat eine kleine Kugel verschluckt, die in seinem Hals steckt. Er ringt nach Luft und droht zu ersticken. Ich weiß nicht, was ich tun soll. Wie kann ich den Patienten retten?“

Nach einigen Augenblicken der Stille sagte der Oberarzt: „Nehmen Sie eine Feder und kitzeln ihn.“

Ein paar Minuten später rief der Assistenzarzt begeistert zurück: „Herr Doktor, als ich ihn kitzelte, begann der Patient laut zu lachen und die Kugel wurde herausgeschleudert. Es war wie ein Wunder! Woher haben Sie dieses Wissen?“

Der Oberarzt sagte: „Als ich von dem Zustand des Patienten hörte, kam mir diese Idee, das ist alles."

So wie eine scheinbar kleine und unbedeutende Feder das Leben eines Mannes rettete, können wir Großes vollbringen, indem wir kleine Dinge beachten.

Aufmerksamkeit und Unterscheidungskraft, die wir in scheinbar unbedeutenden Angelegenheiten aufbringen, bringen uns Gott näher. Achtsamkeit in äußeren Dingen führt zu innerer Wachsamkeit. Diese benötigen wir, um sowohl im spirituellen als auch im weltlichen Leben erfolgreich zu sein. Kinder, achtet deshalb auf alles.

## 66. Wissen und Beobachtung

Kinder, Spiritualität ist die Wissenschaft des Lebens. Durch spirituelles Wissen sind wir in der Lage, jeder Situation im Leben mit der richtigen Einstellung zu begegnen und die Kraft zu gewinnen, Herausforderungen, Krisen und Schwächen zu überwinden. Es reicht nicht aus, zahlreiche spirituelle Prinzipien zu lernen, Vorträge zu halten und andere zu belehren. Diese Prinzipien müssen Teil unseres eigenen Lebens werden. Sie müssen sich in unseren Handlungen widerspiegeln. Wie wir andere ansehen, wie wir gehen, wie wir sitzen und wie wir uns verhalten - all das sollte spirituelles Wissen widerspiegeln. Studenten legen im Allgemeinen Prüfungen ab - Prüfungen, die zu einem bestimmten Datum und einer bestimmten Uhrzeit stattfinden. Aber der wahre Test eines Schülers besteht darin, wie er bei einem Überraschungstest abschneidet.

Amma erinnert sich an eine Geschichte. Eine Gruppe von Schülern in einer Gurukula[14] hatte ihre Ausbildung abgeschlossen. Um ihr Abschlusszertifikat zu erhalten, mussten sie noch eine letzte Prüfung bei ihrem Guru ablegen. Als die Schüler hastig zum Haus des Gurus gingen, um die Prüfung abzulegen, kamen sie an einem schmalen Weg vorbei, der mit Dornen übersät war. Einige Schüler fluchten über ihr Pech und stiegen über die Dornen, andere hielten sich an den Rand des Weges und achteten

[14] Wörtlich: der Clan (Kula) des Lehrers (Guru); traditionelle Schule, in der die Schüler während der gesamten Dauer ihres Studiums der Schriften beim Guru blieben.

darauf, die Dornen nicht zu berühren. Aber ein bescheidener Schüler sagte zu den anderen: „Diese Dornen könnten die Füße anderer Menschen verletzen, die hier vorbeikommen. Es ist jetzt noch hell, aber bald wird es dunkel, und dann wird es schwer sein, die Dornen zu sehen. Wenn wir alle zusammenarbeiten, können wir sie schnell wegräumen."

Aber niemand war bereit zu helfen „Die Prüfung wird bald beginnen. Wenn wir zu spät kommen, wird der Guru verärgert sein. Wir müssen bald seine Einsiedelei erreichen." Mit diesen Worten eilten die Schüler davon.

Der einzelne Schüler hingegen begann, die Dornen aufzusammeln und wegzuwerfen. Selbst als die Dornen seine Hände stachen, hielt er nicht inne. Sobald er den letzten Dorn beseitigt hatte, spürte er, wie ihn jemand sanft an den Schultern aufrichtete. Es war der Guru. Er umarmte den Schüler herzlich und sagte: „Ich war es, der die Dornen auf diesen Weg gestreut hat, um euch alle zu prüfen. Du bist der einzige Schüler, der den Test bestanden hat!"

Was ist die Essenz dieser Geschichte? Die anderen Schüler beschäftigten sich mehr mit den Fragen die der Guru möglicherweise stellen würde und mit den richtigen Antworten darauf. Ihr Wissen hatte ihr Leben nicht erhellt. Doch dieser eine Schüler hatte das Wissen, das er erworben hatte, in sein Leben integriert und es dadurch verwandelt.

Der Kern der Spiritualität liegt darin, andere vor sich selbst zu stellen, anstatt sich mit „Ich" und „Mein" zu beschäftigen. Es führt zu einem weit größeren Herzen, indem man beginnt, die Probleme anderer zu sehen und ihr Leid als das eigene zu empfinden. Indem man die Dornen aus dem Weg eines anderen entfernt, streut man in Wahrheit Blumen auf den eigenen Weg. Man braucht seinen Weg nicht mit Blumen zu pflastern; die Natur selbst wird es tun. Ein guter Schüler beantwortet die Fragen des Gurus nicht durch Worte, sondern durch sein Leben. Durch diese Lebensweise verschwinden negative Tendenzen und Selbstsucht. Nur wenn die äußere Hülle des Egos aufbricht, können wir das wahre „Ich" in uns finden. Sobald wir dieses wahre Ich erkannt haben, sehen wir das Selbst in allem und unser Leben findet seine Erfüllung.

# 67. Religiöse Intoleranz

Kinder, ein berühmter Maler zeichnete einst ein Porträt einer wunderschönen jungen Frau. Alle, die das Bild sahen, waren von ihrer Schönheit fasziniert. Einige fragten den Maler, ob sie seine Freundin sei. Als er verneinte, wollten sie unbedingt wissen, wo sie lebte. Der Maler erklärte: „Schaut, ich habe diese Frau nie zuvor gesehen. Die Schönheit, die ihr in diesem Porträt seht, gehört keiner einzelnen Person. Das Bild ist eine Zusammenstellung von Augen, Nase und anderen Merkmalen, die ich bei verschiedenen Menschen gesehen habe. Selbst wenn ihr die ganze Welt absucht, werdet ihr diese Frau nicht finden."

Aber sie glaubten ihm nicht und entgegneten wütend: „Du lügst! Das ist eine Taktik, um sie für dich allein zu behalten."

Der Maler versuchte noch einmal, sie zur Vernunft zu bewegen, aber seine Bemühungen waren vergeblich. Ihr Verlangen, die junge Frau zu besitzen, wurde noch stärker. Jeder von ihnen verkündete: „Ich will sie für mich. Ich werde sie mir zu Eigen machen!" Dies gipfelte in einer Schlägerei, bei der alle zu Waffen griffen. Am Ende waren sie alle tot.

Die Devotees von heute sind wie diese Verehrer, welche die junge Frau auf dem Bild zu ihrem Eigentum machen wollten. Sie versuchen, Gott auf den Wegen zu finden, die ihre religiösen Texte vorschreiben und glauben blind daran, dass nur ihr Gott und ihr Weg der wahre sei. Aber Gott ist die formlose Wahrheit. Es gibt viele Wege, ihn zu erreichen. Statt dies zu verstehen, kämpfen und konkurrieren sie miteinander und finden Gott dennoch nicht.

Jeder von uns sieht die Welt durch eine andersfarbige Linse. Wenn wir durch die Linse des Hasses und des Sektierertums schauen, sehen wir überall nur Feinde. Wir werden niemals in der Lage sein, die Menschen als Menschen zu sehen. Aber wenn wir die Welt durch das Glas von Liebe und Mitgefühl betrachten, können wir die göttliche Liebe und Schönheit erkennen, die das gesamte Universum durchdringt.

Amma ist der Meinung, dass jede Religion, die ihre Anhänger lehrt, Andersgläubige und Devotees anderer Gottheiten als Teufel zu betrachten, keine wahre Religion, sondern nur Fanatismus ist. In Wahrheit sind die Grundprinzipien aller Religionen Liebe, Mitgefühl und Einheit. Wir müssen uns bemühen, diese Grundsätze in unserem Leben zu verinnerlichen.

# 68. Wahres Gebet

Kinder, Beten ist die beste spirituelle Praxis, um das Herz für Gott zu öffnen und eine emotionale Bindung zu ihm aufzubauen. Es ist wie eine Brücke, die die individuelle Seele (Jīvātmā) mit der höchsten Seele (Paramātmā) verbindet. So wie ein kleines Kind nach der Schule nach Hause läuft, seinen Ranzen in die Ecke wirft und seiner Mutter voller Freude von den Erlebnissen mit dem Lehrer, den Eindrücken in der Schule und am Heimweg erzählt, so hilft das Gebet uns, unsere Beziehung zu Gott zu vertiefen. Indem wir eine innige Beziehung zu Gott pflegen und ihm alles anvertrauen, hilft dies uns, unser Herz zu entlasten.

Wir sollten die Haltung entwickeln, dass Gott unser einziger Zufluchtsort ist. Wir müssen ihn als unseren besten Freund betrachten, der in der Not und auch sonst immer bei uns ist. Öffnen wir Gott unser Herz, erheben wir uns unbewusst zu den Höhen der Hingabe. Doch leider verstehen viele Menschen heute diesen Wert des Gebets nicht. Für viele bedeutet beten, um die Erfüllung der Wünsche betteln. Das ist keine Liebe zu Gott, sondern Liebe zu den Objekten unserer Begierde.

Heutzutage gibt es Menschen, die sogar dafür beten, dass andere Menschen Schaden erleiden. Ein Devotee sollte niemals daran denken, anderen zu schaden. „Gott, lass mich kein Leid verursachen. Gib mir die Kraft, anderen zu vergeben, die mir Unrecht getan haben. Vergib mir meine Sünden und segne alle mit Güte.“ Das sollte unser Gebet sein. Ein solches Gebet bewirkt Frieden. Die positiven Schwingungen, die von solchen

Gebeten ausgehen, können sogar die Atmosphäre reinigen. Eine reine Atmosphäre hat eine positive Wirkung auf das Leben der Menschen.

Das ideale Gebet ist ein Gebet für das Wohlergehen der Welt. Selbstlos beten ist heute dringender denn je. Wenn wir eine Blume für die Pūjā (Verehrung) pflücken, ob wissentlich oder unwissentlich, erfreuen wir uns zuerst an ihrer Schönheit und ihrem Duft. Beten wir für das Wohlergehen der Welt, weitet sich unser Herz und unsere Gebete kommen auch der Welt zugute.

So wie eine Kerze schmilzt, während sie anderen Licht spendet, sehnt sich ein wahrer Devotee danach, persönliche Opfer zu bringen, um anderen zu helfen. Ihr Ziel ist es, einen Mind zu erlangen, der bereit ist, persönliche Schwierigkeiten zu vergessen, um anderen Freude zu bereiten. Das ist wahres Gebet. Menschen mit einem solchen Mind müssen Gott nicht suchen, Gott wird sie finden. Gott wird immer an ihrer Seite sein, ihnen Trost und Stärke schenken.

# 69. Gebet ein Zwiegespräch

Kinder, manche Menschen fragen sich, ob Beten und Bhajans singen nicht bloße Gefühlsäußerung oder ein Ausdruck von Schwäche sind. Gebete und Bhajans sind keineswegs Zeichen für mentale Schwäche. Sie sind kein bloßer Ausdruck, sondern ein praktisches Mittel, um den Mind zu entlasten und das Herz zu erwecken. So wie das Öffnen des Ventils eines Schnellkochtopfs Dampf ablässt, ist das Gebet eine wissenschaftliche Methode, um innere Konflikte und Spannungen zu reduzieren.

Echtes Gebet ist ein Dialog von Herz zu Herz zwischen Gott und dem Devotee. In solch einer Verbindung erlebt der Devotee in jedem Moment Glückseligkeit. Wenn zwei Menschen, die sich zutiefst lieben, miteinander sprechen, wird es ihnen nie langweilig, egal wie lange sie reden. Sie haben nie das Gefühl, dass ihr Gespräch nur ein Schauspiel ist.

Gebet ist eigentlich ein Zwiegespräch mit dem inneren Geliebten. Mehr als das, es ist die Fähigkeit, das Ewige vom dem Vergänglichen zu unterscheiden. Die Essenz des Gebets ist dies: „Du bist das Höchste Selbst, Paramātmā, nicht das individuelle Selbst, Jīvātmā. Du bist nicht dazu bestimmt zu trauern, denn Glückseligkeit ist deine wahre Natur."

Durch Hingabe suchen wir nicht nach einem Gott im Himmel, sondern streben danach, das Göttliche in Allem zu sehen, in allem beweglichem und unbeweglichem. Ein Devotee wandert nicht umher auf der Suche nach Gott. Der Sinn des Gebets ist es, ihn dabei zu unterstützen, Gott als ewiges, leuchtendes Licht in seinem Inneren zu erkennen.

Wenn eine Hundert-Watt-Glühbirne in der Küche voller Ruß ist, wird ihr Licht noch schwächer sein als das einer Null-Watt-Glühbirne. Aber wenn wir den Ruß wegwischen, wird die Glühbirne wieder in hellem Licht erstrahlen. In ähnlicher Weise ist das Gebet ein Mittel, um die mentalen Unreinheiten zu beseitigen, die unsere innere Göttlichkeit verhüllen.

Wie der Weg des Wissens so führt auch der Weg der Hingabe zur Erfahrung der Selbstverwirklichung. Ein Kind brachte seinem kranken und bettlägerigen Vater Medizin. Gerade als es das Schlafzimmer seines Vaters erreichte, ging plötzlich das Licht aus. Es konnte nichts mehr sehen. Es tastet sich entlang der Wand und denkt: „Nein, das ist er nicht." Es fühlt die Tür und denkt: „Nein, das ist er nicht." Es berührt den Tisch und denkt: „Nein, das ist er nicht." Er berührte das Bett und dachte: „Nein, das nicht." Schließlich berührte er seinen Vater und ruft: „Papa!" So hat es durch einen Prozess der Verneinung seinen Vater erreicht. Hingabe gleicht diesem Prozess. Der Devotee akzeptiert nichts anderes als Gott. Er denkt nur an Gott. Während Suchende auf dem Pfad des Wissens sagen: „Ich bin nicht dieser Körper, Mind oder Intellekt, sondern das Selbst", sagt der Devotee: „Ich gehöre zu Gott, zu ihm, der sich als die gesamte Schöpfung manifestiert."

Durch Gebet können wir erkennen, dass alles Gott ist. Der Devotee, der Gott überall sieht, vergisst sich selbst. Er verliert seine begrenzte Individualität völlig und wird eins mit Gott. Sein ganzes Leben wird zu einem Gebet.

## 70. Mentale Verehrung

Kinder, manche Menschen verehren den formlosen Aspekt Gottes. Andere verehren Gott in Form von Idolen, Bildnissen und anderen Symbolen. Das Ziel beider Verehrungsformen ist es, den Mind auf Gott auszurichten. Es ist schwer für den Mind, sich auch nur für einen Moment zu konzentrieren. Mānasa-Pūjā, die mentale Verehrung, ist der einfachste Weg, den ruhelosen Mind an Gott ‚zu binden', ohne auf äußere Mittel angewiesen zu sein.

Der Mind hat die Gabe, sich mit allem zu identifizieren, was ihn gedanklich beschäftigt. Genau diese Fähigkeit wird während der Mānasa-Pūjā genutzt. Deshalb ist es leichter, während der Mānasa-Pūjā als bei der gewöhnlichen Pūjā (rituellen Verehrung) eine auf einen einzigen Punkt gerichtete Konzentration zu erreichen. In der Mānasa-Pūjā stellen wir uns zunächst unsere geliebte Gottheit vor, wie sie auf einem Thron in unserem Herzen sitzt. So wie eine Mutter ihr Kind badet, abtrocknet, anzieht, kämmt, die Stirn mit einem Symbol schmückt und es auf die Schule vorbereitet, so sollten wir uns vorstellen, unsere geliebte Gottheit mit allen Ehren und Würden zu verehren. Dann sollten wir die Namen Gottes rezitieren oder zu unserem geliebten Gott beten.

Gott geht es nicht um die Großartigkeit der Pūjā. Was Er wünscht ist ein Herz voller Hingabe. Nur mit einem solchen Herzen ist Er zufrieden.

Amma erinnert sich an eine Geschichte. Einst verehrte ein Priester Gott mit vielen verschiedenen Blumen. Dann fragte er:

„Oh Herr, bist du zufrieden? Gibt es noch eine andere Gabe, die ich darbringen sollte?“

Der Priester war stolz und dachte, er hätte etwas Besonderes getan und alle möglichen Opfergaben dargebracht. Der Herr sagte: „Es gibt noch eine Blume, die du darbringen solltest.“

„Welche Blume ist das?“, fragte der Priester.

„Die Herzblume“, antwortete der Herr.

„Oh Herr, wo kann ich diese Blume finden?“, fragte der Priester.

„In deiner Nähe“, sagte der Herr.

Er bezog sich auf die Blume des Herzens. Doch der Priester verstand dies nicht und begann, nach einer Herzblume zu suchen. Er suchte überall, konnte sie jedoch nicht finden. Schließlich fiel er dem Herrn zu Füßen und sagte: „Oh Herr, ich konnte die Herzblume nirgendwo finden. Ich kann dir nur mein Herz darbringen. Bitte sei mit dieser Darbringung zufrieden.“

Der Herr sagte: „Das ist die Herzblume, die ich gemeint habe. Ich liebe die Blume der Unschuld am meisten. Selbst wenn du viele Millionen Rupien ausgibst und Hunderte von Pūjās durchführst, wirst du meine Gegenwart nicht einmal einen Augenblick lang erfahren. Es ist dein unschuldiges Herz, das ich möchte, nicht deine Pūjās oder deinen Reichtum.“

Das Ziel aller spirituellen Praktiken ist es, eine auf Gott ausgerichtete Konzentration zu entwickeln. Mānasa-Pūjā kann uns helfen, diese Konzentration leichter zu entwickeln.

## 71. Im gegenwärtigen Moment leben

Kinder, der Mind weilt selten im gegenwärtigen Moment. Meistens denkt er an vergangene Ereignisse oder an solche, die noch kommen werden. Alles, was uns gehört, ist der gegenwärtige Augenblick. Er ist wie Geld in unseren Händen. Wir können es entweder weise oder unvernünftig ausgeben.

Die Schmerzen, Sorgen und Schuldgefühle der Vergangenheit belasten uns oft. Über die Vergangenheit zu grübeln, ist vergleichbar damit, eine verwesende Leiche zu umarmen. Andererseits, wenn wir ständig an die Zukunft denken, sind wir nicht in der Lage, den Frieden und die Zufriedenheit des gegenwärtigen Moments zu genießen. Jemand, der sich in der Nähe eines Kobrabaus zum Schlafen legt, wird aus Angst nicht in der Lage sein, auch nur für einen Moment die Augen zu schließen. Ähnlich rauben Zukunftsängste und Befürchtungen dem Mind den Frieden und lähmen unsere Talente. Manche Kinder tanzen zu Hause mit viel Gefühl, aber wenn sie auf der Bühne stehen, werden sie von Angst ergriffen und sie bewegen sich wie Tänzer auf einem wackeligen Podium. Ihre Mimik erstarrt und die Angst zerstört die gefühlvolle Schönheit des Tanzes.

Im gegenwärtigen Moment zu leben, bedeutet in jedem Augenblick weise zu handeln, ohne sich über die Vergangenheit oder die Zukunft zu sorgen. Die Achtsamkeit, mit der wir im gegenwärtigen Moment handeln, bestimmt, wie strahlend unsere Zukunft sein wird. Deshalb ist jeder Augenblick kostbar.

Es gab einen Jungen, der seine ganze Zeit vor dem Fernseher verbrachte. Immer wenn seine Eltern ihm sagten, er solle lernen, sagte er: „Die Prüfungen liegen in der Zukunft, nicht wahr? Die Weisen sagen, man solle sich nicht um die Zukunft sorgen, sondern im gegenwärtigen Augenblick glücklich sein. Ich hasse es zu lernen. Ich schaue fern, damit ich in diesem Moment glücklich bin."

Seine Eltern brachten den Jungen zu einem Guru, der sagte: „Sohn, im gegenwärtigen Moment zu leben bedeutet, den gegenwärtigen Moment so effektiv wie möglich zu nutzen. Tust du das, wirst du immer glücklich sein. Jedoch verschwendest du deine Zeit mit flüchtigen Vergnügungen, wirst du es für den Rest deines Lebens bereuen. Wenn du ständig fernsiehst, wirst du nicht einmal in der Lage sein, genug Geld zu verdienen, um einen Fernseher zu kaufen. Deshalb solltest du jeden Augenblick achtsam nutzen. Es ist die Gegenwart, welche die Zukunft gestaltet und sichert. Wenn du lernst, konzentriere dich auf das Lernen. Wenn du spielst, genieße das Spiel. Wenn du betest, bete mit voller Aufrichtigkeit."

Der gegenwärtige Augenblick ist ein unschätzbares Geschenk Gottes. Wenn wir mit Achtsamkeit im Hier und Jetzt handeln, wird unsere Zukunft strahlend sein.

## 72. Das Leben ist ein Übungsplatz

Kinder, wir alle wünschen uns, dass andere sich uns gegenüber liebevoll und geduldig verhalten. Haben wir das Gefühl, dass sie sich nicht so verhalten, zögern wir nicht, sie zu kritisieren, zu beschimpfen und harsch zu verurteilen. Aber viele von uns vergessen, dass andere ebenfalls ein würdevolles und vorbildliches Verhalten von uns erwarten.

Wenn wir im Stau stehen, hupen wir ununterbrochen, damit das Auto vor uns weiterfährt. Wir beschimpfen den Fahrer, als wäre er die Ursache für den Stau. Gleichzeitig sagen wir dem Fahrer hinter uns: „Hey, warum so ungeduldig? Siehst du nicht, dass hier ein Stau ist? Bitte hab Geduld."

Das Leben ist ein Übungsplatz für uns, um uns zum Besseren zu entwickeln. Beobachten wir, dass jemand etwas falsch macht, sollten wir lernen, nicht denselben Fehler zu begehen. Wenn wir jemanden sehen, der Gutes tut, müssen wir danach streben, so zu sein wie diese Person und Gutes zu tun. Kultivieren wir eine solche Einstellung, können wir uns verbessern und wachsen.

Die meisten von uns sind nicht bereit, ehrlich zu sein, können aber Unehrlichkeit bei anderen niemals verzeihen. Ein Dieb droht einem Hausbewohner mit einem Messer und sagt: „Wo hast du dein Gold, deinen Schmuck und dein Geld aufbewahrt? Sag mir die Wahrheit oder ich bringe dich um!" Selbst ein Dieb erwartet von anderen die Wahrheit.

Einmal sagte ein Mann zu einem Sozialarbeiter: „Ich möchte so wie du Sozialarbeiter werden."

Der Sozialarbeiter sagte: „Das ist nicht so einfach. Du wirst viele Opfer bringen müssen. Du musst bereit sein, den Armen zu geben, was dir gehört."

„Ich bin bereit, jedes Opfer zu bringen."

„Wenn du zwei Autos hast, musst du bereit sein, eines zu spenden."

„Warum nicht? Sicherlich!"

„Wenn du zwei Häuser hast, musst du eines verschenken."

„Sicher."

„Wenn du zwei Kühe hast, musst du eine an jemanden verschenken, der kein Vieh hat."

„Oh! Das kann ich nicht tun."

„Warum nicht? Du hast kein Problem damit, ein Auto und ein Haus zu verschenken. Warum zögerst du, deine Kuh abzugeben?"

„Weil ich weder zwei Autos noch zwei Häuser habe, aber ich habe zwei Kühe."

In einem egoistischen Mind ist kein Platz für Idealismus. Idealismus spiegelt sich in jedem Gedanken, jedem Wort und jeder Tat eines Menschen wider, der es geschafft hat, seine Selbstsucht zu überwinden. Mehr als jede Predigt ist es unser Leben, wie wir dieses Ideal leben, das anderen hilft, es zu verinnerlichen.

## 73. Die Notwendigkeit eines Gurus

Kinder, die Schriften sagen, dass Gott in uns ist und nicht getrennt von uns existiert. Trotzdem fragen sich manche, warum ein Guru notwendig ist. Gott ist in uns, aber um dies zu erkennen, müssen wir uns auf einen Guru verlassen, um das Ego in uns zu beseitigen. Nur jemand, der wach ist, kann einen anderen aus dem Tiefschlaf wecken. Auch wenn ein Docht alles Notwendige enthält, um ihn anzuzünden, brauchen wir dennoch eine Flamme. Ebenso brauchen wir die Hilfe eines spirituell verwirklichten Meisters, um Gott in uns zu erkennen.

Wenn wir an bestimmten Orten nach einem Brunnen graben, werden wir niemals Wasser finden, egal wie tief wir graben. Aber wenn wir in der Nähe eines Flusses graben, stoßen wir schon nach kurzer Zeit auf Wasser. In ähnlicher Weise manifestieren sich die edlen Qualitäten und Talente des Schülers schnell in der Gegenwart eines Gurus.

Der Guru schafft Situationen, um dem Schüler zu helfen, seine Trägheit abzulegen, seine Vāsanās (verborgenen Neigungen) zu überwinden und die Wahrheit zu erkennen.

Einmal waren ein Guru und sein Schüler auf der Rückreise von einer Pilgerfahrt. Auf halbem Weg sagte der Schüler: „Oh Guru, ich kann keinen Schritt mehr weitergehen! Lass mich eine Weile unter diesem Banyanbaum ruhen.“ Der Meister drängte darauf weiterzugehen, doch der Schüler weigerte sich. Der Meister setzte seine Reise alleine fort und sah einige Menschen, die auf einem Feld arbeiteten. Ihre Kinder spielten in der Nähe und ein

Baby schlief fest auf dem Boden. Ohne dass jemand es bemerkte. nahm der Guru das Baby und legte es neben seinen schlafenden Schüler unter den Baum. Dann versteckte sich der Guru.

Als die Arbeiter bemerkten, dass das Baby fehlte, herrschte Chaos! Sie rannten hin und her, um das Kind zu suchen. Durch den Lärm wachte der Schüler auf. Die Arbeiter fragten ihn wütend: „Hast du unser Baby entführt?“, und wollten sich auf ihn stürzen. Der Schüler sprang auf, rannte um sein Leben und erreichte bald den Aśhram. Der Guru ging gemächlich weiter, als er den Aśhram erreichte, fand er den Schüler erschöpft schlafend vor. Der Guru fragte ihn: „Du sagtest, du könntest keinen einzigen Schritt mehr tun. Aber du hast den Aśhram vor mir erreicht.“ Wenn der Schüler zögert, den Anweisungen des Gurus zu folgen, wird dieser alles tun, um ihn auf den richtigen Weg zurückzuführen.

Heute sind wir Sklaven unseres Minds und unserer Sinnesorgane. Doch wenn wir den Anweisungen des Gurus folgen, werden wir für immer von dieser Sklaverei befreit.

## Gurus Gegenwart

Kinder, ist ein Guru notwendig, um das spirituelle Ziel zu erreichen? Manche glauben sogar, dass Gehorsam gegenüber dem Guru eine Form der Versklavung sei. Aber in Wirklichkeit sind wir wie ein König, der trauert, weil er geträumt hat, ein Bettler zu sein. Der Guru erweckt uns aus dem Schlaf der Unwissenheit, was all unser Leid verursacht.

Wenn uns jemand die ersten Verse eines Gedichts vorsagt, das wir in unserer Kindheit auswendig gelernt aber inzwischen vergessen haben, dann fällt uns plötzlich der Rest des Gedichts wieder ein. Ebenso befinden wir uns in einem Zustand spiritueller Vergessenheit. Die Weisungen des Gurus haben die Kraft, uns aus dieser Vergesslichkeit zu erwecken.

In dem Samen steckt ein Baum, aber er wird nur wachsen, wenn der Samen unter die Erde kommt und seine Samenschale aufbricht. Ähnlich können wir, obwohl wir Manifestationen der höchsten Wahrheit sind, diese Wahrheit nur erkennen, wenn die Schale unseres Egos aufbricht. Der Guru schafft die notwendigen Umstände, um das Ego zu zerschlagen und uns spirituell wachsen zu lassen, genau wie ein Baum nur wächst, wenn das Wetter günstig ist und er genug Wasser, Nährstoffe und Schutz bekommt.

Der Guru schafft ebenfalls Umstände, die für das spirituelle Wachstum des Schülers förderlich sind. Er wird den Schüler zu jeder Zeit beschützen.

Wie ein Wasserfilter reinigt der Guru unseren Mind und beseitigt unser Ego. In jeder Situation bleiben wir dem Ego verhaftet und handeln nicht mit Unterscheidungsvermögen. Einmal drang ein Dieb in ein Haus ein und die Bewohner wachten auf. Der Dieb floh und die Hausbewohner begannen zu schreien: „Da ist der Dieb! Fangt ihn!“ Die Bewohner rannten dem Dieb hinterher. Als ihre Zahl der suchenden Personen anstieg, mischte sich der Dieb unter die Menge und begann wie sie zu schreien: „Da ist der Dieb! Fangt ihn!“. Infolgedessen konnte ihn niemand identifizieren oder fangen. Ähnlich verhält es sich, wenn das Ego sein Haupt erhebt. Dann kann der Schüler es nicht aus eigener Kraft wahrnehmen oder aufhalten. Er muss sich einem Guru hingeben.

Der Guru ist ständig bestrebt, das Ich-Gefühl im Schüler vollständig zu entfernen. Den Worten des Gurus zu gehorchen ist keine Versklavung, sondern der Weg zu ewiger Freiheit und immerwährender Glückseligkeit. Der Guru hat nur ein Ziel: den Schüler vom Leid zu befreien. Auch wenn es dem Schüler manchmal wehtut, wenn der Guru ihn ermahnt, aber er muss sich daran erinnern, dass der Guru dies nur tut, um seine Vāsanās zu beseitigen und ihn zu seiner wahren Natur zu führen. Es wird ein wenig schmerzen, wenn die Vāsanās des Schülers entwurzelt werden. Um eine infizierte Wunde zu heilen, wird der Eiter zuerst herausgedrückt. Vielleicht muss der Arzt sogar einen Schnitt machen, um die Wunde zu entleeren. Wir könnten denken, der Arzt sei grausam. Aber wenn er aus Mitleid mit dem Patienten nur Medizin auf die Wunde aufträgt, ohne den Eiter herauszudrücken, wird die Wunde nicht heilen. Genauso können die Ermahnungen des Gurus wehtun, doch sie dienen einzig dem Ziel, die Vāsanās des Schülers zu schwächen.

Der Guru ist nicht nur ein Individuum, sondern das Höchste. Er ist die Verkörperung von Idealen wie Wahrheit, Dharma (Rechtschaffenheit), Entsagung und Liebe. In seiner Gegenwart kann der Schüler diese Ideale in sich aufnehmen und sich selbst erheben. Solch ein Kraft hat die Gegenwart des Gurus.

## Der wahre Guru

Kinder, unter den menschlichen Beziehungen ist die edelste die zwischen Guru und Schüler. In der indischen Kultur nimmt sie den höchsten Platz ein. Doch viele Menschen haben diese Beziehung nicht richtig verstanden. Manche fragen: „Ist Gehorsam und Demut gegenüber einem Guru nicht eine Form der Versklavung?“ Um die Wahrheit zu erkennen, muss das „Ich-Gefühl“ überwunden werden. Für den Schüler ist es schwierig, dieses Ich-Gefühl durch seine spirituelle Praxis allein zu überwinden. Er muss spirituelle Praxis unter der Anleitung des Gurus ausüben. Indem der Schüler seinen Kopf vor dem Guru verneigt, verbeugt er sich nicht vor einer Person, sondern vor dem Ideal, das der Guru verkörpert.

Gehorsam und Respekt gegenüber unseren Eltern, Lehrern und Ältesten helfen uns zu wachsen. In ähnlicher Weise erweitert und wächst das Bewusstsein des Schülers, wenn er dem Guru folgt.

Der Guru mag streng mit dem Schüler sein, aber es ist nur zu seinem eigenen Besten. Wenn ein Kind versucht, seine Hände ins Feuer zu halten, kann die Mutter ihm sogar einen Klaps geben. Tut sie das aus Ärger? Nein, niemals. Sie handelt aus Liebe, um das Kind vor Gefahr zu bewahren. Genauso verhält sich ein echter Guru, wenn er den Schüler zurechtweist. Seine Härte entspringt dem Wunsch, den spirituellen Fortschritt des Schülers zu fördern.

Reisen wir in einem Flugzeug, müssen wir den Sicherheitsgurt anlegen. Das ist nicht dazu gedacht, unsere Freiheit einzuschränken, sondern um unsere Sicherheit zu gewährleisten. Ähnlich rät der Guru dem Schüler, Yamas und Niyamas (ethische Gebote und Verbote) und andere Regeln für sein spirituelles Wachstum zu befolgen. Diese Einhaltung bewahrt den Schüler vor Gefahren.

Wenn jemand einen Mann sieht, der bunte Papierbögen zerschneidet, könnte er fragen: „Warum zerreißt du diese bunten Bögen und verschwendest sie?“ ohne zu wissen, dass der Künstler wunderschöne Papierblumen herstellt. Der Künstler sieht in diesen Papierstücken etwas, was andere nicht sehen können. Genauso sieht der Guru im Schüler etwas, das der Schüler selbst nicht sehen kann. Der Guru ist streng und tadelt den Schüler nur, um ihm zu helfen, das Selbst in sich zu entfalten.

Es ist unsere Einstellung, die eine Erfahrung schmerzhaft oder freudvoll macht. Der Gedanke an das Kind, das nach 9 Monaten geboren wird, macht die Schwangerschaft zu einer freudvollen Erfahrung für die werdende Mutter. Ebenso betrachtet ein Schüler, der sein spirituelles Ziel im Auge hat, den Tadel oder die Strafe des Gurus niemals als Belästigung.

Ein wahrer Guru sieht seinen Schüler niemals als Sklaven. Das Herz eines Gurus ist voller Liebe für seinen Schüler. Er sehnt sich danach, den Erfolg des Schülers zu sehen, selbst wenn dies seine eigene Niederlage bedeutet. Ein wahrer Meister ist selbst der allerbesten Mutter überlegen.

## Disziplinierung durch den Guru

Kinder, im spirituellen Leben wird der Anwesenheit des Gurus und seiner Disziplinierung große Bedeutung beigemessen. Die Anwesenheit und die Worte des Gurus fördern im Schüler wertvolle Eigenschaften wie Geduld, selbst wenn er es nicht bemerkt. Der Guru führt ihn durch Situationen, die diese Qualitäten hervorrufen. Er wird ihm Aufgaben geben, die ihm nicht gefallen. Der Schüler könnte ungehorsam sein. Dann wird der Guru ihn ermahnen und seine Worte werden den Schüler dazu anregen, über diese nachzudenken. So entwickelt der Schüler innere Stärke, um schwierige Situationen zu überwinden.

Die Liebe ist der stärkste Reinigungsfaktor für das menschliche Herz. Nur die Liebe des Gurus ist völlig uneigennützig. Selbst wenn die ganze Welt jemanden hasst, sein Guru wird es nicht tun. Er wird ihn niemals im Stich lassen.

Einst adoptierte ein Guru ein Waisenkind und zog es liebevoll auf. Die anderen Schüler hatten das Gefühl, dass er dem Waisenkind zu viel Liebe und Zuneigung entgegenbrachte. Sie waren eifersüchtig. Als das Kind heranwuchs, entwickelte es schlechte Gewohnheiten und wurde süchtig. Doch selbst dann ließ die Liebe des Gurus zu ihm nicht nach. Die anderen Schüler konnten dies nicht länger ertragen. Sie konnten einfach nicht verstehen, warum der Guru diesem Unruhestifter so viel Liebe entgegenbrachte. Eines Abends sagte ein Schüler zum Guru: „Dein geliebter Sohn ist betrunken und liegt bewusstlos auf der Straße."

Ohne ein Wort zu sagen, ging der Guru aus dem Āśhram. Nach einer Weile, fand er den Jungen bewusstlos am Straßenrand in der Kälte liegen. Er trug nicht einmal warme Kleidung. Der Guru nahm seinen Wollschal, deckte den Schüler damit zu und kehrte zum Āśhram zurück. Früh am nächsten Morgen kam der Schüler wieder zu sich. Als er den Schal sah, der ihn bedeckte, war der Schüler zutiefst beschämt: „Das ist der Schal meines Gurus!" Von Gewissensbissen und Reue überwältigt, begann er zu weinen und rannte zurück zum Āśhram. Er fiel dem Guru zu Füßen und wusch sie mit Tränen. Diese Tränen reinigten auch sein Herz. Eine Transformation fand in dem Jungen statt, den alle verachtet hatten. Er wurde sogar zu einem Vorbild für die anderen Schüler.

Der Guru, der die Samskāras (mentalen Eindrücke oder Persönlichkeitsmerkmale) seiner Schüler kennt, handelt gemäß seiner göttlichen Intuition. Bevor wir also die Handlungen des Gurus beurteilen, müssen wir zunächst unsere eigenen Grenzen erkennen. Der Guru weiß, was der Schüler für sein Wachstum braucht und handelt entsprechend. Er führt den Schüler zum Ziel, indem er ihm in jedem Augenblick den Wert des Lebens zu Bewusstheit bringt.

## Die Größe des Gurus

Kinder, manche Leute fragen: „Wenn der Guru und Gott in uns sind, warum brauchen wir dann einen äußeren Guru?" Es stimmt zwar, dass sowohl der Guru als auch Gott in uns sind. Doch die meisten Menschen sind nicht in der Lage, Gott in ihrem Inneren zu erkennen oder die Anweisungen des inneren Gurus zu hören. Mit Ausnahme einiger weniger, die mit einer hohen spirituellen Veranlagung aus früheren Leben geboren wurden, ist es für niemanden möglich, die Wahrheit ohne die Hilfe eines Satguru in menschlicher Form zu erkennen. Der Satguru ist eine sichtbare Manifestation Gottes. Aber die Bedeutung eines Satgurus steht sogar noch über Gott, denn es ist der Guru, der den Schüler, der durch unzählige Schwächen und latente Neigungen gebunden ist, mit äußerster Geduld und Mitgefühl führt.

Der Bildhauer sieht mit seinem mentalen Auge die Statue, die im Stein verborgen ist. Die Statue wird sichtbar, wenn er die unerwünschten Teile wegmeißelt. Ebenso bringt der Guru das reine göttliche Wesen, das im Schüler verborgen ist, zum Vorschein. Wenn der Schüler spirituelle Praktiken in Übereinstimmung mit den Anweisungen des Gurus ausführt, verschwinden seine Unreinheiten und die Wahrheit offenbart sich. Es ist vergleichbar mit dem, was passiert, wenn wir eine mit Wachs überzogene Statue in die Nähe des Feuers stellen: Das Wachs schmilzt und enthüllt die Statue.

Selbst wenn wir sagen, dass wir wach sind, sind wir in Wirklichkeit nicht wirklich wach, sondern im Halbschlaf oder Halbbewusstsein. Um vollständig zu erwachen, ist die Hilfe des Gurus notwendig.

Selbst wenn der Regen auf den Berg fällt, fließt das Wasser nach unten. So ist auch die Natur des Minds. Wir mögen kurzzeitig das Gefühl haben, dass sich der Mind in einem erhabenen Bereich befindet, aber innerhalb von Sekunden beginnt er zu sinken. Ganz gleich, wie viele Schriften wir studieren, der Mind wird ohne dass wir es merken, sich an das eine oder andere Sinnesobjekt binden. Der Guru kennt sowohl die Schwächen des Minds als auch die Mittel, um sie zu überwinden. Die Natur des Wassers ist es, nach unten zu fließen. Aber dasselbe Wasser steigt als Wasserdampf wieder auf. Ebenso weiß der Guru, dass er, indem er das Bewusstsein im Schüler entfacht, den Mind des Schülers zu großen Höhen erheben kann. Das Ziel des Gurus ist es, Bewusstsein im Schüler zu entflammen und er bemüht sich unermüdlich, dies zu tun. Wenn das Bewusstsein einmal entfacht ist, d.h. wenn der innere Guru erwacht ist, braucht der Schüler den äußeren Guru nicht mehr.

Jedes Wort von jemandem, dessen Bewusstsein erleuchtet ist, ist ein Satsang. Jede seiner Handlungen ist ein Gebet und eine Meditation. Jeder Atemzug eines solchen Menschen kommt der Welt zugute.

# 74. Immer lächeln, auch in Krisenzeiten

Kinder, wir müssen in der Lage sein, jeder Krise im Leben mit einem Lächeln zu begegnen. Ob wir lachen oder weinen, das Leben wird weitergehen. Wenn das so ist, ist es da nicht besser, mit einem Lächeln zu leben? Ein Lächeln ist Musik der Seele.

Wie jede andere Entscheidung ist auch Glücklich-Sein eine Entscheidung. Wenn wir uns entschließen, glücklich zu sein, egal was geschieht, können wir definitiv eine Atmosphäre der Freude in unserem Leben schaffen. Schon die Anwesenheit von jemandem, der immer fröhlich ist, weckt Freude in anderen.

Manche Menschen mögen sich fragen: „Wie kann jemand lächeln, wenn er eine schmerzliche Erfahrung oder einen großen Rückschlag durchlebt?" Probleme mit einem Lächeln anzugehen, bedeutet nicht, dass wir nie leidvolle Erfahrungen machen müssen. Es wird im Leben Leid und Misserfolge geben, aber sie dürfen uns niemals den Mut, unsere Achtsamkeit, unseren klaren Mind und unseren optimistischen Glauben nehmen. Selbst wenn wir diese Eigenschaften verlieren, müssen wir in der Lage sein, sie schnell wiederzuerlangen. Viele Menschen grübeln, geben anderen die Schuld und verzweifeln an kleinen Rückschlägen. Aber es gibt auch Menschen, die selbst im Angesicht von großem Leid mutig und optimistisch voranschreiten. Das ist es, was gemeint ist, wenn man sagt, in Krisenzeiten zu lächeln.

Manche feiern sogar Katastrophen, als wären sie Feste. Sri Kṛiṣhṇa war bekannt für sein Lächeln, das nie aus seinem Gesicht wich. In einigen Ländern werden die Toten in einer Prozession mit Gesang und Tanz zum Friedhof gebracht. So wird selbst der Tod zu einem Fest.

Manche behaupten, dass diejenigen, die den Gipfel der Spiritualität erklommen haben, in der Lage sind, dem Leben mit einem ständigen Lächeln zu begegnen, aber dass es für gewöhnliche Menschen nicht praktisch sei, Freude und Leid gleichermaßen mit einem Lächeln zu begegnen. In einer Krise zu lächeln bedeutet nicht, den Leidensdruck zu unterdrücken, sondern unter keinen Umständen zusammenzubrechen. Es geht darum, die Situation zu überwinden, nicht darum, sie zu unterdrücken. Es ist nichts Falsches daran, zu trauern, wenn wir traurig sind, aber wir dürfen nicht in diesem Zustand stecken bleiben. Wir sollten uns aufraffen und weitermachen.

Ein Lächeln ist nicht nur das Anspannen der Gesichtsmuskeln. Jede Handlung, die einem selbst und der Gesellschaft nützt, ist in der Tat ein Lächeln. Selbst wenn ein Mensch, der gute Taten vollbringt, kein äußeres Lächeln zeigt, ist sein freundliches Herz selbst ein großes Lächeln. In Wirklichkeit steckt in jeder unserer guten Taten und liebevollen Worte ein Lächeln. Ein Lächeln, das aus einem gütigen Herzen kommt, ist tröstlich und inspirierend. Es ist eine Medizin, die alle Wunden heilt.

# 75. Spiritualität

Kinder, Spiritualität ist Selbsterkenntnis. Es ist die Erkenntnis der eigenen wahren Natur. Es nützt dem König nicht, ein König zu sein, wenn er nicht weiß, dass er ein König ist. Selbst wenn sich kostbare Edelsteine unter der Hütte eines Bettlers befinden, bleibt er ein Bettler, solange er nichts von diesem Schatz weiß. Die meisten von uns befinden sich in einer ähnlichen Lage. Menschen verletzen sich gegenseitig wegen des Reichtums und der Sinnesfreuden. Sie zerstören auch die Natur. Um solche Menschen zu erheben, müssen wir uns auf ihre Ebene begeben.

Einmal kam ein seltsam gekleideter Magier in ein Dorf. Die Dorfbewohner begannen, sich über ihn lustig zu machen. Als das Gespött zunahm, wurde der Magier ärgerlich. Er murmelte einige Mantras in eine Handvoll Asche, die er in den Dorfbrunnen zuwarf. Damit verfluchte er jeden, der aus dem Brunnen trank, verrückt zu werden. Nachdem die Dorfbewohner das Brunnenwasser getrunken hatten, wurden alle verrückt. Nur der Dorfvorsteher blieb bei klarem Verstand, da er nur Wasser aus seinem eigenen Brunnen trank. Alle anderen Dorfbewohner fingen an zu schreien, was ihnen in den Sinn kam, zu tanzen und Krawall zu machen. Als sie bemerkten, dass der Dorfvorsteher sich nicht so wie sie verhielt, waren sie erstaunt. Sein Verhalten unterschied sich so sehr von ihrem, dass sie schlussfolgerten, er sei verrückt! Sie versuchten, ihn zu fangen und zu fesseln. Es herrschte das totale Chaos! Irgendwie schaffte er es, ihnen zu entkommen. Er dachte bei sich: „Die Dorfbewohner sind alle verrückt. Wenn ich mich anders als sie verhalte, werden sie mich nicht in Ruhe lassen. Wenn ich hier weiterleben will, um sie zu erheben, habe ich keine andere Wahl: Ich muss mich wie sie verhalten. Um einen Dieb zu fangen, muss man sich wie einer kleiden." Der Dorfvorsteher begann zu schreien und zu tanzen wie die anderen. Die Dorfbewohner waren erleichtert zu sehen, dass ihr Vorsteher wieder „normal" geworden war.

Der Dorfvorsteher ließ einen weiteren Brunnen graben und ermutigte die Dorfbewohner, Wasser aus dem neuen Brunnen zu trinken. Langsam wurden sie wieder normal.

Mahātmās sind wie der Dorfvorsteher in dieser Geschichte. Obwohl sie den Menschen ohne jede Erwartung dienen, werden sie vielleicht verspottet und sogar als Verrückte bezeichnet. Aber das stört sie nicht, denn sie betrachten Lob und Beleidigung gleichermaßen. Sie begeben sich auf die Ebene der Menschen und lehren sie durch ihr Beispiel, ohne Erwartungen zu dienen und zu lieben ohne zu begehren.

Spiritualität bedeutet nicht, nur an Gott zu glauben oder religiöse Rituale durchzuführen. Soll Religion zu einer Brücke werden, welche die Herzen der Menschen miteinander verbindet, anstatt Barrieren zwischen den Menschen zu errichten, müssen wir über die äußeren Bräuche und Rituale hinausgehen und das Wesen der Spiritualität verstehen. Nur dann werden sich Dharma (Rechtschaffenheit), edle Werte und selbstloses Dienen in der Gesellschaft verbreiten.

# 76. Die Verantwortung der Medien

Kinder, Zeitungen und Fernsehen sind aus dem Leben nicht mehr wegzudenken. Man kann sogar sagen, dass Medien die Menschen auf der ganzen Welt miteinander verbinden. Sie sind Spiegel unseres Landes und der Welt. Mehr noch - sie sind ein Leuchtturm für die Gesellschaft. Die Medien prägen die öffentliche Meinung. Deshalb haben sie eine große Verantwortung gegenüber der Gesellschaft.

Die Medien müssen zu einem Mittel werden, welche die öffentliche Meinung verbessern. Die zunehmende Gewalt, Ungerechtigkeit, Korruption, Konflikte und andere Probleme in der Gesellschaft sind alle unsere eigene Schöpfung. Jedes Problem beginnt zuerst im Mind. Aus diesem Grund ist es unsere erste Pflicht, den Mind zu verfeinern.

Samskāra umfasst Güte, edle Werte, erhebende Bräuche und das Bewusstsein für das, was richtig ist. Die Aufgabe der Medien ist es, die Wahrheit zu enthüllen und Missstände aufzuzeigen. Sie müssen der Öffentlichkeit beibringen, zwischen richtig und falsch zu unterscheiden. Heute bewahren die meisten Zeitungen und andere Medien keine Neutralität, wenn sie Nachrichten und Programme präsentieren, sondern stehen auf der einen oder anderen Seite. Das ist alles andere als ideal. Die Medien sollten Dharma (Rechtschaffenheit) und Samskāra fördern. Sie müssen eine schlafende Gesellschaft aufwecken und in den Menschen Unterscheidungsvermögen und Samskāra vermitteln.

Anstatt negativen Tendenzen übermäßige Aufmerksamkeit zu schenken und dadurch Verwirrung zu stiften, müssen die Medien die edlen und vorbildlichen Aspekte der Gesellschaft hervorheben. Anstatt die Menschen in einen Zustand der Lethargie einzulullen, sollten die Nachrichten- und Unterhaltungsprogramme sie zur ewigen Musik des Wachseins führen.

Indien und ihr Erdboden haben einen einzigartigen Duft: den ewigen Duft der Werte wie Entsagung, Liebe, Enthaltsamkeit und Spiritualität. Die liebevolle Bindung zwischen Eltern und Kindern, die Ehrfurcht, die die Menschen gegenüber ihren Gurus haben und gesunde Beziehungen zu den Nachbarn - das ist unser Reichtum. Selbst unsere Kunstformen sind Formen der Verehrung. Was wir brauchen, sind Unterhaltung und Wissen, die dieses glorreiche Erbe und die Kultur anerkennen. Nur dann können wir eine vorbildliche Gesellschaft gestalten. Blindes Nachahmen des Westens wird uns nur unsere Energie rauben.

Das Lebensmotto von Bhārat (Indien) ist Satyam, Śhivam, Sundaram - Wahrheit, Tugendhaftigkeit, Schönheit. Die grundlegende Aufgabe der Medien besteht darin, die Schönheit im menschlichen Leben und in der Natur zu finden und hervorzuheben. Nur das, was wahr und verheißungsvoll ist, kann uns zu wahrer Schönheit führen. Unser Fokus sollte nicht nur auf dem liegen, was populär ist, sondern auf dem, was gut und nützlich für die Gesellschaft ist.

Mögen die Medien Wissen und Unterhaltung vermitteln, die in Dharma und Samskāra verwurzelt sind und somit Motor für gesellschaftlichen Wandel sein.

## 77. Alles als göttliches Geschenk akzeptieren

Kinder, wenn Menschen im Leben scheitern, machen sie naturgemäß die Umstände dafür verantwortlich. Wir alle neigen dazu, andere Menschen oder Situationen für unsere Misserfolge, Sorgen und Schwierigkeiten zu beschuldigen. Aber wenn wir darüber nachdenken, werden wir erkennen, dass der Hauptgrund für all unsere Probleme in uns selbst liegt. Sind wir bereit, uns nach innen zu wenden und unsere Schwächen zu erkennen, können wir jede Situation überwinden.

Stellen wir uns vor, jemand wirft Müll aus dem oberen Stockwerk eines Hauses, während wir unten vorbeigehen und dieser fällt auf uns. Wir könnten uns darüber ärgern, dass derjenige den Abfall so unachtsam weggeworfen hat. Doch wenn wir erkennen, dass es nicht seine Absicht war, uns zu treffen, können wir ihm auch vergeben.

Andererseits kann es vorkommen, dass wir keine andere Wahl haben, als bestimmte Situationen gelassen hinzunehmen, auch wenn sie unangenehm sind. Stellen wir uns zum Beispiel vor, dass uns bei einem Spaziergang durch einen Mangoobstgarten eine verfaulte Mango auf den Kopf fällt und ihr verdorbener Saft über unsere Stirn und Wangen tropft. Wenn wir in unserer Wut die Mango, den Mangobaum und schließlich auch noch die Schwerkraft der Erde verfluchen, würden wir uns wie Narren verhalten, denn es ist ganz natürlich, dass reife Mangos von den

Ästen fallen. Wir müssen lernen, solche Situationen zu akzeptieren, ohne in irgendeiner Weise zu reagieren.

Für die meisten Probleme im Leben können wir aus eigener Kraft eine Lösung finden. Tun uns andere Unrecht, können wir entweder dagegen vorgehen oder ihnen vergeben; wir haben die Freiheit, das eine oder das andere zu tun. Doch es wird auch Situationen geben, die wir als Gottes Willen akzeptieren oder als unvermeidlichen Teil des Lebens betrachten müssen.

Werden wir mit Misserfolgen und Problemen konfrontiert, dürfen wir nicht den Umständen oder anderen Menschen die Schuld geben. Stattdessen müssen wir lernen, unsere eigenen Schwächen zu überwinden und die wahren Gründe für unsere Misserfolge und Probleme erkennen. Versagen wir – dann dürfen wir nicht verzweifeln, sondern müssen unsere Bemühungen erhöhen. Entzieht sich die Situation unserer Kontrolle, müssen wir sie akzeptieren, anstatt zu verzweifeln. Unter allen Umständen sollten wir die rege Präsenz des Minds wie einen unschätzbaren Edelstein bewahren.

Wenn wir Prasād[15] aus dem Tempel erhalten, könnte es sein, dass wir kleine Steine darin finden. Wir werden sie entfernen und das Prasād mit Hingabe essen. Ähnlich sollten wir in der Lage sein, jede Situation mit Prasāda-Buddhi anzunehmen, mit der Einstellung, dass sie ein Geschenk Gottes ist. Eine solche Haltung wird unsere Selbstbeherrschung und mentale Reinheit fördern. Wir werden auch in der Lage sein, unsere Fröhlichkeit zu bewahren.

---

[15] Eine Darbringung an Gott, typischerweise Nahrung, die später unter den Devotees als geweihtes Geschenk geteilt wird.

## 78. Angst

Kinder, wir sind ständig von irgendeiner Angst ergriffen und das bringt uns Minute für Minute um. Die Angst verfolgt uns, ob wir wach sind oder schlafen. Wir haben Angst, etwas zu tun oder nicht zu tun.

Die Angst ergreift uns, wenn wir das Gefühl haben, dass wir Probleme nicht lösen können. Wir vergrößern die Probleme, mit denen wir heute oder morgen konfrontiert werden und dadurch machen wir uns Sorgen. Aber wenn wir mutig einen Schritt nach vorne gehen, sehen wir, dass unsere Probleme überschaubar werden. Meistens sorgen wir uns um die Zukunft. Jedoch werfen wir aber einen Blick in die Vergangenheit, stellen wir fest, dass die meisten Ängste unbegründet waren.

Wir müssen in der Realität verankert sein. Verstehen wir die Natur der Dinge, brauchen wir sie nicht zu fürchten. Feuer wird gebraucht, um Essen zu kochen, die Kälte abzuwehren, die Dunkelheit zu vertreiben und für viele andere Dinge. Aber wenn wir Feuer berühren, verbrennen wir uns. Wenn wir jedoch seine Natur verstehen und wissen, wie wir es richtig nutzen, brauchen wir das Feuer nicht zu fürchten. Ebenso lehren uns die Schriften, mit einem Verständnis für die Welt zu leben. Mit einer spirituellen Sichtweise auf das Leben werden wir nicht unnötig von Angst beherrscht.

Wir können nicht völlig all unsere Bedürfnisse und Wünsche aufgeben, aber wir müssen unsere Begierden zügeln. Wenn wir das nicht tun, wird uns die Angst nie verlassen. Ein Mann nahm einen Kredit mit Zinsen auf, um ein Haus zu bauen, war aber nicht in der Lage, den Kredit zurückzuzahlen. Die Zinsen stiegen so sehr an, dass er selbst durch den Verkauf des Hauses seine Schulden nicht begleichen konnte. Hätte er sich vor der Aufnahme des Kredits überlegt, wie er ihn zurückzahlen kann, hätte er diese Situation vermeiden können. Deshalb müssen wir zwischen Notwendigkeiten und Luxus unterscheiden.

Übermäßige Angst schadet mehr als sie nützt. Angst lähmt den Mind und schränkt unsere Handlungsfähigkeit ein. Zwei Kinder schwammen in einem Pool. Die Mutter des einen Kindes war bei ihnen. Sie befanden sich im flachen Bereich des Pools, wo das Wasser nur zwei Fuß tief war. Die Kinder waren vier Fuß groß und es bestand keine Gefahr des Ertrinkens. Dennoch schrie eines der beiden Kinder um Hilfe. Die Mutter des anderen Kindes hob ihren Sohn hoch und sagte: „Schau, dein Freund schwimmt ohne Angst. Warum hast du Panik bekommen?"

Das Kind antwortete „Ich bekam Angst, als ich dachte, dass mich niemand retten würde, wenn ich zu ertrinken drohe. Meine Beine wurden wackelig und mir wurde schwindlig. Dann bin ich zusammengebrochen."

Die Frau fragte ihren Sohn: „Warum hattest du keine Angst?"

„Du warst doch in der Nähe. Ich wusste, bevor ich ertrinke, würdest du mich aus dem Wasser ziehen. Deshalb hatte ich keine Angst", antwortete der Sohn.

Das Vertrauen in seine Mutter gab dem Jungen Selbstvertrauen und erweckte seine natürlichen eigenen Fähigkeiten. Schwimmen wurde für ihn zu einer freudigen Erfahrung.

Das Vertrauen in Gott ist ähnlich. Wir müssen darauf vertrauen, dass der Allmächtige immer über uns wacht und uns zu Hilfe kommt, wenn Gefahr droht. Dieser Glaube gibt uns die Kraft, dem Leben mutig entgegenzutreten. Wenn Vertrauen, Glaube und Unterscheidungsvermögen zusammenkommen, verschwindet die Angst.

# 79. Angst und Liebe

Kinder, Angst ist das Haupthindernis auf unserem Weg zum Erfolg im Leben. Die Angst raubt uns die Fähigkeit, unsere Stärken und Talente zu unserem Vorteil zu nutzen. Aber es gibt eine besondere Kraft in uns, die uns helfen kann, Angst zu überwinden: Liebe. Liebe verleiht uns die Kraft, jedes Hindernis auszuräumen und voranzuschreiten.

In einem Dorf lebte eine Witwe, die ihren Lebensunterhalt damit verdiente, Milch in der Festung des Königs zu verkaufen. Eines Tages stieg sie wie üblich zur Festung auf den Berg, um Milch zu verkaufen. Als sie mit dem Verkauf fertig war, waren die Tore der Festung bereits geschlossen. Unter Tränen flehte sie die Wachen an: „Mein Kind ist ganz allein in der Hütte. Es wird schon dunkel. Wenn ich nicht bald nach Hause komme, wird mein Kind vor Angst weinen. Sollte meinem Kind etwas zustoßen, könnte ich nicht weiterleben. Habt Erbarmen und lasst mich die Festung verlassen."

Doch die Wachen weigerten sich, die Tore zu öffnen. In größter Verzweiflung suchte die Milchverkäuferin nach einem anderen Weg, um die Festung zu verlassen.

Als die Tore der Festung am nächsten Morgen geöffnet wurden, stand die Milchverkäuferin bereits draußen und wartete darauf, wieder hineinzukommen. Die Wachen waren verblüfft. Sie konnten sich nicht erklären, wie sie die Festung verlassen hatte. Also brachten sie die Frau zum König.

Der König fragte die Milchverkäuferin, wie sie die Festung verlassen habe. Die Frau erklärte ihm die ganze Situation. Der König ging mit ihr zu der Stelle, von der aus sie die Festung verlassen hatte. Es gab eine kleine Öffnung in der Festungsmauer. Selbst bei Tageslicht schien der Abstieg über die steile Felswand unmöglich. Der König fragte die Milchverkäuferin: „Hattest du beim Abstieg im Dunkeln keine Angst?"

Die Milchverkäuferin antwortete: „Gestern hatte ich nur einen Gedanken: irgendwie mein Kind zu erreichen. Ich wusste, dass mein Kind Angst haben würde, wenn es mich nicht sieht. Ich vergaß mich selbst. In meinem Herzen war kein Platz für Angst."

Weder Gefahr noch Hindernisse schreckten die Milchverkäuferin ab. Ihre Liebe zu ihrem Kind gab ihr die Kraft, alle Probleme zu überwinden.

Erfüllt die Liebe unser Herz und wir verfolgen ein hohes Ideal oder ein erhabenes Ziel, kann uns kein Hindernis davon abhalten. Selbst die Angst vor dem Tod wird uns nicht entmutigen. Die Liebe verleiht uns die Kraft, jeder Gefahr entgegenzutreten.

## 80. Karma-Yōga

Kinder, die meisten Menschen auf der Welt sind ständig in Aktion. Jeder handelt mit der Erwartung, einen Nutzen aus seinen Handlungen zu ziehen. Bekommen wir, was wir uns wünschen, sind wir glücklich, wenn nicht, werden wir traurig. Wenn unsere Erwartung an ein bestimmtes Ergebnis zu hoch ist, verlieren wir unseren inneren Frieden. Die Sorge um das Ergebnis einer Handlung macht den Mind sowohl während der Handlung als auch danach unruhig. Karma-Yoga ist der Weg Karma (Handlung), das Ursache für Bindung ist, in Karma-Yoga zu verwandeln, das zur Selbstverwirklichung führt.

Manchmal erreichen wir vielleicht nicht das, was wir uns erhoffen, obwohl wir hart gearbeitet haben. Angenommen ein Bauer arbeitete hart auf dem Feld. Doch zur Erntezeit werden seine Felder durch heftigen Regen zerstört. Daraus können wir lernen, dass das Ergebnis unserer Handlungen nicht allein von unseren Bemühungen abhängt. Deshalb legt Sri Kṛishṇa in der Bhagavad-Gītā so viel Wert auf Nishkāma Karma, d.h. auf selbstloses Handeln.

Ohne Loslösung kann man im Bereich der Handlung nie erfolgreich sein. Oft behindert unsere Bindung an bestimmte Menschen und Dinge die ordnungsgemäße Ausführung unserer Pflichten. Wir können viele Beispiele dafür in unserer Umgebung sehen. Der erfahrenste Chirurg wird nicht den Mut haben, seine eigene Frau oder sein eigenes Kind zu operieren. Ein gerechter Richter zögert vielleicht über seinen Sohn, den Hauptangeklagten in einem Mordfall, ein Urteil zu fällen. Diese Beispiele zeigen, wie stark unsere Bindung an Menschen unsere Leistungsfähigkeit beeinträchtigen kann.

Eigentlich ist es nicht die Handlung (Karma) selbst, die uns bindet. Karma-Yoga ist der Weg, um mit höchster Effizienz zu arbeiten und dennoch nicht an die Handlung gebunden zu sein.

Amma erinnert sich an eine Geschichte. Ein Mann hatte während eines Festes zu viel Ghee (geklärte Butter) gegessen. Am nächsten Tag litt er an Verdauungsstörungen. Da er die Magenschmerzen nicht ertragen konnte, suchte er einen Arzt auf, der ihm sagte: „Bringen sie mir einen Liter Ghee, ich werde daraus eine Medizin zubereiten".

Der Mann war erstaunt und erwiderte: „Doktor, ich leide an Verdauungsstörungen, weil ich zu viel Ghee gegessen habe. Wollen sie meinen Zustand verschlimmern, indem ich noch mehr Ghee nehmen muss?"

Doch der Arzt bestand darauf und der Patient brachte widerwillig einen Liter Ghee mit. Der Arzt fügte dem Ghee einige Kräuter hinzu und verabreichte dem Patienten eine dosierte Menge. Der Mann erholte sich.

Ähnlich bringen Handlungen, die unvorsichtig oder mit der falschen Einstellung ausgeführt werden, Unglück. Doch die Lösung ist ebenfalls Handlung allerdings solche, die ohne Ego und Anhaftung ausgeführt wird. Karma ist nicht gefährlich, wenn die Einstellung dahinter richtig ist. Es wird der Welt nützen.

Der Karma Yōgī weiß, das Ergebnis der Handlung liegt nicht in seiner Hand, da er nur ein Instrument in Gottes Hand ist. Deshalb führt er jede Handlung, gleich welcher Art, mit größter Aufrichtigkeit aus und akzeptiert jedes Ergebnis, was auch immer es ist, als Gottes Willen. Er macht sich keine Sorgen um die Früchte seiner Handlung.

Karma-Yōga ist der praktischste Weg des Handelns. Es ist der Weg, der zum letztendlichen Ziel der spirituellen Befreiung führt. Mögen meine Kinder die Kraft haben, auf diesem Weg voranzuschreiten.

# 81. Jugendliche und Rauschmittel

Kinder, die Sucht nach Rauschmitteln ist eine der größten Gefahren, denen die Jugend heute ausgesetzt ist. Die Eltern schicken ihre Kinder in die Schule und hoffen, dass sie im Leben erfolgreich werden. Es kann aber sein, dass die Kinder in schlechte Gesellschaft geraten und von schlechten Gewohnheiten beherrscht werden. Anstatt eine Stütze und Trost für ihre Eltern und ein Stolz für die Nation zu sein, zerstören sie sich selbst und schaden anderen.

Die Vorstellung, dass Drogen Glück bringen, ist ein Mythos. Der Versuch, Glück in äußeren Dingen zu finden, ist so, als würde man versuchen, ein Feuer zu schüren, indem man auf ein Glühwürmchen pustet!

In einem Dorf lebte ein Junge, der eifrig lernte. Er hatte keine schlechten Gewohnheiten und gab nie unnötig Geld aus. Gaben seine Eltern ihm Taschengeld, verteilte er das Geld an arme Schüler, damit sie ihr Schulgeld bezahlen konnten oder er kaufte ihnen Schulbücher oder Schuluniformen. Er wurde von allen bewundert.

Eines Tages wurde er von einigen Mitschülern gezwungen, mit ihnen ins Kino zu gehen. Auf dem Rückweg begannen sie zu rauchen und boten ihm eine Zigarette an. Als er ablehnte, überredeten sie ihn, es doch einmal zu versuchen. Nach der ersten Zigarette forderten sie ihn auf weiter zu rauchen. Er dachte, dass es nichts ausmache, ein oder zwei Zigaretten zu rauchen.

Später überredeten sie ihn, Bier zu trinken. Bald wurden Rauchen, Trinken und Drogenkonsum zu Gewohnheiten. Er begann, von seinen Eltern Geld für diese Laster zu verlangen. Der Junge, der früher jeden Morgen ehrfürchtig die Füße seiner Eltern berührte, verlor allen Respekt vor ihnen. Er stritt täglich mit ihnen um Geld. Doch egal wie viel er bekam, es reichte nie aus. Schließlich begann er zu stehlen und erpresste Geld.

Als er einmal unter Drogen stand, griff er einen Mann an, der daraufhin starb. Der Junge wurde verurteilt und kam ins Gefängnis. Dieser Junge, der einst der Liebling der Dorfbewohner, seiner Lehrer und seiner Klassenkameraden war, wurde nun ein Dieb, Schläger und eine Bedrohung für die Gesellschaft, die ihn verachtete.

Freundschaft ist wie ein Fahrstuhl; sie kann uns nach oben oder unten bringen, je nachdem welchen Knopf wir drücken. Ebenso hilft uns gute Gesellschaft auf dem Weg in eine strahlende Zukunft, während schlechte Gesellschaft zu unserem Untergang und unserer Zerstörung führt. Wenn wir eine stagnierende Pfütze auf unserem Weg sehen, umgehen wir sie vorsichtig. Ebenso sollten wir Menschen, die auf Abwege geraten sind und uns ihre Freundschaft anbieten, klugerweise meiden.

## 82. Korruption

Kinder, die Zahl der religiösen Menschen in unserem Land (Indien) nimmt zu. Die Orte der Verheerungen füllen sich immer mehr. Dennoch breiten sich Korruption und der Verfall von Werten in der Gesellschaft aus. Vorfälle von sexueller Belästigung von Frauen und Gewalttaten werden immer häufiger. Manche fragen, wie wir diesen Widerspruch erklären können.

Korruption gibt es in der einen oder anderen Form nicht nur in Indien, sondern überall auf der Welt. Der Unterschied liegt nur im Ausmaß. Die Menschen glauben an Gott, aber ihr Wissen über spirituelle Prinzipien ist begrenzt. Ihr religiöses Bewusstsein beschränkt sich darauf, für die Erfüllung von Wünschen zu beten und religiöse Rituale und Feste zu feiern. Die vorherrschende Ansicht, das Ziel des Lebens ist, so viel Geld wie möglich zu verdienen, um materielle Annehmlichkeiten zu genießen, hat sich heute durchgesetzt. Obwohl die Zahl der Devotees zugenommen hat, können wir nicht feststellen, dass Hingabe an Gott in der Gesellschaft entsprechend gestiegen ist. Dennoch können wir nicht behaupten, dass der Glaube an Gott keine Veränderung bewirkt hätte. Es ist dem Glauben zu verdanken, dass die Welt so viel Rechtschaffenheit (Dharma) bewahrt hat, wie es der Fall ist.

Es hat keinen Sinn, über den Verfall der Gesellschaft zu lamentieren. Bevor wir anderen die Schuld geben, müssen wir zuerst uns selbst prüfen. Wir müssen uns nach innen wenden, unsere eigenen Fehler erkennen und aufrichtig versuchen, sie zu korrigieren.

Es war einmal ein armer Bauer, der Butter an den Besitzer einer nahegelegenen Bäckerei verkaufte. Nach einiger Zeit begann der Bäcker den Verdacht zu hegen, dass der Bauer ihm weniger Butter lieferte als zuvor. Er begann, die Butter zu wiegen und stellte fest, dass es einen erheblichen Unterschied gab. Er erstattete Anzeige gegen den armen Bauern und behauptete, dieser habe ihn betrogen. Der arme Bauer wurde vor Gericht geladen, wo der Richter anordnete, dass die Waage des Bauern gebracht werde. Der Bauer sagte ernsthaft: „Herr, ich habe weder eine Waage noch irgendwelche Gewichte. Ich kaufe das Brot in seiner Bäckerei. Ich habe ihm immer so viel Butter gegeben, wie das Brot gewogen hat. Wenn die Buttermenge geringer ist als früher, dann ist der Bäcker dafür verantwortlich."

Wir brauchen nicht darauf zu warten, dass sich andere verbessern, bevor wir versuchen, uns selbst zu bessern. Wir müssen uns zuerst ändern. Jeder von uns muss ein Vorbild für andere sein, denn wissentlich oder unwissentlich folgt jemand unserem Beispiel.

Gut und Böse beginnen zu Hause. Die Eltern müssen Vorbilder für ihre Kinder sein. Zuhause und in der Schule muss ein Umfeld herrschen, in dem Werte vermittelt werden. Dann können wir die Korruption, die es in allen Lebensbereichen gibt, zumindest bis zu einem gewissen Grad beseitigen. So können wir künftige Generationen vor den Fesseln der Korruption bewahren.

# 83. Jugend

Kinder, die Jugend ist die dynamischste Phase im Leben eines Menschen. Junge Menschen haben Energie und Begeisterung. Sie sehnen sich danach, aktiv zu sein und Großes zu leisten. Die Jugend ist auch oft von Idealismus geprägt. Doch das Problem ist, dass die lebhaften und impulsiven Handlungen junger Menschen manchmal einen Mangel an Geduld und Reife offenbaren. Junge Menschen haben Wissen, aber es fehlt ihnen an Bewusstheit. Solange es uns an Unterscheidungsvermögen fehlt, ist unser Wissen unvollständig wie eine Blume ohne Duft oder ein Wort ohne Bedeutung. Echte Transformation findet statt, wenn Wissen und Bewusstsein sich vereinen.

Werden jungen Menschen das richtige Wissen und die richtige Richtung vermittelt und ihre Energien richtig gelenkt, kann die Gesellschaft Großes durch sie erreichen. Swāmī Vivēkānanda war eine herausragende Persönlichkeit, die das Potenzial der Jugend verstand und sich bemühte, ihre Stärken in die richtige Richtung zu lenken. Es ist nicht verwunderlich, dass seine Mischung aus Weisheit, Mut, Idealismus und dem eifrigen Wunsch, Gutes für die Gesellschaft zu tun, ihn zu einem Vorbild für junge Menschen machte.

Was uns zurückhält, sind Faulheit, mangelndes Selbstvertrauen und die Angst vor dem Scheitern. Diese können wir mit einem unbeugsamen Willen, dem richtigen Wissen und unermüdlichem Bemühen überwinden. Junge Menschen müssen sich darüber im Klaren sein, dass in nicht allzu ferner Zukunft das Alter auf sie wartet. Sie sollten alles tun, was notwendig ist, um ihr Leben zu erfüllen, solange sie jung und gesund sind.

Junge Menschen haben Kraft und Vitalität. Wenn es gelingt, ihre Energie in die richtige Richtung zu lenken, können sie in dieser Welt Wunder bewirken. Wenn wir die Kraft der Jugend nutzen wollen, um die Gesellschaft zu verändern, müssen wir zuerst das Bewusstsein für das Ziel (Lakṣhya-Bōdha) in ihnen wecken. Ihre Ziele sollten sich nicht nur darauf beschränken, einen guten Job zu finden und ein bequemes Leben zu führen. Es reicht nicht aus, Fische von der Oberfläche des Ozeans zu fangen. Wir müssen tief ins Leben eintauchen, um wertvolle Perlen zu sammeln.

Die Jugend muss in der Lage sein, die Gesellschaft kreativ zu verändern und in ihrem eigenen Leben Erfüllung zu finden. Sie brauchen sowohl materielles Wissen als auch eine spirituelle Ausrichtung. Ihr Herz muss mit den leidenden Menschen um sie herum mitfühlen. Sie müssen die spirituelle Kraft erlangen, den Herausforderungen des Lebens mutig entgegenzutreten und voranzuschreiten, ohne den Mut zu verlieren. Große Errungenschaften sind nur durch Opfer möglich. Daher sollten sie bereit sein, Schwierigkeiten und Opfer zu ertragen. Sie müssen den Mut aufbringen, das Gute zu erkennen und zu übernehmen, wo immer sie es sehen, und sich vom Bösen abwenden.

Die Kultur unseres Landes kann uns all das ermöglichen. Sie hat viele vorbildliche Persönlichkeiten wie Vivēkānanda hervorgebracht. Unsere Weisen vermittelten das Wissen, das einem hilft, alles Leid zu überwinden. Es genügt, die Aufmerksamkeit unserer Jugend auf diesen unschätzbaren Reichtum zu lenken.

Kommen Wissen und Unterscheidungsvermögen zusammen, verstärken sich alle inneren Talente und Fähigkeiten und derjenige wird in der Lage sein, Liebe, Frieden, Glück und Erfolg im Leben zu finden.

## 84. Dankbar sein

Kinder, Dankbarkeit ist eine der edelsten Eigenschaften, die jeder Mensch besitzen sollte. Hinter jeder unserer Errungenschaften stehen die Ermutigung, Hilfe und Anleitung vieler Menschen. Wir müssen all diesen Menschen dankbar sein. Da es göttliche Gnade ist, die jede Bemühung zum Erfolg führt, sollten wir auch Gott gegenüber dankbar sein. Auch aus den bitteren Erfahrungen des Lebens können wir viele Lektionen lernen. Sie helfen uns, reiner und stärker zu werden. Deshalb sollten wir auch dem Leben selbst dankbar sein.

Einst fand ein Bettler einen Beutel mit alten Goldmünzen am Wegesrand. Er ging zum Palast und übergab den Beutel dem König, der zu seiner Freude erkannte, dass es die wertvollen Münzen waren, die er vor Jahren verloren hatte. Erfreut über die Ehrlichkeit des Bettlers ernannte der König ihn zum Minister und setzte ihn als Verantwortlichen für die königliche Schatzkammer ein. Den anderen Ministern gefiel das gar nicht.

Nach einigen Tagen meldeten sie dem König, dass viele Gegenstände aus der Schatzkammer verschwanden und beschuldigten den neuen Minister des Diebstahls. Jeden Tag kam der neue Minister mit einem Bündel in der Hand im Palast an und verließ ihn damit wieder. Die anderen Minister behaupteten, das Bündel enthalte gestohlene Gegenstände aus der Schatzkammer, die der neue Minister nach Hause bringe. Der König konnte dies nicht glauben und beschloss, die Angelegenheit selbst zu überprüfen.

Am nächsten Tag versteckte er sich auf dem Dachboden der Schatzkammer. Wie gewohnt kam der Minister zur Schatzkammer. Er öffnete das Bündel und nahm ein paar alte Lumpen heraus. Es waren die Kleider, die er getragen hatte, als er noch ein Bettler war. Dann zog er die zerlumpten Bettlerkleider an, stellte sich vor einen Spiegel und sagte zu sich selbst: „Durch göttliche Gnade bist du nun ein Minister. Sei immer dankbar dafür. Schon morgen kannst du all diese Macht und dieses Ansehen verlieren. Veränderung ist die Natur des Lebens. Heiße all die Erfahrungen willkommen, die das Leben dir gibt. Sei dankbar für das Leben."

Berührt von seinen Worten stieg der König herab und umarmte den Minister liebevoll. Da es keinen Thronfolger gab, erklärte der König den Minister zu seinem Nachfolger.

Wie der Minister in dieser Geschichte müssen wir immer ein Herz voller Dankbarkeit haben. Wir dürfen nicht überheblich wegen unseren kleinen oder großen Errungenschaften werden. Wir sollten stets dankbar gegenüber denen sein, die uns geführt und für die Umstände, die uns zu unserem Erfolg gebracht haben. Vor allem aber sollten wir Gott dankbar Zufriedenheit und Dankbarkeit die Hauptmerkmale unseres Lebens sein.

## 85. Wissenschaft und Spiritualität

Kinder, sowohl die Wissenschaft als auch die Spiritualität streben danach, die Wahrheit hinter dem Universum zu entdecken - die Wissenschaft durch eine äußere Untersuchung, Spiritualität durch die innere Suche. Die Wissenschaft betrachtet das Objekt der Untersuchung als getrennt vom Beobachter. Wir nehmen diese Welt durch die Sinnesorgane, den Mind und den Intellekt wahr. Wir können niemals Wissen über ein Objekt erlangen, ohne die Sinnesorgane, den Mind und den Intellekt zu nutzen.

Eine Ameise sieht einen Elefanten nicht auf die gleiche Weise wie ein Mensch. Ihr Sehvermögen ist anders als das unsere und deshalb kann sie niemals die wirkliche Form eines Elefanten erkennen. Ebenso sieht eine Kakerlake einen Elefanten auf eine ganz andere Weise. Daraus können wir schließen, dass unsere Sichtweise des Universums von unseren begrenzten Sinnesorganen, unserem Mind und unserem Intellekt abhängig ist. Es ist kein exaktes Bild.

Das Universum um uns herum befindet sich in einem ständigen Wandel. Ein Samen, der in die Erde gepflanzt wird, wächst zu einem Baum heran. Irgendwann stirbt auch dieser Baum. Ein Topf ist aus Ton hergestellt. Wenn der Topf zerstört wird, wird er wieder zu Ton. In Wahrheit wird nichts zerstört, nur die Eigenschaften verändern sich ständig. Inmitten all dieser Veränderungen gibt es etwas, das unverändert bleibt - das Substrat, das reine Bewusstsein, welches frei von Eigenschaften ist.

Die Entdeckungen und Theorien der Wissenschaft beruhen auf dem begrenzten Wissen der jeweiligen Zeit. Daher können sich die Thesen von heute schon morgen als falsch erweisen. Heute entdecken wir vielleicht ein neues Medikament. Nach einiger Zeit finden wir möglicherweise heraus, dass es unerwünschte Nebenwirkungen hat. Wird es dann aus den Geschäften zurückgerufen, sind vielleicht schon einige Menschen an den Folgen der Einnahme dieses Medikaments erkrankt oder gestorben.

In diesem Sinne ist die Geschichte der Wissenschaft eine fortlaufende Geschichte von Versuch, Irrtum und neuen Entdeckungen. Ganz gleich, wie viele Entdeckungen die Wissenschaft macht, es wird immer noch viel mehr zu entdecken geben. Es ist, als ob zwei Anwälte ohne Richter streiten – ihr Streit wird niemals enden. Bei der Suche nach der Wahrheit des Universums spielt die Spiritualität die Rolle des Richters. In der Spiritualität gibt es ein erfolgreiches Ende. Das Substrat des Universums ist Bewusstsein und selbst ist man nichts anderes als eben das. Wenn man erkennt, das Universum ist eine Manifestation dieses Bewusstseins, endet die Suche nach der Wahrheit.

## 86. Gott in Allem sehen

Kinder, viele Menschen fragen sich, ob die indischen Bräuche und Traditionen der Verehrung primitiv sind. Auf den ersten Blick mögen sie so erscheinen, wenn wir jedoch die Prinzipien und Ideale hinter diesen Praktiken verstehen und verinnerlichen, sehen wir, dass sie tatsächlich sinnvoll und nützlich sind. Andernfalls wären sie nichts weiter als leere Rituale.

Das göttliche Bewusstsein belebt alles in der Natur. Gott ist die Essenz aller Wesen sowohl der bewegten als auch der unbewegten. Die Natur ist eine Manifestation Gottes. Die alten Weisen erkannten diese Wahrheit und sahen das göttliche Bewusstsein in allem. So wurde die Verehrung von Vögeln, Tieren, Bäumen, Bergen, Flüssen und Wäldern Teil unserer Kultur. Es gibt nichts im Universum, das nicht der Verehrung würdig ist, denn Gott wohnt allem inne. Alles als eine Manifestation Gottes zu verehren, ohne zwischen niedrig und hoch zu unterscheiden, ist ein einfacher Weg, die alles durchdringende Natur Gottes zuerkennen.

Wenn Gott vollkommen und vollständig ist, dann ist auch seine Schöpfung vollkommen und vollständig. Benutzen wir die Flamme einer Kerze, um tausend andere Kerzen anzuzünden, werden diese Kerzen genauso hell brennen wie die erste Kerze. Gibt es irgendeine Kerze, die wir als unvollkommen oder unvollständig bezeichnen können? In diesem Universum, von Gott durchdrungen, gibt es nichts, was wir als unedel oder hässlich betrachten könnten. Dafür brauchen wir jedoch Augen, die diese Vollkommenheit erkennen.

Alle Lebewesen in der Natur sind miteinander verbunden. Leben alle Lebewesen harmonisch zusammen, wird das Leben freudvoll. Der Mensch überlebt nur dank Flora und Fauna. Ohne sie kann es keine Menschheit oder menschliche Kultur geben. Alle anderen Geschöpfe tragen zum Gleichgewicht in der Natur bei; nur der Mensch stört es. Durch seine Selbstsucht und seine übermäßige Gier nach Vergnügen schadet er allem in der Natur und tötet sogar seine Mitmenschen. Der Mensch ist der einzig falsche Ton in der harmonischen Melodie der Natur.

Unsere Vorfahren verstanden, dass jedes Lebewesen eine bedeutende Rolle beim Erhalt des Gleichgewichts in der Umwelt spielt. Deshalb entwickelten sie praktische Methoden, um Vögel, Schlangen, Bäume und Haine zu schützen. Die Traditionen und Rituale, die sie uns hinterlassen haben, sollten ebenfalls das Gleichgewicht der Natur bewahren. Keine dieser Praktiken verschmutzt die Natur. So schufen sie eine Kultur, welche die Natur als Mutter betrachtet und sie schützt. Sie lehrten uns, alle zu lieben und ihnen zu dienen.

Was ist eigentlich falsch daran, Tiere zu verehren? In vielerlei Hinsicht sind sie weiterentwickelt als der Mensch. Viele Tiere haben einen sehr viel stärker ausgebildeten Seh-, Hör- und Geruchssinn. Vögel und Tiere spüren Naturkatastrophen vor den Menschen und ziehen sich an sicherere Orte zurück. Vom Eifer, dem Zusammenhalt und der Begeisterung von Ameisen kann der Mensch viel lernen. Wie sonst könnten wir Geschöpfe, Bäume, Berge und Wälder, die uns das Leben ermöglichen, betrachten, wenn nicht mit Respekt und Ehrfurcht?

Unsere Vorfahren berührten die Erde ehrfürchtig, sobald sie aufwachten. Wir sollten lernen, uns vor jedem Gegenstand, den wir benutzen, zu verneigen. Unsere Herzen werden sich weiten, wenn wir alle Geschöpfe als Manifestationen Gottes sehen. Wir empfinden allen gegenüber Liebe und werden in der Lage sein, unser Herz für Flora und Fauna zu öffnen. So werden wir die Haltung entwickeln, uns sogar vor einer Ameise zu verneigen. Dann werden wir in der Lage sein, das göttliche Bewusstsein in allem zu erfahren. Die höchste spirituelle Praxis ist es, Gott in allem zu sehen. Es ist auch die höchste Verwirklichung.

# 87. Vasudhaiva Kuṭumbakam – Die Welt ist eine Familie

Kinder, das Überleben der Welt hängt von Liebe und Mitgefühl ab. Auch wenn es heute viele Schwingungen von Wut, Hass und Selbstsucht in der Welt gibt, so entstehen in bestimmten Ecken auch Schwingungen von Liebe, Mitgefühl und Selbstlosigkeit. Es sind die Vibrationen des Mitgefühls, welche das Gleichgewicht in der Welt aufrechterhalten.

Viele Vogel- und Tierarten stehen kurz vor dem Aussterben. Obwohl dies ein ernstes Problem ist, sind wir uns eines viel schwerwiegenderen Problems nicht bewusst: dem drohenden Aussterben von mitfühlenden Menschen. Solche Menschen sind zwar noch nicht gänzlich verschwunden, aber freundliche Herzen verschwinden schnell von dieser Erde. Wir müssen aufwachen und über die Konsequenzen nachdenken. Viele von uns sind stolz auf die intellektuellen Fortschritte, die wir gemacht haben, aber wir sind uns nicht bewusst, dass das Herz dabei ausgetrocknet ist

Einmal führten Schüler einer Schule für geistig eingeschränkte Menschen ein Theaterstück auf. In einer Szene suchte ein Bettler Schutz vor der eisigen Kälte der Nacht. Als er zu einer Villa kommt, wird er von den Bewohnern beschimpft und fortgejagt. Er fühlt sich verletzt und ging. Als einer der geistig eingeschränkten Schüler im Publikum dies sah, war er so bewegt, dass er auf die Bühne ging und sagte: „Sei nicht traurig. Komm mit mir nach Hause. In meinem Zimmer ist Platz für einen weiteren Menschen." Als das Publikum diese unschuldigen Worte hörte, begann es anerkennend zu applaudieren. Vielen standen die Tränen in den Augen. Wie viele von uns, die stolz auf ihre Intelligenz sind, besitzen so viel Mitgefühl wie dieses geistig eingeschränkte Kind?

Heute ist die Gesellschaft im Kreislauf von Selbstsucht und Habgier gefangen. Liebe und Mitgefühl sollten sich nicht auf Familie und Freunde beschränken. Liebe bedeutet, sich selbst in anderen zu sehen. Wenn das „Ich-Gefühl" vollständig verschwindet, wird Liebe zu Mitgefühl. Denken wir an „mein Zuhause" oder „meine Leute", schließen wir andere aus. Wenn wir uns dagegen als Einheit betrachten, als Perlen, die auf einem Lebensfaden aufgereiht sind, wird jeder zu „unserem Eigenen".

Wenn die Liebe zu allen Wesen im Universum überfließt, wird die ganze Welt zu einer Familie. Das ist es, was unsere Vorfahren meinten, mit *Vasudhaiva Kuṭumbakam.*

## 88. Universeller Frieden

Kinder, die Menschen im Allgemeinen sind heute unzufrieden und beunruhigt. Der menschliche Mind ist von Angst und Misstrauen erfüllt. Wenn man ihnen eine Gelegenheit gibt, werden sich Menschen und Nationen gegenseitig niedertrampeln und zerstören. Selbstsucht und Egoismus haben das Leben in ein Schlachtfeld verwandelt. Das ist die Welt, in der wir leben.

Das bedeutet nicht, dass das Gute vollständig aus der Welt verschwunden ist. Es gibt viele Menschen, die sich unermüdlich für das Wohl der Menschheit einsetzen. Trotzdem verschlimmert sich das Ausmaß des Bösen und das Gute gedeiht nicht in ausreichendem Maße, um das Aufblühen des Bösen einzudämmen.

Ein reicher Mann traf nach vielen Jahren einen alten Freund. Er sagte: „Komm, lass uns eine Weile im nahegelegenen Park sitzen." Auf dem Weg dorthin sagte der reiche Mann: „Wir sind zusammen aufgewachsen und haben zusammen gespielt. Wir gingen auch auf dieselbe Schule. Aber heute liegen Welten zwischen uns."

Sein Freund sagte nichts. Nach einiger Zeit blieb der reiche Mann plötzlich stehen. Er hob eine Fünf-Rupien-Münze vom Boden auf und sagte: „Die ist dir aus der Tasche gefallen." Sie gingen weiter. Plötzlich blieb der Freund stehen und ging zu einem dornigen Busch in der Nähe. Ein Schmetterling, der zwischen den Dornen eingeklemmt war, schlug krampfhaft mit den Flügeln. Behutsam und geduldig befreite der Freund den Schmetterling und sah zu, wie er fröhlich in den Himmel flatterte. Der reiche Mann fragte erstaunt: „Wie hast du den Schmetterling überhaupt bemerkt?"

Sein Freund antwortete: „Wie du gesagt hast, gibt es einen großen Unterschied zwischen uns. Er besteht darin, dass du das Klirren der Münzen hörst, während ich einen Herzschlag höre."

Schaut euch den Unterschied in ihrer Haltung an. Unsere Gedanken und Handlungen bestimmen unser Samskāra (Veranlagung) und unsere Persönlichkeit. Jeder sollte schon von Kindheit an lernen, dass Güte aus Liebe und Zusammenarbeit entsteht und Katastrophen durch Hass und Konflikt heraufbeschworen werden.

Wir müssen uns bemühen, die Gefühle der anderen zu verstehen und entsprechend zu handeln. Jede Nation muss zu Augen, Ohren, Stimme, Herz, Mind und Körper anderer Nationen werden. Nur dann können sie die Sorgen und Schwierigkeiten anderer Länder verstehen und angemessen darauf reagieren. Nur dann kann die Welt eine Einheit werden. Nur durch ein solches Wachstum können wir Gleichheit, Zusammengehörigkeit und Frieden erreichen.

## Der Weg zum Frieden

Kinder, Amma ist traurig, wenn sie die heutige Welt betrachtet. Überall sehen wir Bilder von Blutvergießen und Tränen. Wir zeigen nicht einmal kleinen Kindern gegenüber Mitgefühl. Wie viele unschuldige Menschen sterben täglich durch Kriege und Terroranschläge in verschiedenen Teilen der Welt? Auch in der Vergangenheit gab es Kriege. Aber damals hielten sich die Menschen an die Kriegskonventionen, z. B. keine Unbewaffneten anzugreifen und nicht nach Sonnenuntergang zu kämpfen. Aber heute wird jede Gräueltat oder ungerechte Handlung als akzeptabel angesehen. Selbstsucht und Egoismus regieren die Welt.

Die Wurzel allen Zerstörens ist das Ego. Die schlimmste Zerstörung wird von zwei Arten von Egos angerichtet: erstens dem

Ego der Macht und des Geldes; zweitens dem Ego, das sagt: „Nur meine Sichtweise ist die richtige, und ich werde keine andere Meinung tolerieren." Solange wir nicht von diesen Egos befreit sind, können wir keinen Frieden im Leben erfahren.

Alle Standpunkte sind wichtig. Wir müssen den Standpunkt eines jeden respektieren und versuchen, ihn zu berücksichtigen. Tun wir das, können wir diese sinnlosen Kriege und das Blutvergießen beenden.

Um die Standpunkte der anderen zu verstehen und zu respektieren, müssen wir die Liebe in uns erwecken. Viele von uns sind sehr daran interessiert, neue Sprachen zu lernen. Aber keine Sprache außer der Sprache der Liebe kann uns wirklich helfen, einander zu verstehen. Diese Sprache haben wir völlig vergessen.

Amma erinnert sich an eine Begebenheit. Einmal gingen Freiwillige einer humanitären Organisation zu einem wohlhabenden Geschäftsmann, um Spenden für ihre Hilfsaktionen zu erbitten. Sie sprachen ausführlich über die traurige Notlage derer, die leiden. Ihre Schilderungen hätten jedes Herz zum Schmelzen gebracht, aber der Geschäftsmann war nicht daran interessiert, ihnen zuzuhören. Als die enttäuschten Freiwilligen aufstanden, um zu gehen, sagte der Geschäftsmann: „Wartet. Ich habe eine Frage. Wenn ihr die richtige Antwort gebt, helfe ich euch. Ich habe ein künstliches Auge. Könnt ihr mir sagen, welches es ist?"

Die Freiwilligen schauten ihm aufmerksam in die Augen. Einer von ihnen sagte: „Das linke Auge ist das künstliche."

„Unglaublich! Bisher hat noch niemand mein künstliches Auge erkannt, obwohl es sehr teuer ist. Wie hast du es erkannt?"

Der Freiwillige antwortete: „Ich habe tief in beide Augen geblickt. In Ihrem linken Auge sah ich eine Spur von Mitgefühl, während Ihr rechtes Auge hart wie Stein war. Deshalb war ich mir sicher, dass Ihr wahres Auge das rechte ist!"

Dieser Geschäftsmann ist ein Symbol für unsere Zeit. Unsere Köpfe sind durch Egoismus erhitzt und unsere Herzen sind durch Selbstsucht erfroren. Es sollte anders sein. Das Herz sollte warm sein vor Liebe und Mitgefühl. Der Kopf sollte kühl durch die Weite der Weisheit sein.

Liebe und Mitgefühl sind unser größter Reichtum, aber diesen Reichtum haben wir verloren. Weder wir noch die Welt können überleben, wenn wir nicht die Zärtlichkeit der Liebe in unseren Augen wiederherstellen. Wir müssen diese Zärtlichkeit in uns erwecken.

## Frieden und Zufriedenheit

Kinder, viele Organisationen und Einzelpersonen arbeiten unermüdlich für den Weltfrieden und das Glück und die Zufriedenheit der Menschheit. Trotzdem konnte das Gute nicht der Ausbreitung des Bösen standhalten. Wir haben die Liebe, den Respekt und das Vertrauen vergessen, die sich die Menschen gegenseitig entgegenbringen sollten. Jeder denkt nur noch daran, seine eigenen Wünsche zu erfüllen, koste es, was es wolle.

Wir geben Millionen für die nationale Sicherheit und Kriege aus und opfern dafür unzählige Menschenleben. Wenn wir stattdessen auch nur einen Bruchteil dieses Geldes und dieser menschlichen Anstrengung für die Förderung des Weltfriedens aufwenden, könnten wir mit Sicherheit Frieden und Harmonie wiederherstellen.

Wir haben die grundlegende Wahrheit vergessen, dass der menschliche Mind die Ursache für alle Probleme in der Welt ist und sich die Welt nur verbessert, wenn sich der Mind positiv verändert. Religion und Spiritualität helfen uns, Wut in Mitgefühl, Hass in Liebe und Eifersucht in Sympathie zu verwandeln. Eine Gesellschaft setzt sich aus Individuen zusammen. Es ist der Konflikt im menschlichen Mind, der zum Krieg führt. Wenn sich der Einzelne verändert, wird sich auch die Gesellschaft automatisch verändern. Anstatt Rache und Hass zu nähren, sollten wir Liebe und Frieden in unseren Gedanken kultivieren. Alles, was wir tun müssen, ist es zu versuchen.

Es sind nicht die Zeiten, die den Wandel bewirkt haben, sondern die mitfühlenden Herzen. Wir müssen in der Lage sein, mehr solcher Herzen zu fördern. Das sollte unser oberstes Ziel sein.

Versuchen wir, ein Herz zu fördern, das verzeihen und vergeben kann, um so der Welt einen neuen Aufschwung zu geben. Es hat keinen Sinn, in der Vergangenheit zu wühlen. Es wird weder der Welt noch den Menschen nützen. Wir müssen den Weg der Feindschaft und der Rache verlassen und die gegenwärtige Lage in der Welt unvoreingenommen beurteilen. Nur dann können wir den Weg zum Fortschritt beschreiten.

Dies ist das Zeitalter der Einheit. Wir werden unsere Ziele nur erreichen, wenn wir zusammenarbeiten. Was die Welt heute braucht, sind Menschen, die in Wort und Tat ehrenhaft sind. Wenn es solche Vorbilder gibt, die ihre Mitmenschen inspirieren, wird die Dunkelheit, welche die Gesellschaft umhüllt, durch das Licht des Friedens und der Harmonie vertrieben. Lasst uns gemeinsam daran arbeiten, dies zu erreichen.

Möge der Baum des Lebens fest in der Erde der Liebe verwurzelt sein. Mögen gute Taten seine Blätter sein, freundliche Worte seine Blüten und Frieden seine Frucht. Möge die Welt zu einer einzigen Familie werden, vereint in Liebe. Mögen wir die stolzen Bewohner einer Welt sein, die vom Licht des Friedens und der Zufriedenheit erleuchtet wird.

## Die Welt ist eine Blume

Die Welt von heute ist wie ein Nashornvogel[16], der nach dem klaren Regenwasser der Liebe und des Friedens dürstet. Zusammenstöße,

---

[16] Der indischen Mythologie zufolge trinkt der Nashornvogel nur Regentropfen und kein anderes Wasser.

Terroranschläge und Kriege finden jeden Tag an dem einen oder anderen Ort statt. Selbst jetzt werden unzählige Leben geopfert.

Um diese sinnlosen Menschenopfer zu stoppen, müssen wir zunächst ihre Ursachen verstehen. An Flughäfen und anderen Orten wurden Sicherheitsmaßnahmen ergriffen, um Terroranschläge zu verhindern. Strenge Sicherheitskontrollen sind zur Norm geworden. Das ist gut, aber es kann niemals eine dauerhafte Lösung sein. Es gibt eine andere explosive Kraft, die noch gefährlicher ist als jede Bombe. Sie kann von keiner Maschine entdeckt werden: der Hass, die Feindseligkeit und die Zwietracht in den Köpfen der Menschen.

Amma erinnert sich an eine Geschichte. Ein Dorfvorsteher feierte seinen hundertsten Geburtstag. Ein Journalist fragte ihn: „Welches Ereignis in diesen hundert Jahren erfüllt Sie mit dem meisten Stolz?"

Er sagte: „Obwohl ich hundert Jahre gelebt habe, habe ich keinen einzigen Feind!"

„Wie wunderbar!", rief der Journalist aus. „Jeder sollte Ihrem Beispiel folgen. Wie haben Sie das geschafft?"

Der Dorfvorsteher antwortete „Oh, ich habe einfach keinen meiner Feinde am Leben gelassen!"

Auf diese Weise befreien sich viele in der Welt von ihren Feinden. Aber es gibt einen anderen Weg, den Feind zu vernichten: indem wir einen Feind in einen Freund verwandeln, indem wir unser Herz öffnen und dem Feind Liebe entgegenbringen. Es wird zweifellos eine Veränderung im Herzen des Feindes geben. Ohne Geduld und Liebe wird es schwer sein, Frieden und Harmonie in der Gesellschaft herzustellen.

Hass, Rivalität und Konflikte sind die Natur der Welt. Manche mögen einwenden, dass es nicht möglich ist, dies zu ändern. Das ist jedoch nicht wahr. Die grundlegende Natur des Menschen ist

Liebe und Güte. Wenn wir uns also bemühen, können wir diese Gefühle durch Liebe und Mitgefühl ersetzen.

Wir müssen die Lampe der Hoffnung und des Trostes in den Herzen der Opfer von Krieg und Konflikten entzünden. Wir müssen bereit sein, mit unserem Herzen zu lieben und mit unseren Händen zu dienen. Wenn wir bereit sind, unsere eigenen Herzen zu öffnen, um andere zu verstehen und ihre Sorgen zu teilen, werden unsere eigenen Schwächen nach und nach verschwinden. Allmählich werden wir und die Gesellschaft sich weiterentwickeln und wachsen.

Stell dir vor, ein lieber Freund, den du schon lange nicht mehr gesehen hast, kommt dich besuchen. Du machst vor Freude Luftsprünge. Du triffst alle notwendigen Vorbereitungen, um ihn zu empfangen. Du wirst das Haus putzen und schmücken, ein üppiges Essen kochen und mit Begeisterung auf ihn warten. Diese Haltung sollten wir gegenüber jedem Moment des Lebens haben. Lasst uns jeden Augenblick damit verbringen, anderen freudig und enthusiastisch zu dienen und so jeden Moment so nützlich wie möglich machen.

Wenn die innere Güte erwacht, wird auch die Gesellschaft erwachen. Frieden und Zufriedenheit werden herrschen. Wir werden in der Lage sein, die ganze Welt als eine Blume zu sehen und jeden auf der Welt als verschiedene Blütenblätter dieser Blume, ungeteilt durch die Grenzen von Nation und Sprache. Wir werden überall Schönheit erblicken und die Einheit in der Vielfalt sehen. Die ganze Welt wird zu einer einzigen Familie.

# 89. Hingabe und Leben

Kinder, viele von uns erinnern sich nur an Gott, wenn wir mit Problemen konfrontiert sind. Unsere Hingabe ist begrenzt; wir beten und bringen Gott Opfer dar in der Hoffnung, dass Er unsere Probleme löst und unsere Wünsche erfüllt. Zu anderen Zeiten vergessen wir Gott völlig. Das kann man nicht wahre Hingabe nennen. Wahre Hingabe ist keine Teilzeitbeschäftigung. Ein Devotee erinnert sich in jeder Situation an Gott.

Eines Tages warteten einige Menschen vor einem Geschäft, um ihre Einkäufe zu erledigen. Der Ladenbesitzer war damit beschäftigt, ihre Waren einzupacken, als er plötzlich innehielt, die Augen schloss und mit gefalteten Händen in stillem Gebet verharrte. Als er nach einer Weile die Augen öffnete, fragte ein Kunde ärgerlich: „Was ist das für eine Ungerechtigkeit? Wie kannst du einfach dastehen und die Augen schließen, während so viele von uns warten?"

Der Ladenbesitzer antwortete ruhig: „Haben Sie nicht die Dīpārādhana[17]-Glocken aus dem nahen Tempel gehört? Als ich das Läuten hörte, hielt ich kurz inne, um zu beten."

Die Kunden entgegneten verwundert: „Wir haben keine Glocke aus dem Tempel gehört."

Als der Ladenbesitzer dies hörte, sagte er nichts und nahm seine Arbeit wieder auf. Nach einer Weile nahm er eine Münze heraus und warf sie auf die Straße. Niemand sah, wie er die

[17] Das Schwenken von brennenden Lampen, in der Regel Teil in einer feierlichen Verehrung.

Münze warf, aber alle hörten sofort das leise Klingen, als sie auf den Boden fiel. Einige eilten sogar hin, um sie aufzuheben. Der Ladenbesitzer bemerkte: „Seht ihr, als die Tempelglocken laut läuteten, hörte es keiner, aber in dem Moment, als ihr das leise Klirren der Münze hörtet, lenkte sich eure Aufmerksamkeit darauf."

Die Menschen vor dem Laden kamen, um etwas zu kaufen, sie waren auf Reichtum und weltliche Dinge konzentriert. Daher hörten sie das Geräusch der Münze so klar. Für den Ladenbesitzer jedoch war Gott der Mittelpunkt seines Lebens. Selbst während er arbeitete, blieb sein Fokus auf Gott ausgerichtet. Wenn unser liebster Mensch im Krankenhaus liegt, kreisen unsere Gedanken um ihn, selbst wenn wir arbeiten. Unsere Gedanken an ihn werden wie eine Unterströmung inmitten all unserer Handlungen weiterfließen.

Ähnlich, sollte Gott zum Mittelpunkt unseres Lebens werden. Wenn dies der Fall ist, dann ist unsere Aufmerksamkeit auf Gott gerichtet. Egal was wir tun, wir werden in der Lage sein, eine ununterbrochene Erinnerung an Gott aufrechtzuerhalten.

# 90. Wahre Erkenntnis

Kinder, drei Dinge sind im Leben wichtig: Wissen, Gesundheit und Reichtum. Viele von uns glauben, dass wir alles haben, wenn wir reich sind. Aber was ist, wenn wir unsere Gesundheit verlieren? Wir schätzen den Wert der Gesundheit nicht, solange wir sie haben. Wissen ist sogar noch wichtiger als die beiden anderen. Selbst wenn wir gesund und wohlhabend sind, aber kein Wissen haben, werden wir gedankenlos handeln und das kann unser Untergang sein.

Nehmen wir an, wir sind der Premierminister eines Landes. Ein einziges unbedachtes Wort könnte ausreichen, um die Position zu verlieren. Es könnte zu einem Aufstand im Land führen, bei dem Tausende ihr Leben verlieren. Deshalb ist Wissen von größter Bedeutung. Selbst wenn wir unsere Gesundheit und Wohlstand verlieren und das Leben sich als leidvoll erweist, können wir jeder Herausforderung mit Freude begegnen, wenn wir wahres Wissen besitzen.

Es gab einmal einen rechtschaffenen König, der all seine Untertanen liebte und sie wie seine eigenen Kinder beschützte. Seine Tugenden machten ihn bei seinem Volk beliebt, die ihn wie einen Gott verehrten. Sein Ruhm verbreitete sich in alle Richtungen. Die benachbarten Könige wurden neidisch und schmiedeten gemeinsam einen Plan, um ihn zu vernichten. Sie bestachen den Minister des Königs, versprachen ihm Ansehen und Macht und kauften ihn so für sich. Mit seiner Hilfe führten sie einen plötzlichen und raschen Angriff auf das Königreich und nahmen den König gefangen. Er erhielt keine besondere Behandlung, sondern wurde in ein gewöhnliches Gefängnis mit anderen Gefangenen geworfen. Doch selbst dort blieb der König fröhlich und zeigte keinerlei Anzeichen von Verzweiflung und Kummer. Dies entmutigte die feindlichen Könige und sie fragten ihn: „Obwohl du deine Macht und deinen Reichtum verloren hast und im Gefängnis schmachtest, scheint dich das überhaupt nicht zu belasten. Warum?“

Der König sagte: „Du kannst mich im Kampf besiegen, mich einsperren und mich körperlich quälen. Aber ich bin frei zu entscheiden, ob ich traurig oder glücklich sein möchte. Ich habe das höchste Wissen erlangt, das selbst tiefstes Leid unbedeutend erscheinen lässt. Ich weiß, wer ich bin und ich kenne die Natur der Welt. Da ich dies weiß, habe ich meinen Mind vollständig unter meine Kontrolle. Ihr könnt mir nichts anhaben.“

Zuallererst müssen wir das Wissen um unser wahres Selbst und die Natur der Welt erlangen. Sobald wir dieses Wissen erlangt haben, sind wir in der Lage, alle Umstände zu überwinden.

## 91. Śhraddhā

Kinder, śhraddhā (Achtsamkeit) ist in jedem Lebensbereich eine wesentliche Eigenschaft. Wir müssen uns jedes Gedankens, jedes Wortes und jeder Tat bewusst sein. Ebenso sollten wir darauf achten, wie wir gehen, sitzen und schauen.

Die meisten von uns verbringen ihre ganze Zeit damit, an etwas zu denken, was bereits vorbei ist oder noch kommen wird. Gefangen in zu vielen Angelegenheiten und Problemen, ist der Mind völlig zerstreut. Infolgedessen sind wir nicht in der Lage, uns auf etwas zu konzentrieren und darin erfolgreich zu sein. Im wilden Streben, unsere Wünsche zu erfüllen, machen wir nichts wirklich richtig.

Amma erinnert sich an eine Geschichte. Alle Patienten, die ein bestimmtes Bett auf der Intensivstation eines Krankenhauses belegten, starben am Sonntag gegen elf Uhr morgens. Die Ärzte waren ratlos! Einige begannen sogar zu glauben, dass eine übernatürliche Kraft für diese Todesfälle verantwortlich sei.

Schließlich wurde ein Expertenausschuss gebildet, um dieses Phänomen zu untersuchen. Am nächsten Sonntag, ein paar Minuten vor elf warteten Ärzte, Experten, Krankenschwestern und Krankenhausverantwortliche ungeduldig im Flur vor der Intensivstation, in der die Todesfälle stattfanden. Einige hielten beim Beten Rosenkränze, andere murmelten Gebete.

Punkt elf Uhr betrat eine Reinigungskraft, die nur sonntags arbeitete, die Intensivstation, entfernte den Stecker, der den Patienten mit dem lebenserhaltenden System verband und steckte stattdessen den Staubsauger ein. So wurde das Geheimnis der sonntäglichen Todesfälle gelüftet.

Handlungen, die ohne Achtsamkeit ausgeführt werden, sind adharmisch (unrechtmäßig). Sie können uns und anderen Leid bringen. Es hat keinen Sinn, Gott für unser Leid verantwortlich zu machen. Das wäre so, als würden wir unachtsam Auto fahren, mit einem Gegenstand zusammenstoßen und dann dem Benzin die Schuld am Unfall geben.

Achtsamkeit, die wir selbst in kleinen Dingen an den Tag legen, hilft uns, Großes zu erreichen. Wer auf das Ziel ausgerichtet ist, wird in jedem Gedanken, jedem Wort und jeder Handlung achtsam sein.

Wir sollten immer wie ein Soldat auf dem Schlachtfeld oder ein Student in der Prüfungshalle achtsam bleiben. . Wenn wir uns darin üben, in jedem Augenblick mit vollkommener Achtsamkeit zu handeln, wird diese Handlung zu einer großen spirituellen Disziplin. Arbeit, die mit vollkommener Achtsamkeit ausgeführt wird, führt uns rasch zu Gott. Wenn wir „Heute“ mit Bewusstheit leben, wird „Morgen“ unser Freund.

# 92. Moralisches Bewusstsein

Kinder, rechtschaffene Bürger führen eine Nation zu Wohlstand. Wenn wir die Wurzel der Probleme untersuchen, die unser Land plagen - Korruption, Armut, Arbeitslosigkeit, Konflikte und zunehmende Selbstmorde, um nur einige zu nennen - werden wir feststellen, dass sie auf den Rückgang des moralischen Bewusstseins unter den Menschen zurückzuführen sind.

Sein eigenes Dharma (Swadharma oder Handlungen, die der eigenen Natur entsprechen) zu befolgen, ist die Pflicht jedes Einzelnen. Rechte und Pflichten sind wie die beiden Flügel eines Vogels. Nur wenn beide zusammenarbeiten, kann es echten Fortschritt geben. Wenn jeder in der Gesellschaft seine Pflichten gewissenhaft erfüllt, werden Rechte automatisch gewahrt. Sind jedoch die Menschen nur auf ihre eigenen Rechte bedacht, ist die soziale Ordnung gestört, und es wird Unordnung und Gesetzlosigkeit herrschen. Deshalb muss jeder bereit sein, nicht nur für seine persönlichen Bedürfnisse zu arbeiten, sondern auch für das Wohl der Gesellschaft.

Nach jeder Ernte legt ein Bauer etwas Saatgut beiseite, um es später auszusäen. Er weiß, dass dies kein Verlust ist, da er am Ende einen hundertfachen Ertrag erhalten wird. Braucht er hingegen die gesamte Ernte auf, wird er später Armut erleiden. So sollten auch wir bereit sein, Opfer zu bringen. Statt all unsere Zeit und Energie nur für uns selbst aufzuwenden, sollten wir bereit sein, zumindest ein wenig Zeit für das Wohl der Gesellschaft und des Landes beizutragen.

Die Chinesische Mauer ist eines der großen Weltwunder. Nachdem sie gebaut war, dachten die Chinesen: „Nun wird uns kein Feind jemals besiegen können.“ Doch schon bald wurde China angegriffen. In einer überraschenden Aktion durchbrachen die Feinde die Mauer, drangen ins Land ein und stürzten die Machthaber in Windeseile. Wie konnte das geschehen? Die Wachen an der Großen Mauer hatten Bestechungsgelder von den Feinden angenommen und sie hereingelassen.

Das Vergnügen, das wir durch selbstsüchtige und unrechtmäßige Handlungen erlangen, ist flüchtig. Solche Taten werden unweigerlich später zu Leid führen. Im Gegensatz dazu bewirken selbstlose Handlungen, auch wenn sie anfangs schwierig erscheinen mögen, zu gegebener Zeit dauerhaft Gutes. Wir dürfen nicht vergessen, dass das Vergnügen, das wir durch unrechtmäßige Handlungen erlangen, den Keim des Leids in sich trägt.

Früher, als die Kinder ihre Ausbildung begannen, wurden sie zuerst in Dharma (Rechtschaffenheit) unterwiesen. Dharma ist das Prinzip der gegenseitigen Unterstützung, was die Beziehung zwischen Mensch und Mensch und Mensch und Natur regelt. Es ist eine gesunde Einstellung zum Leben und zum Universum. Niemand kann allein im Leben Fortschritte erzielen. Unser Wachstum hängt vom Wachstum anderer ab. Dauerhaftes, persönliches Wohlergehen kann nur durch eine Verbesserung des Wohlergehens der Gesellschaft erreicht werden.

## 93. Die Kraft der Jugend

Kinder, betrachtet die gegenwärtige Situation unseres Landes. Wie viele Probleme uns heimsuchen! Armut, Analphabetismus, Arbeitslosigkeit, soziale Konflikte, neue Krankheiten, steigende Suizidraten, Korruption, Lethargie und Ziellosigkeit sind nur einige der Probleme, denen wir gegenüberstehen.

Wir leben in einer Gesellschaft, die sich nur um sich selbst sorgt. So ist unser Land heute. Jede Gruppierung in der Gesellschaft denkt nur an ihre eigenen Interessen. Ob Schüler, Studenten, Arbeiter, Politiker, religiöse Gruppen, Medien oder die verschiedenen Staaten, sie alle sind nur darauf bedacht, ihre eigenen Interessen zu schützen und zu fördern. Niemand kümmert sich um nationale Interessen oder das Gemeinwohl.

Wir alle wünschen uns einen großen Wandel in der Gesellschaft. Wo soll der Wandel beginnen? Wenn wir denken: „Lass erst die anderen sich ändern, lass die Umstände sich ändern, lass die Regierung das Notwendige tun, dann werde ich mich ändern", wird es nie zu einem Wandel kommen. Veränderung muss bei uns selbst beginnen. Wenn wir uns verändern, können wir auch bei denen, mit denen wir interagieren, eine Veränderung bewirken. Wie Wellen, die einander bedingen, wird sich der Wandel allmählich in der gesamten Gesellschaft ausbreiten und so den Weg für eine positive Transformation im Land ebnen.

Amma erinnert sich an eine Geschichte. Es gab einen Mann, der betete: „Möge sich mein Land verbessern. Mögen die Menschen überall wahrhaftig, enthusiastisch und idealistisch werden."

Aber selbst nach jahrelangem Beten sah er keine Veränderung. Als er erkannte, dass es schwierig war, das ganze Land zu verändern, begann er zu beten, dass zumindest seine Familienmitglieder anderen ein gutes Beispiel geben würden. Nach vielen Monaten erkannte er, dass auch dieses Gebet erfolglos war. Schließlich begann er zu beten: „Oh Gott, bitte lass in mir gute Eigenschaften heranwachsen. Möge ich in der Lage sein, mit moralischem Bewusstsein zu leben und mich jedem gegenüber liebevoll verhalten."

Als er an diesem Tag sein Gebet beendete, spürte er, wie Gott ihm ins Ohr flüsterte: „Wenn du früher bereit gewesen wärst, so zu beten und dich zu bemühen, wie viele positive Veränderungen hätten in diesem Land bis jetzt stattgefunden!"

Junge Menschen sind immer das Mittel, mit dem Neues in der Gesellschaft entsteht. Sie haben eine natürliche Begeisterung und Bewunderung für edle Ideale. Zudem verfügen sie über viel Energie. Wird diese Energie richtig genutzt, können junge Menschen dazu beitragen, einen großen gesellschaftlichen Wandel herbeizuführen. Alles, was wir tun müssen, ist, sie zu inspirieren. Mögen sie wie Blumen werden, die einen süßen Duft in der Welt verbreiten.

# 94. Erfahrung Gottes

Kinder, Menschen haben unterschiedliche Vorstellungen von Gott. Auch wenn einige die Existenz Gottes leugnen, glauben die meisten Menschen an ihn. Unter den Devotees betrachten die meisten Gott als eine äußere Kraft, die von ihnen getrennt ist. In Wirklichkeit wohnt Gott in allen Wesen sowohl in den beweglichen als auch in unbeweglichen, wie der Baum im Samen, die Butter in der Milch und das Gold im Goldschmuck.

Göttlichkeit ist in jedem Wesen. Beschreiten wir den richtigen Pfad, können wir diese innere Göttlichkeit erfahren. Kann man den Geschmack von Honig oder die Schönheit der Natur mit Worten beschreiben? Das kann nur durch Erfahrung erkannt werden. Ebenso ist die Erfahrung Gottes weit jenseits der Reichweite von Worten, sinnlicher Wahrnehmung und des Minds.

Ein Sanyāsī (ordinierter Mönch) ging an einer Schule vorbei. Ein paar Schüler fragten ihn: „Warum trägst du dieses Gewand?"

Der Sanyāsī antwortete: „Ich wurde Sanyāsī, um Gott zu verwirklichen."

Die Kinder fragten: „Hat jemand Gott gesehen? Wie kann man ihn verwirklichen?"

Der Sanyāsī deutete auf einen Baum und fragte: „Woher kommt dieser Baum?"

„Aus dem Samen", antworteten die Schüler. Es lagen viele Früchte unter dem Baum. Der Sanyāsī hob eine Frucht auf, biss und schaute hinein und warf sie dann beiseite. Als die Schüler dies sahen, fragten sie ihn: „Was tust du da? Warum beißt du in diese Früchte und wirfst sie weg?"

Der Sanyāsī antwortete: „Du hast gesagt, dass dieser Baum aus einem Samen stammt. Ich wollte sehen, ob der Baum im Samen der Frucht ist."

Als die Schüler dies hörten, lachten sie und sagten: „Wie kann ein so großer Baum in einem so kleinen Samen sein? Du musst den Samen zuerst säen und ihn dann regelmäßig gießen und düngen. Nach einiger Zeit sprießt er und wächst über viele Jahre zu einem riesigen Baum heran."

Der Sanyāsī antwortete: „So ist es auch mit Gott. Wie der Baum im Samen so wohnt Gott in jedem von euch, aber ihr habt es noch nicht erlebt. Das bedeutet nicht, dass es keinen Gott gibt. Folgen wir den Anweisungen derer, die Gott verwirklicht haben, kann jeder ihn erfahren."

Gott ist eine Erfahrung. Zu den Mitteln, ihn zu erfahren, gehören spirituelle Praktiken wie Gebet, Japa (wiederholtes Rezitieren eines Mantras) und Meditation. Wenn eine Blume noch eine Knospe ist, können wir nicht sagen, wie duftend oder schön sie sein wird. Sie muss erst erblühen. Ebenso muss die Blume unseres Herzens durch Meditation erblühen. Dann werden wir in der Lage sein, Gott zu sehen und höchste Glückseligkeit zu erfahren.

# 95. Ein Zeuge sein

Kinder, selbst unbedeutende Ereignisse in der äußeren Welt können unseren Mind beeinflussen. Einige Ereignisse machen uns glücklich, während andere uns traurig stimmen. Manche Menschen fragen sich, wie man zwischen diesen beiden Extremen so wie ein unbeteiligter Zeuge ausgeglichen bleiben kann..

Wir alle haben die Fähigkeit, zurückzutreten und alles als Zeuge zu betrachten. Doch erkennen wir diese Fähigkeit selten oder nutzen sie zu unserem Vorteil. Sind andere Menschen mit Problemen konfrontiert, sind wir gelassen und können sogar praktische Ratschläge geben. Doch sind wir selbst mit dem Problem konfrontiert, brechen wir zusammen. Dieser Misserfolg wird durch das Gefühl von „Ich“ und „Mein“ verursacht.

Einmal fragte ein Schüler seinen Guru: „Oh Meister, es ist schwierig, alles mit der Haltung eines Zeugen zu sehen. Wie ist es möglich?“

Der Guru antwortete nicht. Der Schüler hatte einige unachtsame Fehler gemacht, aber der Guru sagte, dass eine andere Person all diese Fehler gemacht hätte. Der Schüler hörte dies mit einem Lächeln an. Plötzlich sagte der Guru: „Er hat diese Fehler nicht gemacht. Du warst es, der all diese Fehler begangen hat!“ Als er das hörte, wurde das Gesicht des Schülers blass und er ließ beschämt den Kopf hängen. Der Guru sagte dann: „Als ich dich auf deine Fehler hinwies, wurdest du traurig. Aber als ich vorhin jemand anderen für diese Fehler beschuldigte, konntest du es mit der Haltung eines Zeugen betrachten. Wenn du erkennst, dass das, womit du dich derzeit als ‚Ich' identifizierst, nicht das wahre ‚Ich' ist, kannst du die Haltung eines Zeugen einnehmen. Wir haben die Fähigkeit, unsere eigenen Gedanken und Handlungen ständig zu beobachten. Wenn du diese Bewusstheit weiter förderst, wirst du in der Lage sein, Zeuge in allen Lebenslagen zu bleiben und alles mit einem Lächeln zu akzeptieren. Nichts ist in der Lage, dein mentales Gleichgewicht zu stören."

Wenn wir in einem Bus reisen, sehen wir vielleicht viele schöne Dinge - prächtige Gebäude und schöne Gärten. Wir könnten aber auch beunruhigende Anblicke erleben. Dennoch lassen wir uns davon nicht aus der Ruhe bringen, denn wir wissen, es ist nicht unser Ziel. Ähnlich sollten wir die Gedanken, die uns durch den Mind gehen, auf dieselbe Weise betrachten. Alles zu sehen, aber von allem losgelöst bleiben, genau das müssen wir entwickeln.

## 96. Unzufriedenheit

Kinder, oft fühlen wir uns traurig, wenn wir das Glück anderer betrachten und an unsere eigenen Schwierigkeiten im Leben denken. Ständig streben wir danach, jemand anderes zu sein. Eine Frau möchte ein Mann sein. Ein Mann möchte eine Frau sein. Ein Kind möchte ein Erwachsener sein. Die Alten sehnen sich danach, wieder jung zu werden. Wir sind uns all dessen, was uns fehlt, schmerzlich bewusst, aber wir schätzen nicht die Segnungen, die Gott uns gegeben hat.

Ein Mann betete zu Gott: „Oh Herr, meine Frau weiß nichts von meinen Mühen und Entbehrungen. Ich arbeite den ganzen Tag, während sie gemütlich zu Hause ist. Ich habe eine Bitte: Verwandle mich in sie und verwandle sie in mich."

Sogleich hörte er die Stimme Gottes: „Ich werde deine Gebete erhören".

Als er am nächsten Tag aufwachte, stellte er fest, dass er seine Frau war. Seine Frau, die zu einem Mann geworden war, brauchte nur um acht Uhr aufzustehen, in Ruhe zu baden und zur Arbeit zu gehen, während er, der zu seiner Frau geworden war, früh aufstehen musste. Er bereitete das Frühstück zu, fegte und putzte das ganze Haus und badete und fütterte die Kinder. Dann war es Zeit für den Mann, zur Arbeit zu gehen. Nachdem sie ihm seine gebügelten Kleider gegeben hatte, brachte sie die Kinder zur Schule. Auf dem Rückweg hielt sie auf dem Markt an, um Gemüse zu kaufen. Kaum war sie zu Hause, wusch sie die Wäsche und begann das Abendessens zuzubereiten. Plötzlich fing es an zu regnen. Sie rannte hinaus, um die Wäsche, die sie zum Trocknen aufgehängt hatte, hereinzuholen und faltete die trockenen Kleidungsstücke zusammen. Bald darauf kamen ihr Mann und die Kinder nach Hause. Sie gab ihnen Tee und Kekse. Dann zündete sie die Gebetslampe an und setzte sich zum Gebet hin. Sie beaufsichtigte die Hausaufgaben der Kinder. Nachdem sie ihrem Mann das Abendessen serviert hatte, begann sie mit den notwendigen Vorbereitungen für den nächsten Tag.

Auf diese Weise vergingen Tage. Inzwischen war der Ehemann, der sich in seine Ehefrau verwandelt hatte, erschöpft. Er betete zu Gott: „Oh Herr, es war ein großer Fehler, eine Frau sein zu wollen! Ich bin erschöpft. Bitte mach aus mir wieder einen Mann."

Gott erwiderte: „Gut, aber du musst neun Monate warten".

„Warum, mein Herr?"

„Weil du schwanger bist."

Jeder von uns ist wie der Ehemann in dieser Geschichte. Wir vergleichen uns ständig mit denen, die es besser haben und fähiger sind. Dabei erkennen wir nicht, dass wir so viel glücklicher sind als viele andere, die in weitaus schlechteren Situationen sind.

Jeder Mensch auf der Welt ist einzigartig. Jeder nimmt einen einzigartigen Platz im Universum ein. Wenn wir das verstehen, können wir unser Potenzial und unser Selbstvertrauen erwecken und unsere Rolle in der Welt gut spielen. Nur dann werden wir zufrieden sein.

# 97. Internationaler Frauentag[18]

Kinder, vor ein paar Tagen kam eine Frau mit ihren beiden kleinen Kindern zu mir. Sie weinte und sagte: „Amma, mein Mann verschwendet seinen ganzen Lohn für Alkohol. Zu Hause gibt es ständig Streit. Es gibt überhaupt keinen Frieden. Er schlägt mich sogar und schreit mich vor den Kindern an. Ich bin nicht in der Lage, mich richtig um meine Kinder zu kümmern. Amma, bitte rette mich!“

Es gibt viele solcher Frauen in unserem Land, die ständig Tränen des Leids vergießen. Ich will damit nicht sagen, dass Männer nicht leiden; einige tun das sicherlich. Aber wenn wir die Welt betrachten, dann werden wir sehen, dass 90% derjenigen, die unter großen Schwierigkeiten leiden, Frauen sind.

Sowohl Männer als auch Frauen sehnen sich nach Liebe. Damit der Fluss der Liebe ungebrochen bleibt, muss sie kontinuierlich fließen. Hört eine Seite auf, Liebe zu geben, wird früher oder später auch die andere Seite damit aufhören.

Sowohl Männer als auch Frauen haben ihre Schwächen. Doch wenn wir unsere linke Hand verletzen, wird die rechte Hand sie dann nicht versorgen? Ebenso müssen sowohl Frauen als auch Männer die Schwächen des anderen geduldig ertragen. Sie sollten sich gegenseitig unterstützen. Leider zeigen sich heute Egoismus und Selbstsucht jetzt dort, wo Liebe zum Ausdruck kommen sollte. Dies führt letztendlich zu Unterdrückung und Ausbeutung.

---

[18] Wird jedes Jahr am 8. März gefeiert.

Männer sind körperlich stärker als Frauen. Aber diese Stärke sollte nicht dazu dienen, Frauen zu unterdrücken, sondern sie zu schützen. Man könnte fragen, ob der Schutz von Frauen bedeutet, dass sie schwach sind? Ein schützender Ring von Polizisten umgibt den Premierminister. Bedeutet das, dass der Premierminister schwach ist? Nein, der Schutz des Premierministers liegt im Interesse des Landes; es ist die Pflicht der Nation. Genauso ist der Schutz der Frauen die Pflicht der Männer und liegt auch in ihrem Interesse. Die Frau ist die Mutter des Mannes. Vergiss nicht, dass jeder Mann von Muttermilch genährt wurde.

In vielen indischen Dörfern ist es schwierig, einen Mann für ungebildete Frauen über 25 Jahre zu finden. Ohne Ausbildung ist es schwer, einen Job zu finden. Infolgedessen leiden diese, als wären sie unwillkommene Waisen, für den Rest ihres Lebens. Wer ist dafür verantwortlich? Es ist falsch, nur die Männer zu beschuldigen. Mütter müssen ihren Töchtern in allen Bereichen die gleichen Chancen geben und sie dazu befähigen, qualifiziert genug zu sein, um einen Beruf auszuüben.

Mütter sollten ihren Kindern von klein an das Bewusstsein vermitteln, dass Jungen und Mädchen gleichberechtigt sind. Frauen, die von ihren Müttern schon früh entsprechend geprägt wurden, haben ihre eigene Stärke vergessen. Sie wurden wie Topfpflanzen aufgezogen. Sie sind wie ein Adlerjunges, das von einer Henne aufgezogen wird. In dem Glauben, es sei auch ein Huhn, fliegt das Adlerküken nicht. Selbst seine Flügel fühlen sich beschwerlich an. Ebenso hat die Gesellschaft, anstatt Frauen ihre Selbstsicherheit vollständig entfalten zu lassen, ihre immense Kraft behindert. Viele Männer verhalten sich so, als wären Frauen minderwertig. Dies wird sich letztlich als Nachteil für die Männer selbst erweisen, da sie weder Trost noch Inspiration von den Frauen erhalten werden.

Frauen und Männer sind die beiden Flügel der Gesellschaft. Amma träumt von einer strahlenden Zukunft, in der sowohl Männer als auch Frauen eine gleichberechtigte Rolle spielen, wie die beiden Flügel eines Vogels, um eine bessere Gesellschaft zu schaffen. Nur durch eine solche Gleichheit kann sich die Menschheit weiterentwickeln.

## Mann und Frau

Kinder, überall auf der Welt wird über die Gleichberechtigung von Frauen am Arbeitsplatz und in anderen Bereichen des Lebens diskutiert. Dies ist der Beginn eines Wandels. In Abwesenheit solcher Diskussionen haben Frauen die längste Zeit stillschweigend unter Ungerechtigkeit gelitten. Selbst in Ländern, die sich als fortschrittlich, entwickelt und modern betrachten, werden Frauen in vielerlei Hinsicht benachteiligt.

Falscher Stolz und der egoistische Glaube, dass sie den Frauen überlegen sind, haben sich fest im Mind der Männer verankert. Aber Frauen denken vielleicht anders: „All die Zeit haben uns die Männer kontrolliert und unterdrückt. Ihnen müssen wir eine Lektion erteilen!“ Frauen und Männer müssen aufhören, miteinander zu konkurrieren, um zu beweisen, wer überlegen ist.

Solange sie sich nicht gegenseitig akzeptieren und respektieren, werden sie ein Leben führen, das zwei getrennten Flussufern ähnelt, die nicht durch eine Brücke verbunden sind.

Es gab eine Hochzeit. Als es darum ging, die Heiratsurkunde zu unterschreiben, um die Ehe rechtskräftig zu machen, unterschrieb der Ehemann zuerst. Kaum hatte die Frau unterschrieben, verkündete der Ehemann lautstark: „Aus! Diese Ehe ist vorbei! Ich will die Scheidung und zwar sofort!“

Alle waren verblüfft. Der Standesbeamte fragte: „Sind Sie verrückt? Was ist passiert, warum reagieren sie so?“

Der Bräutigam sagte: „Was passiert ist? Machen Sie die Augen auf und sehen Sie selbst! Sehen Sie meine Unterschrift? Wie klein und kompakt sie ist und jetzt sehen Sie sich ihre Unterschrift an. Wie lang sie ist. Wer braucht eine ganze Seite, um zu unterschreiben? Ich weiß, was das bedeutet. Sie wird auch mich im Leben klein machen." Sich an die Braut wendend, sagte er: „Behalt diese Ambitionen für dich! Du wirst mich niemals erniedrigen!"

Die meisten Frauen und Männer starten schon ‚mit dem falschen Fuß voran'.

„Immer weiter" - das scheint das Motto der Frauen von heute zu sein. Tatsächlich müssen sie voranschreiten. Aber von Zeit zu Zeit sollten sie sich auch umdrehen, um nach dem Kind zu schauen, das hinter ihnen herläuft. Die Mutter muss Geduld für das Kind aufbringen. Es reicht nicht aus, dem Kind nur im Mutterleib Platz zu geben. Sie muss auch im Herzen Platz für das Kind haben.

Frauen und Männer müssen sich gegenseitig unterstützen und die Stärken und Grenzen des anderen verstehen und akzeptieren. Der ideale Weg dafür ist Demut und Liebe. Nur wenn Frauen und Männer gleichermaßen erwachen und handeln, können sie ein neues Zeitalter der Liebe, des Mitgefühls und des Wohlstandes einleiten.

## Frauen schützen

Kinder, Übergriffe auf Frauen sind wieder einmal in den Fokus der Medien gerückt. Wir sehen nur die Spitze des Eisbergs; der Rest bleibt unter der Meeresoberfläche verborgen. Ähnlich verhält es sich mit der Medienberichterstattung über diese Übergriffe.

Wir sind vorsichtig, wenn wir eine verkehrsreiche Straße überqueren. Tun wir das nicht, könnte es zu einem Unfall führen. Frauen müssen heute auf ähnliche Weise vorsichtig sein. Wir müssen jedem Kind, die Natur der Welt nahebringen. Es muss wissen das es Menschen gibt, die es angreifen, ausnutzen oder sich unhöflich verhalten könnten. Wir müssen unseren Kindern beibringen, wie sie angemessen auf solche Menschen reagieren.

Jugendliche wollen heutzutage die Freiheit, unbefangen miteinander zu interagieren. Dabei zögern sie nicht, die Grenzen zu überschreiten, die die Gesellschaft gezogen hat, weil sie glauben, dass dies Fortschritt bedeutet. Aber Fortschritt ist nicht gleichbedeutend mit übermäßiger Freiheit und mangelnder Verantwortung. Ebenso ist die Bewahrung von Werten keine Unterdrückung oder Tyrannei. Was wir brauchen, ist ein Verhalten, das wir unseren Eltern und Geschwistern gegenüber ganz selbstverständlich zeigen würden. Gleichzeitig müssen wir situationsbewusst sein und Selbstkontrolle ausüben. Es bedarf eines radikalen Wandels im Denken der Gesellschaft. Eltern, Lehrer, Medien, Künstler und Schriftsteller spielen in dieser Hinsicht eine entscheidende Rolle. Sie dürfen der Gesellschaft keine falschen Botschaften vermitteln. Stattdessen müssen sie die richtige Botschaft vermitteln. Es gibt eine Tendenz in den Medien, Frauen als Objekte der Unterhaltung darzustellen und Angriffe gegen sie zu dramatisieren. Wir müssen uns über die negativen Auswirkungen solcher Berichterstattung im Klaren sein.

In unserer Gesellschaft sind Männer und Frauen gleichermaßen „konditioniert". Einen Elefanten kann man sicher an einen kleinen Baum binden. Eigentlich kann er den Baum leicht entwurzeln und weglaufen, aber wegen der Einschüchterung, die er als Elefantenkind erfahren hat, vergisst er seine eigene Stärke und versucht nicht, sich aus der Gefangenschaft zu befreien. Bis zu einem gewissen Grad trifft dies auch auf Frauen zu. Über Generationen hinweg haben Männer mehr Vorrang und Autorität als Frauen genossen. Daher sind sie nicht in der Lage, sich den Zeiten anzupassen. Sowohl Männer als auch Frauen müssen versuchen, ihre „Konditionierung" abzulegen, und das um jeden Preis.

Lust und Wut sind Teil der menschlichen Natur. Wir müssen unseren Kindern beibringen, mit diesen Gefühlen gut umzugehen. Von Kindheit an müssen sowohl Jungen als auch Mädchen mit dem richtigen Wissen und den richtigen Werten aufwachsen.

Unsere Kultur lehrte uns, Frauen als Mütter und Mädchen als Schwestern zu sehen. Lasst uns diese edle Kultur wiederbeleben.

## Freiheit der Frauen

Kinder, Männer und Frauen sind nicht zwei verschiedene Wesen, sondern zwei Manifestationen derselben Wahrheit. In jedem Mann steckt eine Frau und in jeder Frau ein Mann. Deshalb sind sie gleich. Ihr Dharma (Pflichten) sind nicht widersprüchlich, sondern ergänzen sich.

Der Mann darf die Gesellschaft nicht in eine Einbahnstraße verwandeln, auf der nur er allein voranschreiten kann. Die Gesellschaft muss zu einer breiten Straße werden, auf der auch Frauen die gleiche Freiheit genießen sich weiterzuentwickeln.

Manche Männer tun so, als ob Frauen ihnen unterlegen wären. Eine solche Haltung wird sich für die Männer nachteilig erweisen, denn die Schwierigkeiten der Frauen, die auch Mütter sind, werden sich auf ihre Kinder auswirken. Wenn Frauen entmutigt sind, erhalten Männer nicht die notwendige Ermutigung, Inspiration und Hilfe von ihnen. Der Fortschritt der Frauen ist ein Vorteil für die Männer und umgekehrt. Frauen zu vernachlässigen, wird zum Untergang der Männer führen.

Amma erinnert sich an eine Geschichte. Eine Gruppe Reisender überquerte eine Holzbrücke über einen schnell fließenden Fluss. Plötzlich brach die Brücke ein. Vier Reisende hielten sich an einem Seil fest. Einer von ihnen war eine Frau. Sie klammerten sich mit aller Kraft an das Seil, in der Hoffnung, dass jemand sie bald retten wird. Als sie sahen, dass das Seil unter ihrem Gewicht zu reißen drohte, beschlossen sie, dass einer von ihnen in den Fluss springen müsse, um das Reißen des Seils zu verhindern.

Die Männer sahen die Frau in der stillen Erwartung an, dass sie in den Fluss springen sollte. Sie stimmte zu. Doch bevor sie sprang, hielt sie eine glorreiche Rede über die Größe ihres Opfers. Als sie geendet hatte, begannen die drei Männer instinktiv zu applaudieren. Ihr könnt euch denken, was als Nächstes geschah.

Mütter müssen sich eines merken: Sie müssen ihren Kindern das Bewusstsein vermitteln, dass Jungen und Mädchen gleichberechtigt sind. Sie müssen den Mädchen die gleichen Möglichkeiten geben, an allen Bereichen der Gesellschaft teilzunehmen und diese kennenzulernen, um ihr Selbstvertrauen zu stärken. Mädchen sollten genau wie Jungen eine Schulbildung erhalten und mit den notwendigen Fähigkeiten ausgestattet werden, um einen Arbeitsplatz zu finden. Dann wird es mehr gegenseitigen Respekt zwischen Jungen und Mädchen geben. Diese Einstellung wird sie auch im Erwachsenenalter weiter begleiten.

Sowohl Männer als auch Frauen müssen verstehen, dass übertriebene Freiheit nicht glücklich macht. Ehemann und Ehefrau müssen ein Mind in Einheit und Liebe sein. Sie müssen sich füreinander öffnen und sich gegenseitig Kraft und Inspiration geben. Sie müssen sich einander beistehen, unterstützen und eine Quelle des Glücks füreinander sein.

## Kenne dein Herz und handle

Kinder, wenn wir den Aufbruch von Frieden und Harmonie in der Welt erleben wollen, müssen wir zu Hause beginnen. Neunzig Prozent aller Probleme im Familienleben stammen von nicht verheilte Wunden aus der Vergangenheit. Jeder von uns lebt mit vielen solcher nicht geheilten Wunden. Der Weg, diese Wunden zu heilen, besteht darin, dass Ehefrau und Ehemann sich gegenseitig öffnen.

Einige Männer haben nicht die Geduld, sich irgendetwas anzuhören, was ihre Frau sagt. Sie betrachten Frauen als schwach. Sie glauben, dass nichts, was eine Frau sagt, Bedeutung hat. Das soll nicht heißen, dass Frauen keine Schwächen haben. Manche Frauen messen banalen Dingen eine übermäßige Bedeutung zu und weinen oft deswegen. Im Allgemeinen können Frauen ihre Gefühle nicht zurückhalten. Sie drücken sie aus. Männer hingegen sind größtenteils anders. Sie verbergen ihre Emotionen. Anstatt zu erwarten, dass Frauen so sind wie sie, sollten Männer die Geduld aufbringen, Frauen zuzuhören, wenn sie ihre Gefühle von Schmerz und Leid ausdrücken. Seht sie nicht nur als Lustobjekte oder als Dienerinnen. Auch ihr Herz sehnt sich nach Liebe. Anstatt sie zu übergehen, müssen Männer die Zeit und die Geduld aufbringen, ihnen zuzuhören. Wenn Männer dazu nicht bereit sind, könnte es sein, dass Frauen ihr Herz woanders ausschütten.

Genauso müssen auch Frauen bereit sein, das Herz ihres Ehemannes zu verstehen und entsprechend zu handeln. Andernfalls könnte er sein Herz woanders ausschütten. Oft kommt der Ehemann nach einem harten Arbeitstag nach Hause, an dem er den Ärger seines Vorgesetzten ertragen musste. Wenn die Frau ihn mit mürrischem Gesicht und wütenden Worten empfängt, wird er sich noch mehr aufregen. Deshalb sollte sie versuchen, seinen Gemütszustand zu verstehen.

Wenn beide, Mann und Frau, arbeiten, müssen sie sich gegenseitig trösten. Nur wenn sie sich füreinander öffnen und ihre Gefühle aussprechen, können Probleme gelöst werden. Je größer die gegenseitige Liebe und das Vertrauen sind, umso kleiner werden die Probleme. Diese Liebe und dieses Vertrauen bilden die Grundlage für eine gute Familie. Probleme werden zunehmen, wenn wir diese Wahrheit bewusst oder unbewusst ignorieren.

Es heißt, dass eine Ehefrau drei Haltungen haben sollte: die einer Mutter, einer Ehefrau und einer Freundin. Ebenso hat auch der Mann sein eigenes Dharma, das er erfüllen muss.

Kinder, möget ihr einander lieben und eins werden.

# 98. Lieben

Kinder, viele Frauen erzählen Amma: „Wenn ich meinem Mann von meinen Sorgen erzähle, gibt er nur ein Brummen von sich. Er gibt mir nicht einmal ein kleines tröstendes Wort und zeigt mir auch keine Liebe. Sobald Amma die Ehemänner dazu befragt, sagen sie „Das stimmt nicht. Ich liebe meine Frau sehr. Aber alles, was sie tut, ist jammern!" Obwohl also beide sich lieben, hat keiner von beiden etwas davon. Es ist, als würde man am Ufer eines Flusses leben und trotzdem an Durst sterben.

Tatsächlich gibt es in jedem Menschen Liebe. Aber Liebe, die nicht ausgedrückt wird, ist wie Honig, der in einem Felsen eingeschlossen ist. Wir können ihre Süße nicht genießen.

Da wir das Herz des anderen nicht kennen, reicht es nicht aus, die Liebe im Herzen zu bewahren. Wir müssen sie durch Worte und Taten ausdrücken. Wir müssen offen lieben und unsere Liebe mit anderen teilen.

Einmal besuchte ein Sanyāsī ein Gefängnis und tauschte mit den Gefängnisinsassen Höflichkeiten aus. Unter ihnen befand sich ein jugendlicher Straftäter. Als der Sanyāsī sah, welches Schicksal dem Jungen widerfahren war, schmolz sein Herz. Er ging auf den Jungen zu, streichelte sanft seinen Rücken und fragte: „Mein Kind, wie bist du in die Gesellschaft dieser Verbrecher geraten?" Während er sprach, füllten sich die Augen des Sanyāsīs mit Tränen.

Als der Junge dies sah, sagte er leise: „Wenn es jemanden gegeben hätte, der mir liebevoll die Hände auf die Schulter gelegt hätte, als ich jünger war und Worte der Zuneigung zu mir gesprochen hätte, wäre ich nicht an diesen Ort gelangt."

Es ist notwendig, Kindern Liebe zu zeigen. Sie müssen lernen, Liebe zu empfangen und zu geben.

Liebe soll nicht im Herzen verborgen bleiben, sondern sie muss sich in Worten, Blicken und Taten zeigen. Liebe ist ein Reichtum, der dem Gebenden mehr Freude bringt als dem Empfänger. Es ist ein Reichtum, dessen wir uns oft nicht bewusst sind, obwohl wir ihn in unseren Händen halten.

Deshalb lasst uns unsere innere Liebe erwecken. Möge sie durch jeden Blick, jedes Wort und jede Tat in die Welt hinausfließen. Möge sie ungehindert durch die Mauern der Kaste, des Glaubens oder der Herkunft strömen. Mögen die Herzen einander umarmen, die Freude in uns erwecken und diese Glückseligkeit mit anderen teilen. Möge der Fluss der Liebe alle Wesen sanft berühren. Möge unser Leben auf Erden dadurch gesegnet sein.

# 99. Bindung zwischen Mann und Frau

Kinder, für ein glückliches Eheleben sind gegenseitiges Verständnis, Wohlwollen und die Bereitschaft zu Kompromissen unerlässlich. Nur so können Paare die Herausforderungen, die in ihrer Ehe auftreten, bewältigen. In unserem Land wird die Bindung in den Familien immer schwächer. Die Zahl der Scheidungen nimmt täglich zu.

Männer und Frauen müssen verstehen, dass sie sich auf emotionaler Ebene stark unterscheiden. Der Mann lebt in seinem Kopf, die Frau in ihrem Herzen. Mehr als alles andere sehnt sich die Frau nach emotionaler Unterstützung durch ihren Ehemann. Sie wünscht sich einen Mann, der ihr Liebe und Aufmerksamkeit schenkt und der bereit ist, ihr verständnisvoll zuzuhören. Der Ehemann sehnt sich nach Aufmerksamkeit, Anerkennung, Liebe und Respekt von seiner Frau. Wenn Liebe vorhanden ist, dienen beide einander und finden darin ihr Glück.

Einander zu verstehen und zu vertrauen und gleichzeitig ein liebevolles Eheleben zu führen, ist keine leichte Aufgabe. Es erfordert viel Geduld und Toleranz. Oft sind die Menschen, die heiraten, unreif und nicht in der Lage, die Gedanken und emotionalen Bedürfnisse ihres Partners zu verstehen. Liebe ist nicht die gegenseitige körperliche Anziehung, die man empfindet. Wahre Liebe ist die Vereinigung der Seelen.

Heutzutage träumen viele junge Männer und Frauen von einem Eheleben, wie sie es im Fernsehen oder in Filmen sehen und sind enttäuscht, wenn sie es in ihrem eigenen Leben nicht verwirklichen können. Amma erinnert sich an eine Begebenheit: Ein junges Mädchen war fasziniert von einem Film, den sie vor ihrer Heirat sah. Der Mann und die Frau in dem Film waren extrem reich. Sie hatten ein großes Haus, ein teures Auto, modische Kleidung und alle erdenklichen Luxusgüter. Sie waren immer glücklich. Nachdem sie diesen Film gesehen hatte, begann das Mädchen, sich ein solches Leben für sich selbst vorzustellen. Bald darauf heiratete sie. Aber ihr Mann hatte einen gewöhnlichen Job. Die Frau wünschte sich ein Auto und neue Saris und wollte täglich ins Kino gehen. Was konnte der arme Ehemann tun? Die Frau war zutiefst enttäuscht. Sie begannen sich zu streiten und beide verloren den Frieden im Mind. Schließlich ließen sie sich scheiden.

Junge Männer und Frauen müssen nicht nur eine gute Ausbildung und Karriere anstreben. Beide sollten sich auch schon vor der Heirat mental auf ein glückliches Eheleben vorbereiten. In der Ehe hat keiner der Partner das Recht, ständig Forderungen zu stellen. Beide müssen bereit sein, den anderen zu lieben und zu unterstützen und geduldig darauf zu warten, dass diese Liebe und Unterstützung erwidert wird. Es wird jeweils viele Probleme im persönlichen Leben der einzelnen Ehepartner geben. Wenn das geschieht, müssen sie einander eine Quelle der Kraft und des Trostes sein. Auf diese Weise wird ihre Liebe auf natürliche Weise wachsen.

Liebe und Verzicht sind die beiden Flügel des Familienlebens, die den Eheleuten helfen, in die Lüfte der Freude und Zufriedenheit zu fliegen.

## 100. Empathie und Mitgefühl

Kinder, auf den ersten Blick scheinen Empathie und Mitgefühl gleich zu sein, aber wenn wir genauer hinschauen, werden wir feststellen, dass es einen großen Unterschied zwischen den beiden gibt. Empathie ist ein momentanes Gefühl, das einen durchströmt, wenn man die traurige Lage eines anderen Menschen sieht. Dieses Gefühl berührt uns nicht tief und beeinflusst uns nicht stark. Wenn man den Kummer des anderen sieht, hilft man ihm vielleicht ein wenig oder spricht ein freundliches Wort, um seine eigene Not zu lindern. Mitgefühl ist jedoch ein Zustand, in dem man das Leid des anderen als das eigene erlebt. Hier gibt es keine Dualität, sondern nur eine Identifikation und Eins-Sein. Wenn die linke Hand verletzt ist, wird die rechte Hand sie versorgen, weil der Schmerz zu dem einen ungeteilten Ganzen gehört.

Einst fragte ein Schüler seinen Guru: „Was ist wahres Mitgefühl?"

Der Guru führte den Schüler zu einer Straße in der Nähe des Āśhrams und bat ihn, einen Bettler am Wegesrand aufmerksam zu beobachten. Nach einer Weile warf eine arme alte, Frau eine Münze in seine Bettelschale. Kurz darauf gab ein reicher Mann dem Bettler 50 Rupien. Einige Zeit später kam ein Kind vorbei, das den Bettler sah und ihn freundlich anlächelte. Der Junge ging zu ihm und sprach mit dem Bettler, als wäre er sein älterer Bruder. Der Bettler war gerührt und erfreut. Der Guru wandte sich an seinen Schüler und fragte: „Wer von den dreien hatte wirkliches Mitgefühl?"

Der Schüler antwortete: „Der reiche Mann."

Lächelnd sagte der Guru: „Er hatte nicht ein Jota Mitgefühl oder Empathie mit dem Bettler. Seine einzige Absicht war es, seine Großzügigkeit zur Schau zu stellen. Die alte Frau hatte Mitleid mit dem Bettler, obwohl sie ihn nicht als zu ihr gehörig ansah und auch nicht den starken Wunsch hatte, seine Armut zu lindern. Das Kind hatte Mitgefühl, weil es sich so verhielt, als sei der Bettler sein eigener Verwandter. Auch wenn er dem Bettler materiell nicht helfen konnte, gab es doch Mitgefühl und eine Verbindung zwischen zwei Herzen. Was der Junge zeigte, war echtes Mitgefühl."

Was die Welt heute braucht, ist nicht flüchtige Empathie, sondern tief empfundenes Mitgefühl. Mitgefühl entsteht in einem Herzen, das die Freuden und Sorgen der anderen als seine eigenen ansieht. Solche Herzen sind mit Liebe und der Bereitschaft zu dienen erfüllt. Mitgefühl ist das einzige Heilmittel, welches die Wunden der Welt heilen kann.

## 101. Kompromissbereitschaft

Kinder, jeder träumt von einem Familienleben, das von Liebe und Einigkeit geprägt ist. Doch überall sehen wir heute Familien, die sich wegen belangloser Dinge auflösen. Selbst wenn es nur eine Handvoll Reis zu essen gibt, ist ein Zuhause ein Paradies, wenn es von Liebe und Zusammenhalt erfüllt ist. Im Gegensatz dazu wird ein Haus mit viel Geld und Wohlstand zur Hölle, wenn die Familienmitglieder ständig im Streit miteinander liegen.

Viele Streitigkeiten entstehen wegen Kleinigkeiten. Manche Frauen sagen: „Mein Mann sagt immer, dass er mich sehr liebt. Wie kann ich das glauben, wenn er sich nicht einmal an unseren Hochzeitstag erinnert? Das kann ich ihm nicht verzeihen. Ich möchte nicht mit ihm leben!“

Viele Eheleute beklagen sich in dieser Weise. Wenn er das Datum des Hochzeitstages vergisst, ist das nicht unbedingt ein Zeichen mangelnder Liebe. Vielleicht hat er es aus anderen Gründen vergessen. In solchen Situationen müssen beide Seiten bereit sein, Kompromisse einzugehen.

Ein Mann saß einmal mit seinem Sohn beim Frühstück. Da es für ihn Zeit war, zur Arbeit zu gehen, brachte ihm seine Frau schnell Dōśhas (indischer Pfannkuchen) und Chutney. Da sie es eilig hatte, waren die Dōśhas größtenteils verbrannt. Trotzdem aß der Mann es kommentarlos. Als seine Frau dies sah, sagte sie entschuldigend: „Der Dōśha war verbrannt. Lass mich dir einen anderen machen.“

Der Mann sagte: „Nein, das ist schon in Ordnung. Der hier ist knusprig, und ich liebe knusprige Dōśhas!“

Auf dem Weg ins Büro fuhr der Mann seinen Sohn zur Schule. Im Auto fragte der Sohn: „Papa, magst du wirklich verbrannte Dōśhas?“

Er sagte: „Mein lieber Sohn, deine Mutter hatte gestern Nachtdienst. Sie hat die ganze Nacht gearbeitet und nicht geschlafen. Als sie nach Hause kam, war es schon Morgen. Sie muss sehr müde gewesen sein und trotzdem hat sie uns Frühstück zubereitet. Sie hat uns schon so oft leckeres Frühstück zubereitet, aber wir haben ihr nie gesagt, wie gut das Essen war. Heute, als sie so müde war, wäre sie verletzt gewesen, wenn wir ihr gesagt hätten, dass der Dōśha verbrannt ist, und uns geweigert hätten, ihn zu essen. Ich habe kein Problem damit, einen leicht verbrannten Dōśha zu essen, um sie glücklich zu machen.“

Wir müssen erkennen, dass niemand auf dieser Welt perfekt ist. Liebe und Frieden im Familienleben können nur dann aufrechterhalten werden, wenn zwischen den Familienmitgliedern gegenseitiges Verständnis herrscht und eine Haltung des Gebens und Nehmens herrscht.

## 102. Sich den Umständen anpassen

Kinder, Veränderungen liegen in der Natur des Lebens und wir müssen uns verschiedenen Situationen im Leben stellen. Wir müssen lernen, uns an wechselnde Situationen anzupassen. Beim Autofahren begegnen wir vielleicht Unebenheiten, Schlaglöchern, Kurven und Steigungen und schalten in die entsprechende Gänge. Genauso müssen wir uns auch zu Hause oder bei der Arbeit an veränderte Umstände anpassen. Selbst wenn wir beispielsweise wütend auf unseren Vorgesetzten sind oder mit ihm in bestimmten Fragen nicht übereinstimmen, lächeln wir und bieten ihm höflich einen Sitzplatz an, wenn er unser Büro betritt. Andernfalls wissen wir, dass unser Job gefährdet sein könnte. Anstatt zu versuchen, Objekte und Menschen nach unserem Geschmack zu verändern, müssen wir uns an sie anpassen.

Eines Morgens stieß der König bei einem Spaziergang auf dem Palastgelände versehentlich mit dem Fuß gegen einen Stein. Blut floss aus der Wunde. Der König war wütend auf seine Bediensteten. „Warum habt ihr diesen Weg nicht geräumt, obwohl ihr genau wusstet, dass ich diesen Weg gehen würde?" Er befahl, alle Straßen der Stadt bis zu seinem morgendlichen Spaziergang am nächsten Tag mit Teppichen auszulegen.

Die Minister waren entsetzt, als sie dies hörten. Es war unmöglich, alle Straßen an einem Tag mit Teppichen auszulegen. Sie grübelten über eine Lösung nach, bis schließlich ein älterer Minister eine Idee hatte. Er sagte demütig zum König: „Majestät, anstatt alle Straßen der Stadt mit Teppichen auszulegen, wäre es nicht praktischer, wenn Sie bei Ihrem Morgenspaziergang ein gutes Paar Schuhe tragen?“

Die Augen stellen sich auf wechselnde Szenen ein. Die Linse in den Augen stellt sich darauf ein, ob das Objekt nah oder fern ist. Ebenso, müssen wir uns die Fähigkeit aneignen, uns den ständig wechselnden Umständen des Lebens anzupassen. Wenn uns das gelingt, wird die Welt für uns zu einem Himmel auf Erden.

Um inmitten der Höhen und Tiefen des Lebens Gelassenheit zu bewahren, müssen wir spirituelle Prinzipien verstehen und verinnerlichen. Spirituelles Wissen ist wie die Stoßdämpfer im Auto, sie helfen den Aufprall zu dämpfen, wenn man auf holprigen Straßen fährt. Auch das Leben hat Höhen und Tiefen. Wenn wir unsere Sichtweise fest in spirituellem Wissen verankern, werden wir in der Lage sein, unser mentales Gleichgewicht durch alle Höhen und Tiefen des Lebens zu bewahren.

# 103. Wort und Tat

Kinder, wir leben in einem Zeitalter, in dem ständig Vorträge und Vorlesungen überall im Land gehalten werden. Entscheidend ist jedoch nicht, was gesagt oder gehört wird, sondern die Überzeugung des Sprechers und in welchem Ausmaß der Zuhörer das Gehörte aufnimmt und umsetzt.

Einmal luden die Mitglieder eines Tempelkomitees einen Mahātmā (spirituell verwirklichte Seele) zu einer Vortragsreihe im Rahmen der Tempelfeierlichkeiten ein. Der erste Vortrag wurde von 2.000 Menschen besucht, sie genossen den Vortrag und so kamen sie am nächsten Tag wieder. Doch der Mahatma wiederholte dasselbe, was er am Vortag gesagt hatte. Infolgedessen kamen am dritten Tag weniger Menschen zu seinem Vortrag. Da der Heilige Tag für Tag dieselbe Rede hielt, nahm die Zahl der Zuhörer immer weiter ab. Am Ende der Woche waren nur noch eine Handvoll Menschen da. Am achten Tag erschien nur ein einziger Devotee zu seinem Vortrag und an diesem Tag sprach der Mahātmā über ein neues Thema. Als der Vortrag zu Ende war, fragte der Devotee den Mahātmā: „Du hast all die Tage über dasselbe Thema gesprochen, aber heute, als ich der einzige Zuhörer war, hast du über ein neues Thema gesprochen. Warum?“

Der Mahātmā antwortete: „Keiner der Zuhörer, der kam um mich zu hören, hat die Prinzipien, über die ich gesprochen habe, in seinem Leben umgesetzt. Deshalb wiederholte ich immer wieder die gleichen Punkte. Aber du hast zwei der Werte, über die ich gesprochen habe, in deinem Leben verinnerlicht. Als gestern ein Bettler in dein Haus kam und um Kleidung bettelte, hast du ihm ohne zu zögern einen Satz deiner Kleidung gegeben, obwohl du dir das nicht leisten kannst. Heute, als du zum Tempel kamst, hat dich der Wachmann gescholten, weil du deine Schuhe an der falschen Stelle abgestellt hattest. Doch du hast deine Fassung nicht verloren. Du hast dich in aller Ruhe entschuldigt und deine Sandalen an den richtigen Platz gestellt. Du hast also die beiden Werte, die ich in meinen Vorträgen hervorgehoben habe, in deinem Leben angewandt. Als ich sah, dass du in der Lage warst, das Gehörte in die Tat umzusetzen, habe ich mit einem neuen Thema begonnen."

Wenn die Worte, die wir hören, tief in unser Herz eindringen, bewirken sie eine Veränderung, die sich in unserem Leben widerspiegelt. Andere werden unserem Beispiel folgen. Werte, die auf diese Weise von einem Menschen zum anderen weitergegeben werden, bewirken einen positiven Wandel in der Gesellschaft.

## 104. Auf der Suche nach Vergnügungen

Kinder, manche Leute fragen: „Ist die Jugend nicht die Zeit, um die Freuden des Lebens zu genießen? Reicht es nicht aus, erst im Alter über Gott und Sanyāsa (Leben der Entsagung) nachzudenken?"

Niemand sagt, dass wir die Freuden des Lebens nicht genießen sollten. Aber wenn wir leben, ohne bestimmte Wahrheiten des Lebens zu verstehen, werden wir, anstatt Glück zu finden, von Leid überwältigt. In Wirklichkeit ist Spiritualität nichts anderes als die Suche nach Glück – die weiseste Suche, die es gibt.

Während wir uns in weltlichen Freuden verlieren, schwindet oft unbemerkt unsere Kraft, wohingegen sich unser Mind voller Frieden und Glück füllt, wenn wir an Gott denken. Deshalb sollten wir versuchen, unsere inneren Schwächen zu überwinden, solange unser Körper noch gesund ist. Tun wir das, brauchen wir keine Angst vor der Zukunft zu haben und uns auch jetzt nicht zu sorgen.

Amma erinnert sich an eine Geschichte. In einem Land war jeder Bürger berechtigt, König zu werden. Es gab jedoch bestimmte Bedingungen: Er durfte nur fünf Jahre lang regieren, danach würde er auf eine nahegelegene Insel verbannt, die von wilden Tieren bewohnt war. Es gab keine Menschen dort, denn die wilden Tiere verschlangen jeden, der die Insel betrat. Trotz dieses Wissens meldeten sich viele, um fünf Jahre lang die königlichen Freuden und die Macht zu genießen.

Jeder neue König war anfangs glücklich, wurde aber bald von Angst und Sorge erfüllt, denn er wusste, dass ihn nach seiner fünfjährigen Regierungszeit die wilden Tiere fressen würden. Das Gesicht des Königs wurde dauerhaft von Sorgen getrübt. Er konnte sich für nichts begeistern: weder für die üppigen Mahlzeiten, noch für die Annehmlichkeiten der Paläste, noch für die Diener, die sich um alle seine Bedürfnisse kümmerten, noch für die ständige Musik und den Tanz am königlichen Hof. Nichts interessierte ihn. Am Ende seiner Herrschaft wurde er zur Insel gebracht, wo ihn die wilden Tiere sofort verschlangen.

Dann kam ein junger Mann, der König werden wollte. Im Gegensatz zu seinen Vorgängern zeigte dieser neue König keine Anzeichen von Traurigkeit oder Sorgen. Er kümmerte sich um das Wohlergehen seiner Untertanen, erfüllte seine königlichen Pflichten gewissenhaft und verbrachte seine freie Zeit mit Tanz und Musik. Er ritt aus und ging auf die Jagd. Er war immer fröhlich. Die Jahre vergingen und seine Herrschaft neigte sich dem Ende zu. Auch dann änderte sich sein Verhalten nicht. Alle waren erstaunt. Sie fragten ihn: „Obwohl der Tag naht, an dem du zur Insel geschickt wirst, scheinst du nicht besorgt zu sein. Was ist dein Geheimnis?“

Der König sagte: „Warum sollte ich trauern? Ich bin bereit, auf die Insel zu gehen. Als ich König wurde, habe ich als erstes das Heer auf die Insel geschickt, um die Insel von den wilden Tieren zu befreien. Ich ließ auch einen Teil des Dschungels roden und in Ackerland umwandeln, Brunnen graben und Häuser bauen. Ich habe Arbeiter angestellt und viele Menschen auf der Insel angesiedelt. Alles, was ich jetzt noch tun muss, ist, dorthin zu ziehen. Auch wenn ich den Thron räume, werde ich auf der Insel weiterhin wie ein König leben.“

Kinder, wir sollten wie dieser König leben. Während wir in der Welt leben, müssen wir alles tun, was notwendig ist, um den

Weg zum ewigen Glück zu finden. Das weltliche Leben kann uns niemals dauerhafte Zufriedenheit geben. Während wir Pāyasam (süßen Pudding) essen, fühlen wir uns vielleicht gesättigt. Aber nach einer Weile wird das Verlangen nach Pāyasam stärker. Denkt also niemals, dass wir Gott suchen können, nachdem wir weltliche Vergnügungen genossen haben.

Wollen wir das Leid überwinden, müssen wir uns bemühen, dies zu tun, solange Körper und Mind noch gesund sind. Wir sollten den Gedanken aufgeben, erst im Alter an Gott zu denken. Ohne die Suche nach Gott auch nur um einen Tag aufzuschieben, sollten wir all unsere Handlungen mit dem Herzen auch schon in jungen Jahren fest auf Gott gerichtet ausführen. Lasst uns spirituelle Praxis ausüben. Dann können wir den Tod besiegen und für immer glücklich sein.

# 105. Sehnsucht

Kinder, Hingabe ist die höchste Form der Liebe zu Gott. Man muss den gleichen brennenden Wunsch haben, in Gott aufzugehen wie jemand, der in einem brennenden Haus gefangen ist, und verzweifelt versucht, dem Feuer zu entkommen. Wahre Hingabe entsteht nur, wenn eine solche Intensität vorhanden ist. Manche Menschen fragen: „Gott wohnt in uns. Warum brauchen wir dann eine so intensive Sehnsucht?" Obwohl Gott in uns wohnt, sind wir nicht in der Lage, seine Gegenwart zu spüren, weil unser Mind äußeren Objekten nachjagt. Um einen solchen Mind fest auf Gott auszurichten, ist ein intensives Sehnen notwendig. Wenn ein Staubkorn in unser Auge gerät, finden wir keine Ruhe, bis es entfernt ist. Wir müssen ein solch allumfassendes Sehnen haben, um Gott zu erreichen.

Einmal sah der Weise Nārada einige Priester, die niedergeschlagen wirkten. Als er sie fragte, warum sie traurig seien, sagten sie: „Wir haben viele Jahre lang Yajñas (heilige Feuerriten) durchgeführt, aber wir haben Gott immer noch nicht gesehen."

Nārada sagte: „Es ist wahr, dass ihr jahrelang Yajñas durchgeführt habt. Aber habt ihr auch unschuldige Liebe für Gott? Ich kenne einen Fischer, der sich danach sehnte, Dēvī zu sehen. Er ging zu seinem Guru, der ihm riet: ‚Wenn du Dēvī mit so viel Inbrunst herbeisehnst, wie ein Mann, der unter Wasser gehalten wird, sich nach Luft sehnt, wird sie zu dir kommen.' Der Fischer hatte völliges Vertrauen in die Worte des Gurus. Ohne auch nur einen Gedanken an seinen Körper, sein Zuhause oder gar sein

Leben zu verschwenden, beschloss er: „Ich werde erst nach oben kommen, wenn ich Mutter gesehen habe.“ Er rief: „Mutter!“, und tauchte unter Wasser. Dēvī erschien sofort vor ihm und fragte: „Sohn, warum hast du mich gerufen? Was wünschst du?“ Der Fischer antwortete: „Ich brauche nichts. Ich wollte dich nur sehen. Oh Mutter, bitte segne die Welt. Wann immer Du Hunger hast, komm bitte zu mir nach Hause, um etwas zu essen.“ Nārada fuhr fort: „Rufe Gott mit der gleichen Liebe und unschuldigem Sehnen wie der Fischer. Gott wird sicherlich vor dir erscheinen.“

Gott und Jīva (das individuelle Selbst) sind nicht voneinander getrennt. So wie ein Wassertropfen danach strebt, mit dem Ozean zu verschmelzen, hat jeder Jīva die innere Sehnsucht, eins mit Gott zu werden. Doch diese Sehnsucht schlummert momentan in uns. Durch ständiges Erinnern an Gott, und indem wir all unsere Handlungen ihm widmen, können wir diese Liebe und intensive Sehnsucht erwecken.

Wir müssen einen Zustand erreichen, indem wir spüren, dass wir ohne Gott nicht mehr leben können. Sobald wir eine solch intensive Sehnsucht verspüren, wird unser Leben erfüllt sein.

## 106. Innere Stärke

Kinder, Probleme und Herausforderungen sind ein unvermeidlicher Teil eines menschlichen Lebens. Wir könnten ins Wanken geraten, wenn wir mit Schwierigkeiten konfrontiert werden oder in Verzweiflung und Angst verfallen. Aber wir sollten nie vergessen, dass wir die innere Kraft besitzen, ungünstige Umstände zu überwinden. Diese Kraft können wir durch optimistischen Glauben und mit der Haltung „Ich werde niemals aufgeben" erwecken.

Einmal fiel ein Frosch in ein Loch, als er eine Straße entlanghüpfte. Er bemühte sich herauszukommen, aber es gelang ihm nicht. Ein vorbeikommendes Kaninchen sah die missliche Lage des Frosches und sein Herz schmolz vor Mitgefühl. Es versuchte, dem Frosch zu helfen, aber es gelang ihm nicht. Das Kaninchen rief seine Freunde, die ebenfalls versuchten, den Frosch zu befreien, aber auch ihre Bemühungen blieben erfolglos. Inzwischen waren sie erschöpft und hungrig. Sie sagten: „Wir werden etwas zu essen holen und dann zurückkommen, um dir zu helfen. Bitte warte geduldig, bis wir zurück sind." Mit diesen Worten gingen sie. Nach einem kleinen Stück sahen sie zu ihrem Erstaunen den Frosch vor sich hoppeln! Im Chor fragten die Kaninchen: „Wie bist du so schnell herausgekommen?"

Der Frosch antwortete: „Ich war verzweifelt und dachte, dass ich es nie schaffen würde, hier herauszukommen. Da sah ich einen Lastwagen auf mich zurasen. Ohne weiter darüber nachzudenken, sprang ich einfach - und hier bin ich!"

Wir sollten die Probleme, die im Leben auftreten, als Umstände betrachten, die Gott arrangiert hat, um unsere innere Stärke zu wecken. Wenn unser Fuß von einem kleinen Dorn gestochen wird, werden wir achtsamer, wenn wir weitergehen und so werden wir davor bewahrt, in eine Grube zu fallen.

Heben wir immer nur kleine Gewichte, können wir nie ein Meister im Gewichtheben werden. Um ein Champion zu werden, müssen wir das Gewicht schrittweise erhöhen. Wir könnten damit beginnen, eine 25 kg Kilogramm schwere Scheibe zu heben. Dann müssen wir das Gewicht auf 30 kg, 40 kg, 50 kg und so weiter steigern. Nur wenn wir konsequent auf diese Weise trainieren, können wir in jedem Bereich Spitzenleistungen erbringen.

Probleme und Krisen sind nur Mittel, um unsere innere Kraft zu entdecken und zu erwecken. Mit dieser Einsicht sollten wir jede Herausforderung annehmen. Wo es Hoffnung und Bemühungen gibt, ist der Sieg gewiss. Wir dürfen die Hoffnung niemals aufgeben.

## 107. Liebe dich selbst

Kinder, wir leben in einer Zeit, in der wir nicht nur andere, sondern auch uns selbst hassen. Das ist der Grund, warum Depressionen und Selbstmorde zunehmen. Alle Religionen, spirituellen Meister und Psychologen weltweit lehren die Wichtigkeit, sich selbst zu lieben, so wie wir andere lieben.

Im Allgemeinen denken Menschen, Selbstliebe bedeute, den Körper zu verwöhnen. Manche verbringen nach dem Aufwachen Stunden vor dem Spiegel und investieren viel in die Erhaltung ihrer körperlichen Schönheit und Gesundheit. Sie scheuen sich nicht, Geld für Hautbleichmittel, Bräunungscremes, Haarfärbemittel oder Kosmetik auszugeben. Niemand betrachtet dies als Zeit- oder Geldverschwendung. Allerdings schenken sie der Weiterentwicklung ihrer Intelligenz nicht so viel Aufmerksamkeit.

Es gab einen mehrstöckigen Supermarkt, der nicht genügend Aufzüge hatte. Die Kunden mussten lange warten. Genervt vom Warten, begannen sie laut zu reklamieren. Der Geschäftsführer erkannte, dass das Geschäft leiden würde, wenn er dieses Problem nicht sofort löste. Er brauchte eine sofortige Lösung. Er erwog verschiedene Lösungen und fand schließlich eine. Er installierte Spiegel in der Aufzugslobby und im Aufzug selbst. Danach gab es keine Beschwerden. Die Menschen, die auf den Aufzug warteten, bemerkten nicht, wie die Zeit verging, da sie damit beschäftigt waren, sich die Haare zu kämmen, das Gesicht zu pudern, Lippenstift oder Eyeliner aufzutragen, was sie sie sogar noch im Aufzug taten.

So wie wir uns bemühen, unseren Körper sauber zu halten und gut auszusehen, müssen wir uns bemühen, negative Gedanken und Emotionen in Schach zu halten und so unseren Mind zu reinigen. Genauso müssen wir den Intellekt trainieren und kritisch denken, indem wir ihn mit hilfreichem Wissen ausstatten. Auf diese Weise können wir unsere innere Göttlichkeit enthüllen. Das ist es, was Selbstliebe wirklich bedeutet.

# 108. Den Mind kontrollieren

Kinder, es ist der Mind, der das Leben zu Himmel oder Hölle macht. Deshalb muss jeder, der sein eigenes Wohlergehen anstrebt, seinen Mind kontrollieren. Dazu sind zwei Dinge nötig: geduldiges Bemühen und unermüdlicher Enthusiasmus. Allerdings sollten wir nicht zu viel Druck auf den Mind ausüben. Wir dürfen die Grundbedürfnisse des Körpers wie Nahrung und Schlaf nicht übermäßig reduzieren. Üben wir übermäßigen Druck auf den Mind aus, so wird er unruhig. Wir müssen ihn allmählich zähmen. Wir sollten sowohl dem Körper als auch dem Geist genügend Gelegenheiten zur Ruhe und Erholung geben. Gleichzeitig müssen wir so viel Mühe wie möglich aufbringen, um unser Ziel zu erreichen. Es ist nicht leicht, den Mind zu kontrollieren. Es kann misslingen. Trotzdem müssen wir es weiter versuchen, ohne den Mut zu verlieren.

Angenommen, wir spüren einen starken Harndrang, während wir im Bus reisen. Wir beherrschen uns irgendwie bis zur nächsten Haltestelle. Wir springen nicht aus einem fahrenden Bus. Genauso dürfen wir nicht nachgeben, wenn uns der Mind dazu verleitet, ein flüchtiges Vergnügen zu befriedigen und dafür etwas Falsches zu tun. Wir müssen nachdenken und unterscheiden und so den Mind kontrollieren. Durch ständige Übung können wir den Mind unter unsere Kontrolle bringen.

Manche argumentieren, dass es keinen Sinn hat, Gefühle wie Wut und Lust zu kontrollieren. Sie sagen, dass Lust eine Art Hunger ist, der gestillt werden muss. Doch egal wie hungrig wir sind, wir werden nicht alles verschlingen, was wir vor uns sehen. Gleichzeitig müssen wir so viel Anstrengung wie möglich aufbringen, um unser Ziel zu erreichen.

Was uns die Kraft gibt, Hindernisse zu überwinden, ist die Konzentration auf das Ziel. Ein Schüler, der ernsthaft danach strebt, bei einer Prüfung die besten Noten zu erzielen, wird eine Routine erstellen und ihr folgen. Er weiß, dass langes Aufbleiben, um fernzusehen, ihn daran hindert, früh aufzustehen. Also wird er die Zeit, die er vor dem Fernseher verbringt, einschränken. Ebenso weiß er, dass es ihm schwerfallen wird, früh aufzustehen, um zu lernen, wenn er abends eine schwere Mahlzeit isst. Unter Berücksichtigung dieser Faktoren wird er einen Zeitplan für sich aufstellen. Er wird darauf achten, nicht zu viel zu essen, zu schlafen, zu spielen oder zu reden. Genauso wird es jemandem, der sein Ziel unbedingt erreichen möchte, mit Sicherheit gelingen, den Mind zu kontrollieren.

Spirituelle Vorträge und die Gesellschaft von Menschen, die danach streben spirituelle Qualitäten zu entwickeln, stärken diesbezüglich unsere Willenskraft. Spirituelle Praktiken wie Meditation und Japa (wiederholtes Rezitieren des Mantras) beruhigen und stärken den Mind, sodass wir leichter die Kontrolle über ihn erreichen können.

# Glossar

**Adharma:** Nicht-Rechtschaffen; eine Abweichung von der natürlichen Harmonie.

**Arjuna:** großer Bogenschütze und einer der Helden des Mahābhārata. Es ist Arjuna, an den sich Sri Kṛiṣhṇas Worte in der Bhagavad-Gītā richten.

**Artha:** Ziel, Reichtum, Substanz; eines der vier Puruṣhārthas (Ziele des menschlichen Strebens).

**Āśhram:** Kloster. Amma definiert es als eine Verbindung: ‚ā'-'das' und ‚śhramam'-'Bemühen' (zur Selbstverwirklichung).

**Bhagavad-Gītā:** „Lied des Herrn", es besteht aus 18 Kapiteln mit Versen, in denen Sri Kṛiṣhṇa Arjuna berät. Die Lehre wird auf dem Schlachtfeld von Kurukṣhētra gegeben, kurz bevor die rechtschaffenen Pāṇḍavas gegen die ungerechten Kauravas kämpfen. Er ist ein praktischer Leitfaden zur Überwindung von Krisen in allen Lebensbereichen und stellt die Essenz der vedischen Weisheit dar.

**Bhajan:** hingebungsvolles Lied oder Hymne zum Lob Gottes.

**Bhakti:** Hingabe für Gott.

**Bhārat:** Indien.

**Bharata:** Rāmas jüngerer Bruder; er regierte Ayōdhya als Rāmas Stellvertreter, während Letzterer im Exil war.

**Bhaya-Bhakti:** Hingabe, die von der Furcht vor den Folgen eines Fehlverhaltens inspiriert ist.

**Bhīma:** einer der Pāṇḍava-Brüder; ein Krieger von enormer Stärke; das Ziel vieler von Duryōdhanas sadistischen Angriffen.

**Bhīṣhma:** Patriarch des Pāṇḍava- und Kaurava-Clans. Obwohl er während des Mahābhārata-Krieges auf der Seite der Kauravas kämpfte, setzte er sich für Dharma ein und sympathisierte mit den rechtschaffenen Pāṇḍavas.

**Darśhan:** Audienz mit einer heiligen Person oder eine Vision des Göttlichen. Ammas typischer Darśhan ist eine Umarmung.

**Daśharatha:** Vater von Rāma und König von Kōśhala.

**Dēvī:** Göttin / Göttliche Mutter.

**Dharma:** „das, was (die Schöpfung) aufrechterhält". Es bezieht sich auf die Harmonie des Universums, einen rechtschaffenen Verhaltenskodex, eine heilige Pflicht oder ein ewiges Gesetz.

**Dharmakṣhētra:** „Feld des Dharma (der Rechtschaffenheit)"; ein Hinweis auf das Schlachtfeld, auf dem der Mahābhārata-Krieg ausgetragen wurde.

**Dhṛitarāṣhṭra:** Vater der Kauravas.

**Drōṇa:** Lehrer sowohl der Pāṇḍavas als auch der Kauravas im Mahābhārata.

**Duryōdhana:** der Älteste der Kauravas; die Verkörperung des Bösen.

**Gaṇapati:** elefantenköpfiger Sohn von Śhiva; wird als Beseitiger von Hindernissen angerufen.

**Gāndhārī:** Mutter der Kauravas; als Ausdruck der Solidarität mit ihrem blinden Ehemann, Dhṛitarāṣhṭra, verband sie sich nach der Heirat die Augen.

**Gōpa:** Kuhhirtenjunge aus Vṛindāvan.

**Gōpī:** Milchmädchen aus Vṛindāvan. Die Gopīs waren für ihre glühende Hingabe an Sri Kṛiṣhṇa bekannt. Ihre Hingabe ist ein Beispiel für die intensivste Liebe zu Gott.

**Guru:** spiritueller Lehrer.

**Gurukula:** wörtlich: der Clan (‚Kula') des Lehrers (‚Guru'); traditionelle Schule, in der die Schüler für die gesamte Dauer ihres Schriftstudiums beim Guru bleiben.

**Hanumān:** der Vānara (Affen)-Schüler und Begleiter von Rāma und eine der Hauptfiguren im Rāmāyaṇa.

**Hōma:** altes vēdisches Feuerritual, bei dem den Göttern Opfergaben dargebracht werden, indem Ghee in ein geweihtes Feuer gegeben wird; eine Dēva-Yajña, eine der fünf täglichen Yajñas, die von einem Brāhmin ausgeführt werden müssen.

**Iṣhṭa Dēvata:** bevorzugte Form der Gottheit.

**Japa:** wiederholtes Singen eines Mantras.

**Jīva (Jīvātmā):** individuelles Selbst oder Seele.

**Kaikēyī:** zweite Frau von Daśharatha und Mutter von Bharata (im Rāmāyaṇa).

**Kalpavṛikṣha:** mythischer wunscherfüllender Baum.

**Kāma:** Wunsch.

**Kamsa:** Sri Kṛiṣhṇa's Onkel mütterlicherseits.

**Karma:** Handlung; mentale, verbale und physische Aktivität; Kette von Wirkungen, die durch unsere Handlungen hervorgerufen werden.

**Karma-Yōga:** der Weg des Handelns, der Weg des selbstlosen Dienens.

**Karṇa:** Sohn des Sonnengottes und Kuntī, der Mutter der Pāṇḍavas. Karṇa kämpfte auf der Seite der Kauravas im Mahābhārata-Krieg.

**Kauravas:** die 101 Kinder von König Dhṛitarāṣhṭra und Königin Gāndhārī, von denen der ungerechte Duryōdhana der Älteste war. Die Kauravas waren die Feinde ihrer Vettern, der tugendhaften Pāṇḍavas, die sie im Mahābhārata-Krieg bekämpften.

**Sri Kṛiṣhṇa:** von „kṛiṣh", was „zu sich ziehen" oder „Sünde entfernen" bedeutet; Hauptinkarnation von Viṣhṇu. Er wurde in eine königliche Familie hineingeboren, aber von Pflegeeltern aufgezogen und lebte als Kuhhirtenjunge in Vṛindāvan, wo er von seinen ergebenen Gefährten, den Gōpīs (Milchmädchen) und Gōpas (Kuhhirtenjungen), geliebt und verehrt wurde. Sri Kṛiṣhṇa gründete später die Stadt Dwāraka. Er war ein Freund und Berater seiner Vettern, der Pāṇḍavas, insbesondere von Arjuna, dem er während des Mahābhārata-Krieges als Wagenlenker diente und dem er seine Lehren als Bhagavad-Gītā offenbarte.

**Kṣhatriya:** Herrscher oder Krieger; eine der vier Varṇas (soziale Ordnung) der alten Hindu-Gesellschaft.

**Kucēla:** Ein armer Verehrer von Sri Kṛiṣhṇa. Infolge der Segnungen des Herrn wurde er sagenhaft wohlhabend.

**Kurukṣhētra:** Schlachtfeld, auf dem der Krieg zwischen den Pāṇḍavas und den Kauravas ausgetragen wurde; auch eine Metapher für den Konflikt zwischen Gut und Böse.

**Lakṣhmaṇa:** jüngerer Bruder von Rāma.

**Lakṣhya-Bōdha:** Zielorientiertheit.

**Mahābalī:** ein gütiger, großzügiger und gerechter Herrscher, der für seine utopische Herrschaft berühmt wurde.

**Mahābhārata:** altes indisches Epos, das der Weise Vyāsa verfasste und das den Krieg zwischen den rechtschaffenen Pāṇḍavas und den ungerechten Kauravas schildert.

**Mahātmā:** ‚große Seele'; Bezeichnung für jemanden, der die spirituelle Verwirklichung erlangt hat.

**Mānasa-Pūjā:** Verehrung, die mental ausgeführt wird.

**Mantra:** ein Klang, eine Silbe, ein Wort oder Wörter mit spirituellem Inhalt. Nach Ansicht der vēdischen Kommentatoren sind Mantras Offenbarungen des Rṣhis, die aus tiefer Kontemplation entstehen.

**Mōkṣha:** spirituelle Befreiung, d.h. Befreiung vom Kreislauf von Tod und Wiedergeburt.

**Niyama:** positive Pflichten oder Beobachtungen (die „Do's"); das zweite „Glied" der Aṣhṭāṅga Yōga (acht Glieder), die vom Weisen Patañjali formuliert wurden, und zu denen Śhauca (Reinheit), Santōṣha (Zufriedenheit), Tapas (Enthaltsamkeit), Swādhyāya (Studium der Schriften) und Iśhvara-Praṇidhāna (Kontemplation über Gott) gehören; wird oft in Verbindung mit Yama erwähnt.

**Ōm (Aum):** Urlaut im Universum; der Keim der Schöpfung. Der kosmische Klang, der in tiefer Meditation gehört werden kann; das heilige Wort, das in den Upaniṣhaden gelehrt wird, und Brahman den göttlichen Grund des Seins, bezeichnet.

**Ōṇam:** Das größte Fest Keralas, das im Monat Ciṅṅam (August - September) stattfindet.

**Pāṇḍavas:** fünf Söhne von König Pāṇḍu, und Cousins von Sri Kṛiṣhṇa.

**Paramātmā:** höchstes Selbst, die Überseele.

**Pāyasam:** süßer Pudding.

**Praṇava:** die mystische Silbe „Ōm".

**Prārabdha:** auch bekannt als Prārabdha-Karma; bezieht sich auf den Teil unseres vergangenen Karmas, der die Ursache für unsere gegenwärtige Geburt ist.

**Prasād:** gesegnete Gabe oder Geschenk einer heiligen Person oder eines Tempels, oft in Form von Nahrung.

**Prasāda-Buddhi:** die Haltung, alles, was man erhält, als Geschenk Gottes zu betrachten.

**Pūjā:** rituelle oder zeremonielle Verehrung.

**Puṇya:** spiritueller Verdienst.

**Rāma:** göttlicher Held des Rāmāyaṇa. Er ist eine Inkarnation von Viṣhṇu und gilt als idealer Vertreter von Dharma und

Tugend. „Ram“ bedeutet „schwelgen“; jemand, der in sich selbst schwelgt; das Prinzip der Freude im Inneren; jemand, der die Herzen anderer erfreut.

**Rāma-Rājya:** wörtlich: „Herrschaft von Rāma“. Der Begriff hat sich als Bezeichnung für ein utopisches Zeitalter eingebürgert.

**Rāmāyaṇa:** 24.000 Verse umfassendes episches Gedicht über das Leben und die Zeiten von Rāma.

**Rāvaṇa:** mächtiger Dämon. Viṣhṇu inkarnierte als Rāma, um ihn zu töten und so die Harmonie in der Welt wiederherzustellen.

**Rṣhi:** Selbstverwirklichter Seher oder Weiser, der auch Mantren in seiner Meditation wahrnimmt.

**Śhabarī:** Anhängerin von Rāma, bekannt für ihren unerschütterlichen Glauben.

**Śhabarimala:** Ort des Śhabarimala-Tempels, der Ayyappa geweiht ist.

**Sādhana:** eine disziplinierte und hingebungsvolle spirituelle Praxis, die zum höchsten Ziel der Selbstverwirklichung führt.

**Śhalya:** König von Madra und großer Krieger. Auf Yudhiṣhṭhiras Bitte hin diente er als Karṇas Wagenlenker, um diesen in kritischen Momenten des Mahābhārata-Krieges zu demoralisieren.

**Samskāra:** ein Persönlichkeitsmerkmal, das über ein oder mehrere Leben hinweg konditioniert wurde: ein Denk- und Verhaltensmuster; eine Latenz oder Tendenz im Mind, die sich manifestiert, wenn die richtige Umgebung oder der richtige Anreiz gegeben wird.

**Sanātana Dharma:** wörtlich: „Ewige Religion“ oder „Ewiger Lebensweg“, der ursprüngliche und traditionelle Name des Hinduismus.

**Sañjaya:** Erzähler der Bhagavad-Gītā und Figur aus dem Mahābhārata, dem der Weise Vyāsa die Gabe der Divya-Dṛiṣhṭi

(Hellsichtigkeit) verlieh, damit er König Dhṛitarāṣhṭra von den Ereignissen auf dem Schlachtfeld berichten konnte.

**Sannyāsī:** Mönch, der formale Gelübde der Entsagung (Sannyāsa) abgelegt hat; trägt traditionell eine ockerfarbene Robe, die das Verbrennen aller Begierden symbolisiert. Die weibliche Entsprechung ist Sannyāsinī.

**Satsaṅg:** Gemeinschaft mit der Höchsten Wahrheit. Auch das Zusammensein mit Mahātmās, das Studium der Schriften und das Zuhören der erleuchtenden Vorträge eines Mahātmā; eine Zusammenkunft von Menschen, um spirituelle Angelegenheiten zu hören und/oder zu diskutieren; ein spiritueller Diskurs.

**Sītā:** Die Gefährtin von Rāma. In Indien gilt sie als das Ideal der Weiblichkeit.

**Śhiva:** verehrt als der Erste und Führende in der Linie der Gurus und als das formlose Substrat des Universums in Beziehung zu Śhakti, der Schöpferin; Herr der Zerstörung (des Egos) in der hinduistischen Trinität.

**Śhraddhā:** Achtsamkeit; Glaube.

**Swāmī Vivēkānanda:** Hauptschüler (1863 - 1902) von Śhrī Rāmakṛiṣhṇa Paramahamsa, ein Pionier bei der Einführung der Hindu-Philosophie in den Westen und Gründer des Ramakrishna Math und der Ramakrishna Mission.

**Upāsanā:** Verehrung.

**Vāsanā:** latente Tendenz oder subtiles Verlangen, das sich als Gedanke, Motiv und Handlung manifestiert; unbewusster Eindruck, der aus Erfahrung gewonnen wurde.

**Vasudhaiva Kuṭumbakam:** ‚die Welt ist eine Familie.'

**Vēdas:** Die Vēden sind die ältesten aller Schriften und stammen von Gott. Sie wurden nicht von einem menschlichen Autor verfasst, sondern den alten Sehern in tiefer Meditation

„offenbart". Diese weisen Offenbarungen wurden als die Vēden bekannt, von denen es vier gibt: Ṛik, Yajus, Sāma und Atharva.

**Vyāsa:** wörtlich ‚Zusammensteller'. Der Name des Weisen Kṛiṣhṇa Dvaipāyana, der die Vēden zusammengestellt hat. Er ist auch der Chronist des Mahābhārata und eine Figur darin und Autor der 18 Purāṇas und der Brahma-Sūtras.

**Yajña:** Form der rituellen Verehrung, bei der Opfergaben gemäß den Anweisungen der Schriften in ein Feuer gegeben werden, während heilige Mantren gesungen werden.

**Yama:** Beschränkungen für richtiges Verhalten (die „Don'ts"); das erste „Glied" der Aṣhṭānga -Yōga (acht Glieder), die vom Weisen Patanjali formuliert wurden, und zu denen Ahimsā (Gewaltlosigkeit), Satya (Wahrhaftigkeit), Astēya (Nicht-Stehlen), Brahmacarya (Keuschheit) und Aparigraha („Nicht-Begehren") gehören; wird oft in Verbindung mit Niyama erwähnt.

**Yōga:** ‚sich vereinigen'. Vereinigung mit dem Höchsten Wesen. Ein weit gefasster Begriff, der sich auch auf die verschiedenen Methoden der Praktiken bezieht, durch die man die Einheit mit dem Göttlichen erlangen kann. Ein Weg, der zur Selbstverwirklichung führt.

**Yuddha:** Krieg

# Hinweise zur Aussprache

**Vokale**

Vokale können kurz oder lang (Querstrich) sein, o und e sind im Sanskrit immer lang.

| | | | |
|---|---|---|---|
| **a** | kurz wie | **a** | in Bann |
| **ā** | lang wie | **a** | in Bahn |
| **i** | kurz wie | **i** | in minne |
| **ī** | lang wie | **ie** | in Miene |
| **u** | kurz wie | **u** | in Bus |
| **ū** | lang wie | **u** | in Buße |
| **e** | lang wie | **e** | in Sehne |
| **ai** | wie | **ei** | in bei |
| **o** | lang wie | **o** | in Bohne |
| **au** | wie | **au** | in Pfau |
| **ṛi** | wie | **r** | in roh |

**ṁ** Vor einem gutturalen Laut als ṅ, vor einem Gaumenlaut als ñ, vor einem retroflexen Laut als ṇ, vor einem dentalen Laut als n und vor einem labialen Laut als m.

| | | | |
|---|---|---|---|
| **ḥ** | aḥ wird aha | iḥ wird ihi | uḥ wird uhu |

**Konsonanten**

Konsonanten sind entweder mit einem deutlichen Hauchlaut (kh) oder ganz ohne angesetzt.

| | | | |
|---|---|---|---|
| **k** | wie | **k** | in Kamm |
| **kh** | wie | **kh** | in schalkhaft |
| **g** | wie | **g** | in Gold |
| **gh** | wie | **gh** | in taghell |
| **ṅ** | wie | **ng** | in Rang |

| | | | |
|---|---|---|---|
| **c** | wie | **tsch** | in Kutsche |
| **ch** | wie | **tsch+h** | in Kutschhof |
| **j** | wie | **dsch** | in Dschungel |
| **jh** | wie | **dgeh** | wie in English hedgehog |
| **ñ** | wie | **nj** | in Sonja |

Die Buchstaben mit einem Punkt darunter (ṭ, ṭh, ḍ, ḍh und ṇ) werden mit hinter den Zähnen zurückgerollter Zunge gebildet (retroflex), die anderen (t, th, d, dh und n) mit der Zungenspitze an den Zähnen.

| | | | |
|---|---|---|---|
| **ṭ, t** | wie | **t** | in Tonne |
| **ṭh, th** | wie | **th** | in Berthold |
| **ḍ, d** | wie | **d** | in Donner |
| **ḍh, dh** | wie | **dh** | in schadhaft |
| **ṇ, n** | wie | **n** | in na! |

| | | | |
|---|---|---|---|
| **p** | wie | **p** | in Park |
| **ph** | wie | **ph** | in Knappheit |
| **b** | wie | **b** | in Bild |
| **bh** | wie | **bh** | in glaubhaft |
| **m** | wie | **m** | in Mutter |

| | | | |
|---|---|---|---|
| **ṣh** | wie | **sch** | ṣh wie sch in Schiff, wird mit hinter den Zähnen zurückgerollter Zunge gebildet. |
| **śh** | wie | **sch** | śh wie sch in Schiff, Zunge gegen den Gaumen. |
| **s** | wie | **ß** | in weiß |

| | | | |
|---|---|---|---|
| **h** | wie | **h** | in heiß |
| **y** | wie | **j** | in ja |
| **r** | wie | **r** | in Italienisch Roma |
| **l** | wie | **l** | in lieb |
| **v** | wie | **w** | in wenn |

www.ingramcontent.com/pod-product-compliance
Lightning Source LLC
Chambersburg PA
CBHW070138100426
42743CB00013B/2754
* 9 7 8 1 6 8 0 3 7 9 0 8 2 *